JN326765

チャイナ・リスクといかに向きあうか

——日韓台の企業の挑戦

園田茂人・蕭 新煌＝編

東京大学出版会

How to cope with "China Risk":
The Challenges of Japanese, Korean, and Taiwanese Firms
Shigeto SONODA and HSIAO Hsin-Huang Michael, Editors
University of Tokyo Press, 2016
ISBN 978-4-13-040275-0

はじめに　中国の台頭をめぐる挑戦と応戦
——企業のチャイナ・リスク認識という課題設定

園田茂人・蕭　新煌

中国経済の減速傾向が、世界的な憂慮の対象となっている。二〇一五年一〇月一九日に中国国家統計局が発表した、同年七月から九月にかけての実質国内総生産（GDP）の伸び率が前年度比で六・九％にとどまり、目標としていた七％に届かなかったことが、翌日の日本の主要各紙で取り上げられた。中には、中国経済に世界経済が左右される状況を「中国リスク」と表現する解説記事も現れるほどであった（「中国リスク　出口見えず」『日本経済新聞』二〇一五年一〇月二〇日付）。

もっともこうした喧騒は、中国の世界的なプレゼンスが大きくなっていることの裏返しでもある。それどころか、経済的に力をつけた中国が、アメリカを中心とした現在の世界秩序に対抗しているといっ

図0-1　「中国の台頭は私たちに多くのチャンスをもたらしている」

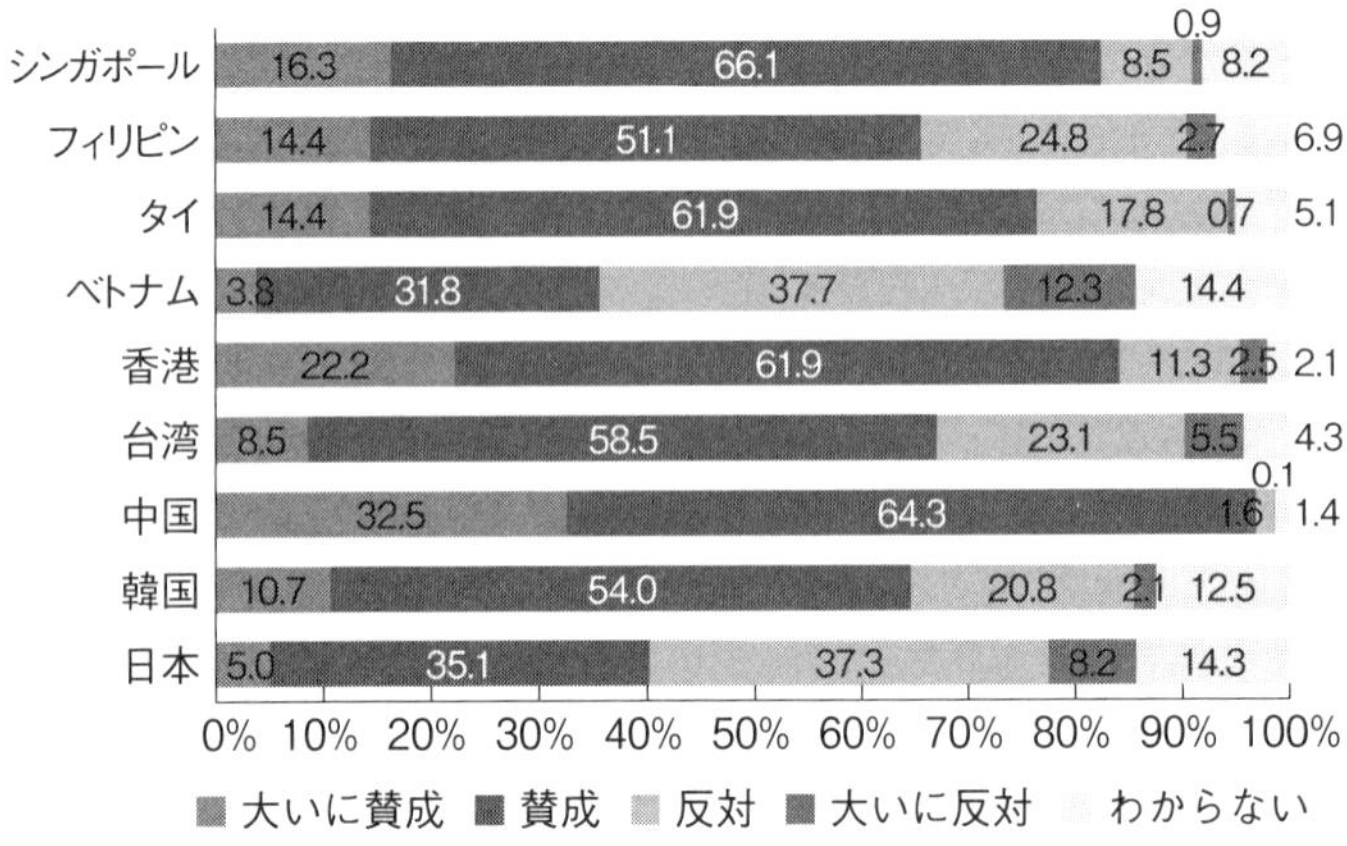

出典）園田（2014:44）

た議論や、中国とアメリカが協調しながら世界をひっぱるようになるだろうといった議論、対外的には強硬姿勢を示しつつも体内的には多くの問題に悩まされ、社会的安定性が損なわれつつあるとする議論など、中国の台頭によってどのような変化が生まれているのか、世界はさまざまに論じ、さまざまに評価してきた(1)。

中国の台頭が大きな影響を与える周辺地域については、特にその傾向が強い。

周知のように、尖閣諸島の帰属をめぐって日中関係が冷え込んでいるが、同様に、南沙諸島の帰属をめぐっては、ベトナムと中国の関係が悪化している。同様の問題がフィリピンやマレーシアとの間にも存在しているとはいえ、これらの地域ではベトナムほどに強い反中意識が表面化していない。

実際、われわれの研究チームが二〇一三年に、アジアの一八の主要大学で学ぶ、合計四三三一名の学生を対象に行った調査でも、中国の台頭がもたらす効果や

図0-2 「経済的には急速に成長しているものの，中国は政治的に不安定である」

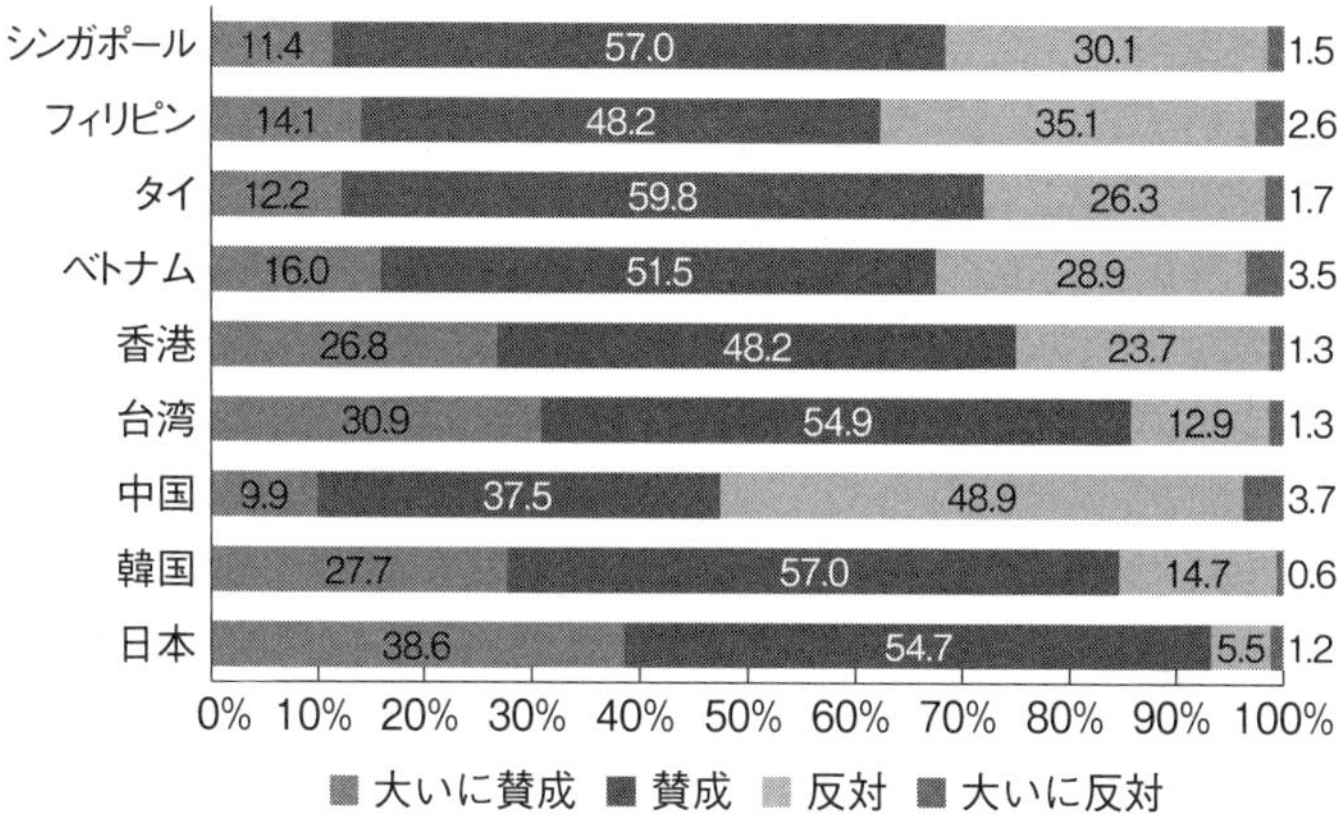

出典）園田（2014:44）

副産物に対しては、国・地域によって、その評価にばらつきがあることがわかっている（園田2014）。

図0-1は、「中国の台頭は私たちに多くのチャンスをもたらしている」とする文言への評価を示したものである。中国で「大いに賛成」「賛成」が合わせて九六・八%と圧倒的に多いのは、彼らの多くが経済成長の受益者であることを考えると、大いに首肯できる。中国人観光客が大量の観光マネーを落とす香港（同八四・一%）やシンガポール（同八二・四%）で、同種の回答が多いのも理解できるが、これに対して、日本とベトナムでは、「大いに賛成」「賛成」と回答するグループと、「大いに反対」「反対」と回答するグループとが拮抗し、他の国・地域に比べて、そのトーンは相対的に否定的である。

中国と、それ以外の国・地域との間で評価が大きく異なる質問もある。

図0-2は、「経済的には急速に成長しているものの、中国は政治的に不安定である」とする文言に対する反応

を示したものである。中国の政治的安定性をどのように理解するかは、学術的にむずかしいものの、その直感的理解という点では、中国とそれ以外とで温度差が見られる。中国では、「大いに賛成」「賛成」と「大いに反対」「反対」とする回答が拮抗しているのに対して、それ以外の国・地域では、回答者の三分の二以上が賛成しているのである。

注目すべきは、日本の学生の九三・三%が賛成しており、台湾（八五・八%）や韓国（八四・七%）を凌駕し、もっとも否定的に評価している点である。日本国内では、少数民族による暴動や共産党による言論弾圧など、中国政治の脆弱性を強調するようなニュースが多く報道されているが、調査結果からも、こうしたメディア報道の影響が垣間見られる結果が得られている。

また、「中国は興隆しているが、アジア各国との関係を平和的に保つだろう」とする文言に対しては、中国と直接的な領土紛争をもっていないタイ（五九・六%）とシンガポール（四九・八%）では賛成する者が多く、中国との領土紛争を抱えるベトナム（一二・二%）やフィリピン（三一・三%）、韓国（一八・六%）、日本（一三・九%）では、賛意を示す者が相対的に少ない（図0-3参照）。香港と台湾では、賛成と反対の意見が拮抗しているが、この点で、八五%を超える学生が賛成している中国とは、決定的に異なっている。

こうしてみると、日本とベトナムの中国台頭に対する警戒感が、他の周辺地域に比べても際立っているように思える。同じ中国の周辺地域といっても、中国に対する評価は、これほどまでに異なっているのである。

図 0–3 「中国は興隆しているが，アジア各国との関係を平和的に保つだろう」

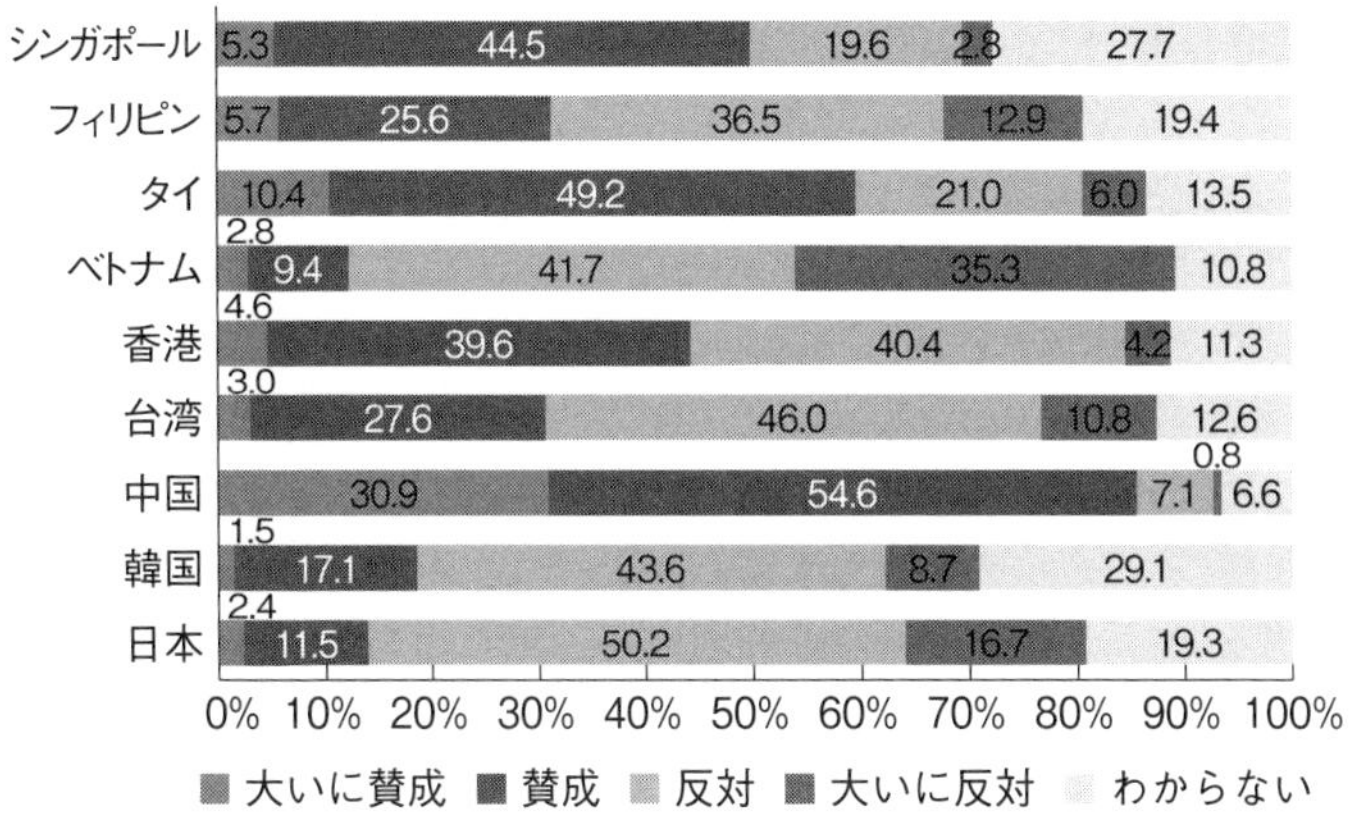

出典）園田（2014:47）

挑戦と応戦――企業にとってのチャイナ・リスク

もっとも、調査対象となった大学生は、中国の台頭を他人事と捉えているかもしれない。実際、多くの学生は中国の台頭を意識しつつも、自分たちの将来に直接関わる留学や就業の際、中国の大学や企業を指向する者の数は少なく、自らの将来を中国の台頭と無関係だと考えている学生も多くいる。

ところが、中国の台頭をビジネスチャンスと捉え、すでに中国に進出した企業にとって、中国が抱える政治的不安定さや自国との関係は他人事では済まされない。それどころか、投資先となる中国が政治的に不安定で、自国との関係が悪化しているとなると、よほどの誘因が働かない限り、投資に二の足を踏むことになるだろう。実際、本書の第Ⅲ部で見るように、近年、日本企業の対中投資の鈍化には、非経済的要因も関与しており、純粋な経済要因だけで企業の投資行為を説明することはむずかしい。

考えてみれば、中国への直接投資をめぐっては、政治的要因が強く働いてきた歴史的経緯がある。投資を呼び込む側の中国は、改革・開放を推し進める起爆剤として外国資本を利用し、外国企業から技術やノウハウを学ぼうとしていた。鄧小平の南巡講話や中国のWTO加盟によって、海外からの対中投資は加速化するが、これは企業側の経済的な動機と中国側の政治的意図が合致したからだと考えるべきだろう。外国資本を敵視した旧来の体制から転換し、これを有効に使うことを考えるようになったのも、中国の当局者側に、外資をテコに経済成長を進める（そして、その結果みずからのガバナンスを正当化する）という政治的意図があったからである。

中国に投資する外資の側も、最初のうちは、純粋に経済的動機だけで進出したわけではなかった。中国がもつ潜在的な発展可能性は早くから認識されていたとはいえ（眠れる獅子！）、「市場経済を否定した」社会主義体制の下で企業が健全に発展するかどうかをめぐって、悲観的な見方もあった。戦後、企業の資産を差し押さえられた記憶が鮮明だった日本の大企業の中には、長く中国政府に不信の目を向けるものもあった。国共対立が続く中で、中国投資を「政治的抱き込み」と考える台湾企業の中には、中国投資を政治的にリスクの大きなものと見なす傾向もあった。韓国の場合、一九九二年までは中国と正式な外交関係がなく、国交樹立によって初めて直接投資が可能となった。それ以前の段階では、韓国企業が中国に直接投資を行うことは、きわめてリスクの大きな行為だったのである。

それでも投資を決定するのには、それなりの読みが働かなければならない。市場経済化が進む中で、徐々に政府も市場経済を理解し、擁護するようになるだろう。世界に開かれる過程で、中国も徐々に海外のビジネス慣行を受け入れるようになるだろう。中国の市民も、結局は海外の優良な製品やサービスを嗜好するようになるだろうし、そうなれば外資にとってもビジネスチャンスは増えるはずだ。そうならないうちに、「先発者の利益」を獲得し、マーケットシェアを大きくしておく必要がある――こうした考え方は、純粋に経済的な動機に基づくものとは言いがたい。中国の政治・社会体制の変化を予見し、これをもとにビジネスプランを考えている点では、むしろ政治的予見と呼んだほうがよい。

こうした予見は、予見する側、つまりは企業側の中国理解に大きく依存している。その中国理解のあり方次第で、予見は投資の促進要因にもなれば、抑制要因にもなる。

中国が外資導入を始めた一九八〇年代、中国経済は多くの規制によって縛られていた。従業員も市場経済が何たるかを理解しておらず、企業幹部も計画経済に慣れた思考様式を抜けきれなかった。企業内には共産党の支部組織が作られ、労働組合も共産党の指導の下に置かれてきた。こうした中でも投資が行われたのは、投資を決定した企業の側に、「将来は異なる中国が出現しているはずだ」という読みが働いていたからである。

中国国内の政治体制や対外関係は、投資案件を審査している際には考慮の対象となるが、いったん進出した後には、よりミクロな政治事情が企業経営につきまとってくることになる。本書収録の論文は、それぞれの視点からこれらの政治事情、および各企業の対応を論じているが、その多くは企業経営にとってのリスクと認識されており、本書では「チャイナ・リスク」と総称されている。

外国資本の導入をテコに経済成長を進めようとする中国政府の「挑戦」に、海外の企業がどのように「応戦」するか。(2) そこにどのような交渉が行われ、企業の側がどのような判断のもとに、中国での企業経営を行おうとしてきたか。中国政府は、こうした外資の動きにどのように対応し、企業の側は、これをどのように評価してきたか。学生調査の結果同様、台頭する中国に対する「応戦」の仕方には、アジア域内で違いが見られるのではないか。

本書は、これらの問いに答えるべく執筆された。

日韓台企業を対比する意味

とはいえ本書では、中国に進出したすべての国の企業を対象に考察を加えているわけではない。(3) 中国の周辺に位置する、韓国、日本、台湾の企業に限定し、彼らがどのようなチャイナ・リスク認識をもってきたかを、比較の視点を入れ込みながら、論じていくことを目的としている。

でも、なぜ日韓台なのか？　この問いに答えるには、本書執筆に至るプロセスを少しばかり説明しなければならない。

一九九九年、編者の一人である園田が中央大学に勤務していた頃、同大学で「東アジアにおけるグローバリゼーション――過去と現在」と題する国際シンポジウムを主宰する機会があった。日本、韓国、台湾の研究者が集まり、国際政治や外交問題、社会・文化の交渉など、さまざまな視点から東アジアのグローバリゼーションが議論されたが、そこで知り合ったメンバーを中心に、比較可能な共通のデータをもとに、挑戦的なプロジェクトを始めようという機運が生まれた。その結果、当時、アジアで広くブームとなっていた中国への企業進出をテーマに、韓国は本書にも寄稿してくれている翰林大学校の朴濬植、台湾は東呉大学の張家銘、そして日本は園田を、それぞれ責任者としたプロジェクトチームを結成。二〇〇〇年からは日本学術振興会の科学研究費の助成を受け、「東アジアの越境ビジネスマン」と題するプロジェクトを開始した（園田 2003）。

プロジェクトを始めてわかったのだが、日本、韓国、台湾で、企業の中国進出に対する知的関心のもたれ方が違っていた。日本では進出時期が早く、ビジネスマンの関心も高いものの、関心はあくまで「いかに現地でうまく経営するか」に向けられていた。特にこうした傾向は学術研究に強く見られ、異文化コミュニケーションや労務管理といった領域を含め、ほとんどの研究が国際経営に関わる研究によって占められていた。これに対して韓国の場合、中国に進出した韓国企業の研究がさほど多くなく、近年になって急速に研究が進むようになってきた。他方で台湾では「台商研究」と総称される研究群があり、台湾企業の中国進出をめぐる諸問題を広くカバーしていた（耿・舒・林 2012）。

実際、これらの地域からの対中投資のあり方も、ずいぶんと異なるものだった。日本はもっとも早くから中国への投資を開始し、その投資先も比較的広く分布している。初期には合弁形式での進出がほとんどだったのが、徐々に単独出資へと変化しており、これらさまざまな出資形態が併存した形で、現在に至っている。他方、台湾や韓国は中小企業による単独出資がメインで、台湾は一九九〇年代前半の広東省への集中的投資から徐々に北進・拡散しているのに対して、韓国は一九九〇年代後半の遼寧省や山東省など、東北部への集中的投資から徐々に南進・拡散する傾向を見せているなど、中国ビジネスの展開の仕方にも、それぞれの「お国柄」が見て取れる。

このように、中国の近隣地域による対中投資には、それぞれの特徴が見られるが、多くの研究は、個々の国・地域に焦点を当てた分析を行っており、他の地域を「横にらみ」した研究は数少ない(4)。われわれは、プロジェクトを開始してすぐに、このプロジェクトのもつ大きな可能性を感じた。

もっとも、実際の調査を始めると大きな困難がいくつも存在した。上述のように、日韓台では、そもそも進出する地域や進出形態に違いがある。十全な比較をするには、いくつもの変数をコントロールしないといけないが、そのどれを統制するともっともよい比較研究ができるのか、誰にもわからなかった。何より、調査対象となる企業の協力を得るのが大変で、特に台湾企業は、われわれの訪問に対して警戒的だった。中台間の政治的磁場に、台湾企業は大変敏感だったのだ。そこで仮説検証型のプロジェクトとすることを諦め、企業訪問と駐在員・現地従業員を対象にした質問票調査を組み合わせ、中国における日韓台企業の現状把握に努めた。調査地はすべての企業が進出している江蘇省の蘇州とし（同市に工業団地があったのが決定的だった）、駐在員調査については、追加的に上海地域でも行った。

「東アジアの越境ビジネスマン」プロジェクトの成果

「東アジアの越境ビジネスマン」プロジェクトによって得られた知見は少なくない。日韓台、どの企業の駐在員も、（1）中国におけるビジネスに悩みを抱え、特に役人との交渉をむずかしいものと感じていた、(2)これに比べて、どの国の駐在員も日本でのビジネスを、こうした力学がもっとも働きにくいものと認知していた、他方で、(3)日本と韓国の駐在員は台湾企業が、台湾企業の駐在員は日本企業が、それぞれ現地でもっともよいマネジメントを行っていると評価しており、(4)中国語による現地従業員とのコミュニケーションという点では、日本企業の駐在員がもっとも劣っていた、(5)韓国や台湾の駐在員は家族を帯同するケースが少なくないが、日本の駐在員で家族を帯同するケースは少ない、といった知見が得られている。また、現地従業員に関しても、(1)日韓台、どの企業で働いている従業員も、給与や昇進に対して不満を持ち、できれば別の企業で働きたいと思っている、(2)日本企業には、日本語ができる現地従業員が一定のボリュームいるが、韓国企業や台湾企業で、それぞれ韓国語・台湾語(閩南語《ビンナン》)を理解する者は少ない、といった興味深い発見をすることができた。

企業を直接訪問し、比較してみることでわかったことも少なくない。日韓台、どの企業でも、末端の工場レベルでは中国語が利用され、写真を見る限り、どの工場がどこの国のものかを判別するのがむずかしい。他方で、インタビューにあたって韓国企業では、担当者が流暢に中国語を使うケースが少なくなかったが、日本企業でそうしたケースは皆無に近かった。日本企業では、必ず現地人スタッフが帯同し、このスタッフが現地企業の中核的役割を果たしていたのに対し、韓国企業や台湾企業では、こうしたスタッフは少なかった。

もっとも、その解釈となるとむずかしい。そもそも、これらの特徴が恒常的に見られるものか、それとも調査時点でたまたま見られた違いなのか、判断できない。そこでプロジェクトチームは一〇年後の調査を計画し、二〇〇九年に「『中国』と向き合って――日韓台対中進出企業の現地化プロセスに関する比較社会学的研究」と題するプロジェクトを立ち上げた。日韓台企業の進出が加速し、中国経済なしには企業経営が考えられないほどになったことも、われわれの計画を後押しした。

日本学術振興会の科学研究費の助成を受け、前回調査で訪問した企業を対象に、基本的に前回用いた質問票を利用した時系列的研究を進めたが、本書は、その際に得られたデータや知見をふんだんに利用している。

比較から「問い」の発掘へ――「政治的リスク」プロジェクト

『中国』と向き合って」プロジェクトが終わり、二〇一二年を迎えた。時系列的データも集まり、そろそろ研究成果をまとめないといけないと思っていた矢先、中国で大規模な反日デモが起こり、日本のビジネス界に大激震が走ったのである。

もっとも、程度や種類の違いこそあれ、改革・開放が始まった直後にも政治的リスクは存在していたはずで、そうであるがゆえに、各国の企業は中国に進出する「コスト計算」を独自に行っていたはずである。共産党支配という体制リスク以外に、法の未整備や末端官僚の自由度の高さといった官僚制リスクも高かったからである。

では、日韓台の企業が、どのように中国の政治的リスクを捉え、どのような正当化の論理をもって投資をしてきたのか。それが結果的に、中国の台頭といった「挑戦」に対する日韓台の「応戦」の論理を、どのように形成することになったのか。従来の比較研究で得られた時系列的データを、こうした問いに引きつけて理解しようとすると、どのような解釈が可能になるか。本書執筆の直接的なきっかけは、これらの問いに答えるために、東京大学東洋文化研究所東洋学研究情報センターの共同利用・共同研究拠点公募プロジェクト「政治的リスクと人の移動――中国大国化をめぐる国際共同研究」（略称「政治的リスク」プロジェクト）を立ち上げたことにある。

このプロジェクトは二〇一三年四月から二〇一五年三月までの二年間、日韓台の研究者が年に二度集まり、個々の研究成果を積み重ねることによって進められた。以前の二つのプロジェクトでは東呉大学の張家銘が台湾チームをリードしたが、より理論的な問題に焦点を当てるようになった今回のプロジェクトでは中央研究院社会学研究所をパートナーとし、同研究所の蕭新煌を台湾側の責任者とすることで、本書執筆の準備が整うこととなった。

発表会では、何度も厳しいやり取りが繰り返された。違いを説明するには、単なるカントリーレポートを集めるだけでは不十分で、「なぜこうした違いが生まれているのか」を問い続けないといけないからである。

本書に収録されたすべての論文で比較が試みられているわけではない。しかし、すべての章が、どこかで他の地域を気にしながら執筆されているように思えるのは、このような発表会の雰囲気を反映しているからである。

本書の構成

以下、簡単に本書の構成を紹介しよう。

第Ⅰ部は台湾、第Ⅱ部は韓国、第Ⅲ部は日本の、それぞれの事例報告に充てられており、各部は二つの章によって構成されている。そして、これらの章の構成が、投資元である台湾、韓国、日本の中国との関係を示唆するものとなっている。

第Ⅰ部の台湾は、第1章の「中国における『台商』」と第2章の「政治ゲームとしてのビジネス」から構成される。

第1章は、台湾の対中投資の概観を踏まえた上で、進出先の中国で台湾企業がどのような困難を抱えているのかに焦点を当てる。「お金で解決できる問題なら、大した問題とはいえない」というインフォーマントの発言を踏まえ、中国大陸で経済活動をする台湾人ビジネスマン（＝台商）が、どのように中国の政治的リスクを認識しているかを明らかにする。

第2章は、台湾の大企業のうち、中国で大きな利益を挙げている企業グループが、いかに中国の政治的代理人として台湾の政治を動かそうとしているかという、逆のベクトルからチャイナ・リスクにアプローチしている。この二章から、台湾企業が中台の強い政治的磁場の中で経済活動を行っていることが明らかにされている。

第Ⅱ部の韓国は、第3章「韓国の大企業はなぜ中国投資に積極的なのか」と第4章「韓国中小企業の中国適応戦略」から成る。第3章は財閥を中心にした大企業に、第4章は中小企業に、それぞれ焦点を当てた記述をしているが、これから企業の規模によって中国の地方政府との交渉能力に大きな違いが見られ、その結果見られるチャイナ・リスクに対する認識に差があることが示唆される。特に印象的なのが第3章で、韓国の大企業には「前のめり」といえるほどの対中依存の姿勢が見られるというが、この点では台湾や日本の企業と異なっている。

第Ⅲ部は日本の事例を扱っているが、第5章「日本企業のチャイナ・リスク認識に見る三〇年」と第6章「反日デモはチャイナ・リスク認識に影響を与えたか」が、それぞれ時期的に異なる日本企業のチャイナ・リスク認識を分析している。韓国の対中投資は、その企業規模によって異なる交渉能力をもつがゆえに異なるチャイナ・リスク認識ができているのに対して、日本の場合、時代によって異なるチャイナ・リスク認識が見られる、というのが第Ⅲ部の主張である。

第7章「『関係』のポリティクスとリスク管理」は、上述の『中国』と向き合って」プロジェクトによって得られたデータを用い、日韓台の駐在員が、中国の地方政府とどれだけ友人関係を築いているかを明らかにするとともに、こうした違いが何によって生まれているのかについて分析のメスを入れている。中国における「関係」の卓越という現象に、日韓台の企業がどのように対応しているかを比較の視点から検討したものだが、そこに日韓の異なる現地化戦略を見ることになる。

最後に、「おわりに」では、本書全体の知見をまとめた上で、日韓台の企業を比較することによって得られるインプリケーションについて検討を加えている。

本書を通じて、中国を理解することの大切さとむずかしさ、アジア間比較のもつ面白さと重要さが読者に伝わることを願っている。

注

（1）たとえば、ピュー・リサーチセンターが二〇一四年に行った世界規模での世論調査によると、「中国はアメリカに代わり、世界の超大国になるだろう（Chine will replace U.S. as World's Leading Superpower）」とする文言に対して、そうだと回答する者の割合がもっとも多かったイギリス（五三％）と、もっとも少なかったフィリピン（一〇％）の間には四三ポイントもの違いがある。これからも、同じ中国の将来に対しても世界が異なる見方をしていることがわかる（http://www.pewglobal.org/database 参照）。

（2）言うまでもなく、「挑戦（challenge）」と「応戦（response）」という概念はアーノルド・トインビーが『歴史の研究』で提唱した概念で、文明の興亡・盛衰を説明する際に用いている。本書で「挑戦」と「応戦」という概念を用いているのは、中国の台頭が周辺地域に大きなインパクトを与え、これに対して何らかの対応をしないわけにはいかない状況を表現するためであり、当然のことながらトインビーがこれらの概念に込めた意味とは異なっている。

（3）実際、後述の「政治的リスク」プロジェクトのキックオフ会合では、ドイツの研究者を招へいし、ドイツからの対中直接投資をめぐるチャイナ・リスクの問題について報告してもらったが、ドイツではマスメディアでもチャイナ・リスクに対する報道は少なく、ビジネスマンにも対中投資リスクを特別視する姿勢は弱かった。上述のピュー・リサーチセンターが実施している世論調査でも、中国に対する評価を見る限り、ヨーロッパ諸国は総じて肯定的で、他のアジア地域とは異なる傾向を示している。そのため本書では、中国の周辺地域のみに対象を絞り、比較することにした。

（4）その唯一の例外というべきなのが、筆者も寄稿者として参加した陳徳昇編『台日韓商大陸投資策略與佈局

――跨国比較與効應』（二〇〇八年、ＩＮＫ印刻出版有限公司）である。この本は、二〇〇七年一〇月に台湾の国立政治大学で実施されたシンポジウムに提出された論文を集めたもので、韓国、日本、台湾の対中投資の特徴を明らかにすることを目的としている。ただ、本のタイトルが示唆しているように、比較対象が投資戦略で、しかも本格的な比較にまで行きついていない論文がほとんどである。

チャイナ・リスクといかに向きあうか

目次

装幀　間村俊一

第Ⅰ部　台湾

第1章　中国における「台商」――その政治的リスク下の生存戦略

陳　志柔

1　はじめに

一九八〇年代になり、中国が市場経済化を進めるようになってからというもの、海外からの直接投資が中国の成長を牽引する役割を果たすようになる。二〇〇三年には、中国が世界で最大の直接投資受入国となり、アメリカを凌駕するようになった。

二〇一〇年から一三年にかけ、対中投資額がもっとも大きかったのが香港と台湾で、これにシンガポール、日本、アメリカ合衆国が続く(1)。他方で、この二〇年ほどの間、中国は台湾からの第一の直接投資先であった。二〇〇二年から一三年にかけて、台湾の総投資額に占める対中投資額の割合は六一％（二

○一二年）から八一％（二〇一〇年）の間を上下するなど、台湾の対中投資が中国の対台投資を大きく上回る現象が続いてきた。(2)

本章は、台湾の対中直接投資に焦点を当て、二〇〇〇年代以降、「台商（中国で働く台湾人ビジネスマン・商人の総称）」がどのようなリスクに直面してきたかを論じるものである。

この一〇年ほどの間、台湾の対中投資は急速に増加した。統計上の数値が実際よりも小さくなっている可能性を考慮に入れると、対中投資総額に占める台湾の対中投資額の割合は、公式統計より大きくなっているといってよい。

ともあれ、このように台湾による対中投資が増加する中で、これが中国における台湾ビジネスをどのように変えることになったのか、検証してみる必要がある。

近年、台商が直面するリスクに関心が高まっているが、その多くが地方政府による法律や条例の恣意的な解釈、選択的な執行の結果、生じている。法をいかに解釈し、いかなるタイミングで執行するかをめぐって、地方政府は強い権限をもっている。

本章は、地方政府や個々の役人による不透明なレントシーキング的行為に、台商がいかに対応しているのかに焦点を当てる。二〇〇〇年代の後半以降、労使関係や労働争議が対中直接投資に関わる大きな問題として浮上してくるようになったため、中国の労働問題に台商がどのように対応しているかについても、分析のメスを入れることにしたい。

本章が用いるデータは、公式統計や筆者が行ったインタビュー結果に基づいている。対中投資に関するデータは、多くの場合、台湾政府の統計を利用している。中国の台商が直面している困難や、その対処法を理解するため、筆者は広東省の東莞《とうかん》や深圳といった珠江デルタや、浙江省平湖や江蘇省昆山といった長江デルタでインタビュー調査を行った。本章で紹介される発言は、二〇〇七年から二〇一三年にかけて、当地を数度にわたって訪問した際、台商で働く管理職や経営者を対象に行ったインタビューの結果、得られたものである。

2　台湾の対中直接投資の概略

一九九七年以前、台商がもっとも積極的に企業登記をしていたのが香港である。ところが香港の中国返還により、対中投資を行う際の企業登記をカリブ海や太平洋に浮かぶ諸国で行うようになった。

一九九七年以前であれば、香港の対中投資に占める台湾資本の割合が全体の三分の一程度であったのに対し、近年では台商が対中投資を行う際、その七割が英領バージン諸島やサモア、英領ケイマン諸島で企業登記されているとする試算がある（Tung and Hung 2012）。台湾では、対中直接投資は規制緩和されており、中国に投資するにあたって企業名を秘匿する必要はなくなったとはいえ、こうしたオフショア取引は制度化され、依然として続けられている。

こうした中、二〇〇〇年代後半以降、対中投資の一部は直接台湾から大陸へ、一部は香港やカリブ海・太平洋の諸国を経由して、行われるようになっている。そのため、対中投資件数が増加しているといっても、実際の数値は公式統計値よりも大きくなっている。

図1-1は、一九九一年から二〇一三年にかけての、台湾の対中直接投資首位五地域の推移を示したものである。台湾からの中国投資は、江蘇省、広東省、上海市、福建省、浙江省といった上位五地域に集中し、二〇年もの間、投資総額の八五%前後を占めてきた。これらの数値は台湾の公式統計に表れた値であるが、こうした数値に表れない多くの投資案件が存在しているものと考えられる。

一九九一年から二〇〇〇年にかけて、台湾の対中直接投資がもっとも集中したのが広東省で、投資総額の約三分の一を占めていた。二〇〇一年から二〇一二年にかけては江蘇省が首位に躍進し、二〇一三年になると上海市が首位の座に就く。

二〇〇一年以前、台湾政府は企業の対中投資を厳しく規制していたが、これも政治的な理由ばかりか、政府がハイテク産業の空洞化を恐れたからであった。二〇〇一年になると、以前の規制が大幅に緩和されるようになり、台湾の中国投資はブームを迎える。二〇〇一年から〇二年にかけての一年間、台湾による中国投資は前年度の三倍となった。投資先の第一位は広東省（全投資額の二八%）から江蘇省（全投資額の三八%）へと移り、それから一〇年もの間、平均して全対中投資額の三七%が江蘇省に集中することとなる。これも、二〇一一年からは風向きが変わり、江蘇省への投資は全体の二五%程度へと落ち込む。

二〇〇〇年代になって江蘇省への投資が活発になったとはいえ、上海市や福建省、浙江省といった他の地域への投資が相対的に低下したわけではない。むしろ、これらの地域への投資は、この一〇年ほどの間、堅調だった。台湾の中国投資、とりわけ二〇一一年から一三年にかけての投資総額を地域的に見

図1-1　台湾による対中投資首位5地域への投資状況：1991-2013年

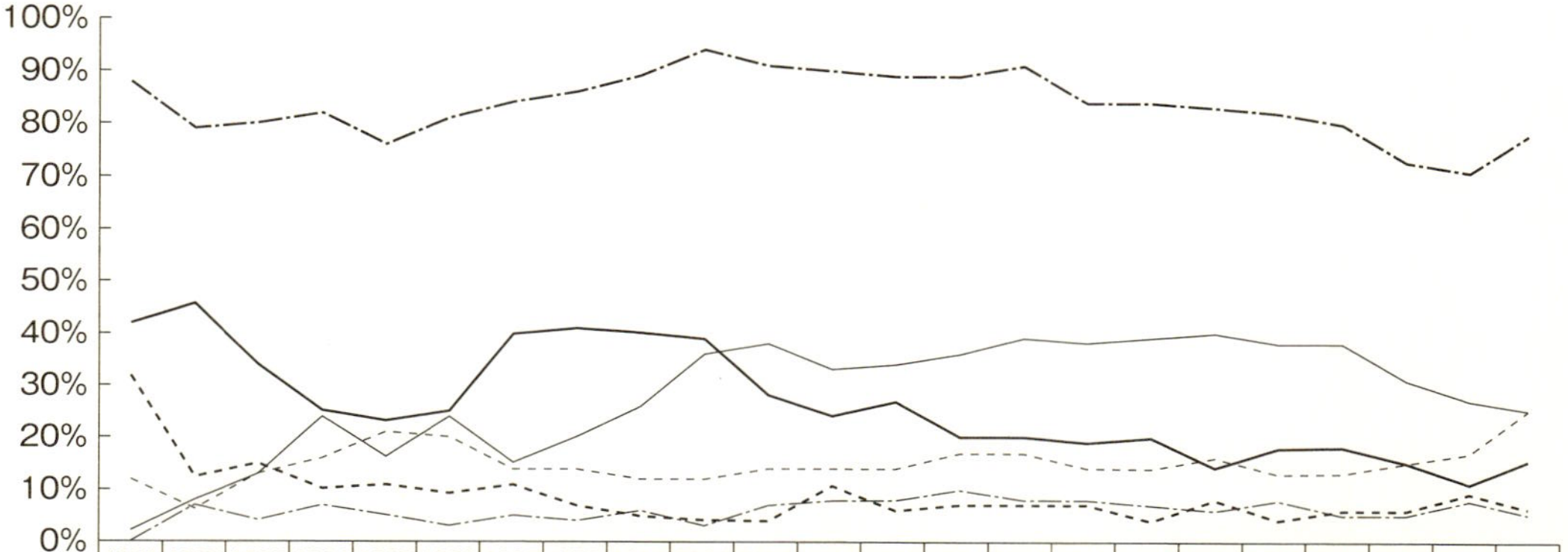

	1991年	1992年	1993年	1994年	1995年	1996年	1997年	1998年	1999年	2000年	2001年	2002年	2003年	2004年	2005年	2006年	2007年	2008年	2009年	2010年	2011年	2012年	2013年
江蘇省	2	8	13	24	16	24	15	20	26	36	38	33	34	36	39	38	39	40	38	38	31	27	25
広東省	42	46	34	25	23	25	40	41	40	39	28	24	27	20	20	19	20	14	18	18	15	11	16
上海市	12	6	13	16	21	20	14	14	12	12	14	14	14	17	17	14	14	16	13	13	15	17	26
福建省	32	12	15	10	11	9	11	7	5	4	4	11	6	7	7	7	4	8	4	6	6	9	6
浙江省	0	7	4	7	5	3	5	4	6	3	7	8	8	10	8	8	7	6	8	5	5	8	5
5地域合計	88	79	80	82	76	81	84	86	89	94	91	90	89	89	91	84	84	83	82	80	73	71	78

注：数値は丸めているため，合計値が一致しない場合がある．

出典）台湾経済部投資審議委員会の資料から計算（http://www.moeaic.gov.tw/）．

てみると、投資先の順は、江蘇省（二八%）、上海市（一八%）、広東省（一四%）、福建省（七%）、浙江省（六%）の順となっている。

もっとも近年、これらの五地域への投資の集中度が低下する傾向にある。二〇〇一年から〇五年にかけては、これら五地域が全投資額の九〇%を占めていたのに対し、二〇一一年から一三年には、これが平均七四%へと減少しているのである。この時期、重慶市や山東省、天津市、北京市、四川省といった地域への投資が相対的に増え、その総計が全投資額の一四%を占めるまでになった（図1-2参照）。二〇〇〇年代後半から、重慶市や四川省（その多くが成都市）への投資が加速しているが、これからもわかるように、台湾の対中投資は内陸部へも向かうようになり、投資先も多様化している。

産業別に見た直接投資の状況については、図1-3にまとめられている。これからもわかるように、台湾の対中投資を大きく支えてきたのが製造業で、一九九一年から二〇〇〇年にかけて平均九〇%、二〇〇一年から〇五年にかけて平均八九%、二〇〇六年から一〇年にかけて平均八二%と、徐々に減少傾向にあるものの、製造業が全投資額に占める割合は一貫して高い。

こうした傾向も、二〇〇〇年代後半から変化を見せるようになる。この時期、卸売・小売、不動産、情報通信・放送、金融・保険といったサービス業に多額の投資がなされるようになった。二〇一〇年にECFA（両岸経済協力枠組協定）が調印され、中台間の投資規制が大きく緩和されたこともあり、サービス産業への投資は従来にも増して活発になった。その結果、二〇一一年から一三年にかけて、全投資額に占めるサービス産業の割合が平均三一%にまで増加することとなった。同時期の対中投資は、金

図1-2 台湾による対中投資次位5地域への投資状況：1991–2013年

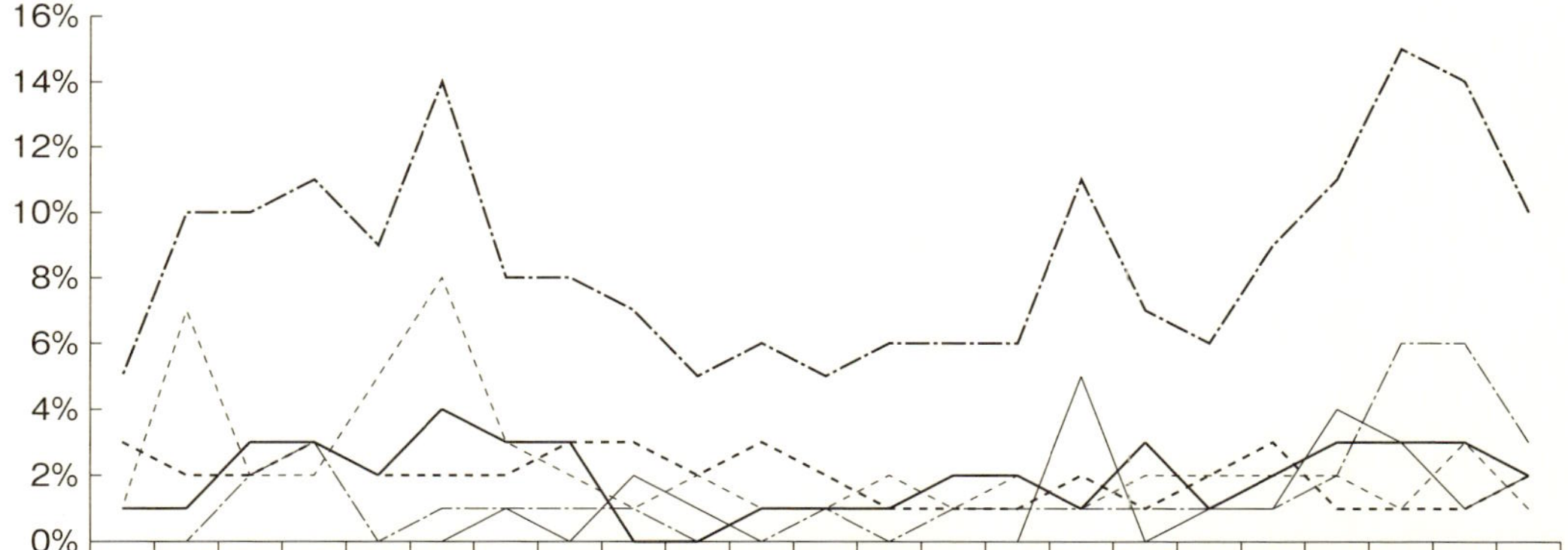

	1991年	1992年	1993年	1994年	1995年	1996年	1997年	1998年	1999年	2000年	2001年	2002年	2003年	2004年	2005年	2006年	2007年	2008年	2009年	2010年	2011年	2012年	2013年
重慶市	0	0	0	0	0	0	1	0	2	1	0	0	0	0	0	5	0	1	1	4	3	1	2
山東省	1	1	3	3	2	4	3	3	0	0	1	1	1	2	2	1	3	1	2	3	3	3	2
天津市	1	7	2	2	5	8	3	2	1	2	1	1	2	1	2	1	2	2	2	2	1	3	1
北京市	3	2	2	3	2	2	2	3	3	2	3	2	1	1	1	2	1	2	3	1	1	1	2
四川省	0	0	2	3	0	1	1	1	1	0	0	1	0	1	1	1	1	1	1	2	6	6	3
5地域合計	5	10	10	11	9	14	8	8	7	5	6	5	6	6	6	11	7	6	9	11	15	14	10

注：数値は丸めているため，合計値が一致しない場合がある.

出典）台湾経済部投資審議委員会の資料から計算（http://www.moeaic.gov.tw/）.

図 1-3　産業別に見た台湾による対中投資の状況：1991-2013 年

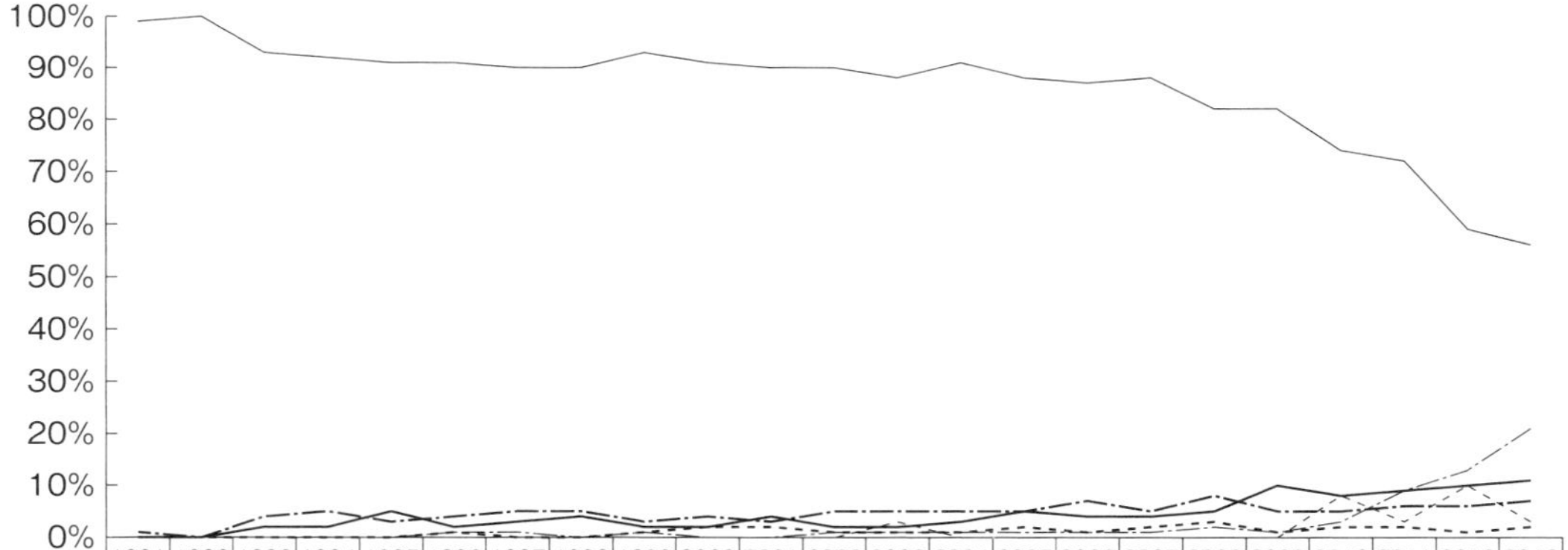

	1991年	1992年	1993年	1994年	1995年	1996年	1997年	1998年	1999年	2000年	2001年	2002年	2003年	2004年	2005年	2006年	2007年	2008年	2009年	2010年	2011年	2012年	2013年
製造業	99	100	93	92	91	91	90	90	93	91	90	90	88	91	88	87	88	82	82	74	72	59	56
卸売・小売	0	0	2	2	5	2	3	4	2	2	4	2	2	3	5	4	4	5	10	8	9	10	11
不動産	0	0	0	0	0	0	0	0	0	0	0	0	3	0	0	0	0	0	0	8	3	10	3
情報通信・放送	0	0	0	0	0	1	0	0	1	2	2	1	1	1	2	1	2	3	1	2	2	1	2
金融・保険	0	0	0	0	0	1	1	0	1	0	0	1	1	1	1	1	1	2	1	3	9	13	21
その他	1	0	4	5	3	4	5	5	3	4	3	5	5	5	5	7	5	8	5	5	6	6	7

注：数值は丸めているため，合計が 100 にならない場合がある．

出典）台湾経済部投資審議委員会の資料から計算（http://www.moeaic.gov.tw/）．

融・保険や卸売・小売に集中し、全体のそれぞれ一三%、一〇%を占めるまでになった。

製造業では、(1)電子部品、(2)コンピュータ・電子・光学製品、(3)電力設備、(4)繊維製品、(5)プラスチック製品が対中投資の上位を占めている。一九九〇年代には、これらの産業が全投資額の四〇%、二〇〇〇年代になると五五%を占めるまでになる。特に二〇〇六年から一〇年にかけて電子部品への投資は活発化し、全投資額の四分の一を占めるまでになった。これは他の項目よりも遥かに大きい数値である。

このように二〇〇〇年代半ば以降、いわゆるハイテク産業、IT産業が対中投資総額の四割を占め、台湾の対中投資の骨格を担っていた。

3　台商にとっての中国の政治的リスク

以上、台湾の対中投資に見る二〇年間の歴史を概観してきたが、ここでは、台商が直面している困難や挑戦を検討するとともに、こうした状況にどのように対処しているかに注目してみることにしたい。

実際、台商が直面する問題の種類や程度は、(1)産業やセクター(製造業かサービス業か)、(2)規模(中小企業か大企業か)、(3)出資比率(全額出資か合弁か)、(4)台湾での出資形態(有限会社か株式会社か)、(5)投資先(珠江デルタか長江デルタか)、(6)資本-労働比率(労働集約的か資本集約的か)、(7)輸出性向(輸出志向が強いか否か)、(8)ハイテク産業に属しているか否か、(9)管轄官庁の有力官僚とコネをもつだけの力を持っているか、などによって大きく異なる。

とはいえ、台商が中国で直面する問題や不確実性は、経済的性格に起因するものとは言いがたい。インタビュー対象者となった、ある企業管理者が述べているように、「お金で解決できる問題なら、大した問題とはいえない」からである。台商にとって最大の困難は、中国の地方政府による統治のあり方に起因している。というのも、これは特定の地方で共有された規範や行動様式に基づいているため、経済的要因によって説明できるものではないからである。

本章でいう「地方政府による統治のあり方」とは、中国のある特定の地域でこの二〇年ほどの間に形成された、経済をめぐる規制や管理に関わる組織的取り決めを意味する。具体的には、関税や課税、社会保険などの領域で顕在化する現象を取り上げることとする。多くの台湾人管理者が異口同音に指摘するように、「法を破る気はないものの、法がどのように解釈され執行されているのか不透明で、コロコロと変わるから」である。

関税の中の政治的リスク

中国の、とりわけ輸出志向が強い中小企業の製造業にとって、通関の施行規則が不明確で、管轄の役人が賄賂を要求しがちであることが、通常業務上のもっとも頭の痛い問題となってきた。

一九八〇年代以降、中国は「双軌制（市場原理と計画経済を両立させること）」を採っていたこともあり、比較的高い関税をかけることで国内産業を保護し、関税の減免措置を与えることで輸出を促進してきた。多くの台商が珠江デルタに進出したのは、こうした減免措置の恩恵を受け、中間財に加工を加えて海外に輸出する「来料加工」モデルを採用していたからである。実際、このような関税の減免措置を誘因とした企業誘致は大成功を収め、華南地域は多くの資本を惹き付けることになった。

他方で、アパレルや皮革製品などの輸出性向の高い産業では、実際の関税率が高いこともあって、減免措置対象の物資を国内市場に流したり、これらの物資を輸出せずに消費したりといった、違法で処罰の対象となる行為が頻発することとなった。こうした違法行為に対処するため、中国の税関担当者には輸出入品を幅広く検査し、法的措置を下す権限が与えられていた。実際、法の解釈や執行に当たって灰色な部分が多く、これが地域によっても、管轄部門や担当者によっても違っていた。

筆者は、中国の台湾企業で働く多くの台湾人管理職を対象にインタビューを行ってきたが、彼らは老板（ボスの意味）によって雇用され、月給を得て生活している。その意味で彼らの多くが、「税関とのやり取りとの際に、法を犯したいと思わないし、リスクを冒したいとも思わない。何か起こったら牢屋に入れられるのは自分で、老板ではないからだ」と述べているのも首肯できる。

しかし、中国の税関をめぐって不確実性がつきまとっている以上、彼らは常にリスクを抱えた状態になっている。「一年中、多くの台湾人が地方の留置所に拘束されていますが、これも犯罪によるものではなく、関税や課税といった、会社絡みの事情からです」。二〇〇九年のインタビューの際、広東省の東莞市台商投資協会の趙秘書長はこのように述べ、リスクが日常的なものであることを示唆した。

関税をめぐって不確実な状態にあるのは、もともと規則が曖昧で、管轄部門に組織的なレント指向が強いことに原因がある。OEM（相手先ブランド製造）ブランドのバッグ製造工場で働く、ある台湾人管理職は、次のように不満を述べている。

中国の関税制度そのものが、矛盾に満ちています。輸入部材を一例に挙げると、これらの物資は、（製靴の際の皮や電子部品製造の際の銅など）製造過程でロスが生じるのが一般的で、廃物や残余物は検査の際に慎重に取り除かれます。輸入部材と輸出製品の間で、どれだけロスが出たかの判断は、関税職員に委ねられています。輸入の際の重量によって決めるのがもっとも一般的ですが、生産過程で個々の部材がどれだけ使われたのかは、ほとんどチェックされません。電気抵抗器を作るのに銅を輸入したとしても、最終製品には銅以外の金属が多く使われるので、結局どれだけの量の銅が使われたのかは、よくわからない。ところが関税職員は、輸入の重量だけを利用して課税額を計算します。（二〇〇九年のインタビュー）

管轄部門におけるレント指向の強さは、二〇〇〇年代の頭から、珠江デルタや長江デルタで広く行われるようになった「自査補税」という、自己申告による追加納税方式のキャンペーンにも見てとれる。この毎年恒例のキャンペーンは、歳入を増やすために上部機関が指令を出し、外資系企業を狙い撃ちにしている。

税関は、自己点検票に必要事項を二日以内に記入するよう、外資系企業に通知する。自己点検の対象には、輸出入量のチェックから物資の過不足、消費量単位で関税が規定する基準との大きな違いの有無など、細かな項目が含まれている。（過剰輸入や過小輸出、コードミスといった）輸出入量の申告ミスや、未認可物資の受け取りや配送、未許可なままでの国内販売や外部委託など、税関が設定する基準と異なる事例は少なくない。

外資系企業にとって、「自査補税」は法的な問題というより、表向き法の執行の厳格化を装った、組織的なレントシーキングである。毎年恒例のキャンペーン期間中、台商は個人的なコネや東莞市台商投資協会を通じた制度的ネットワークを通じ、どの程度の歳入補填のために税関がキャンペーンを行っているのかについて、情報を入手しようとしている。

課税行為に見られる不透明さ

台商にとって、税金の問題はなぜ、そしてどの程度、問題なのだろうか。法を遵守する企業も、税金の問題に悩まされないといけないのだろうか。その答えは、残念ながらイエスである。中国で操業する企業は、日々、税金の問題に頭を痛めているからである。そしてこれも、関税の場合同様、課税担当者に大きな裁量が与えられていることに原因がある。

法人税を例にとろう。中国における外資系企業の法人税は、以下のような公式によって定められている。

納税額＝課税対象所得×適用税率－減免税額－免税額

ここで、課税対象所得＝所得×所得税率の関係が成り立つ。

適用税率は、中央政府によって規定されており、地方によって異なることはない。問題は所得税率が地方によって決められているため、課税対象所得額が地方によって大きく異なっていることにある。課税対象所得は、地方の税務当局が個々に決めており、そのため課税当局と企業の間で駆け引きや交渉がなされることになる。

ある財務担当マネジャーによると、所得税率は次のように決められているという。

毎年初め、老板と一緒に、ここの税務当局者を夕食に招待します。招待の目的は、そこでこの年の「率（所得税率のこと）」を決めるため。毎年、地方の税務当局は上部機関から課税額のノルマを課せられるのですが、税務当局は納税能力が異なる企業から法人税を徴収しないといけません。個々の企業への割当は、多くの場合、その規模や財務能力によって客観的、合理的に決められますが、当然のことながら、協議の余地も残っています。税金はコストに過ぎないので、税率の多寡は外資系企業にとって死活問題です。一パーセント違うだけで、額は大きく違ってきますから。（二〇〇九年のインタビュー）

同じ市でも、課税方法や税率は鎮によって異なっている。たとえば東莞市では、二〇〇〇年時点で、厚街鎮の法人税は企業所得の二・五%、企石鎮の法人税は全労働者の賃金の二・五%、長安鎮の法人税は全輸出額の二・五%となっていた。このように、同じ東莞市であっても、鎮によって課税制度が異なっている。こうした状況にあって、台商は個人的な「関係」を通じてしか、支払うべき税金の額を確定できない状況に置かれている。

社会保険積立金をめぐる政府との交渉

二〇〇〇年代の半ばになり、中国政府は社会的不平等や都市農村間の収入格差の問題を解決しようと、重い腰を上げるようになった。そのため、農村部で社会保障制度を充実させ、農民の収入を上げることが重要な政策課題となった。二〇〇八年には新たに労働契約法が公布され、二〇一一年には社会保険法が施行されることになったが、これらは中央政府が労働者の賃金を上昇させ、社会保障制度を改正しようとする強い意思を表現するものであった。その結果、農民工の社会保険基金を立ち上げ、賃金を上昇させるのに外資系企業が大きな役割を果たさざるを得なくなった。

社会保険法の規定によれば、すべての市民が年金、医療保険、失業保険、出産保険、労災保険の五つの保険に等しく加入できるとされている。中央政府の法規・ガイドラインによれば、外資系企業を含むすべての企業は、労働者のために保険金の積立を行わなければならないとされている。とはいえ、中国では「上に政策あれば、下に対策あり」といわれるように、地方によって異なる対応がなされるため、社会保険制度は企業によっても、地域によっても異なっている（呉介民 2011；鄭志鵬 2014）。

実際、地域によって台商が払うべき社会保険料には大きな違いがある。北京市や上海市といった一級都市では、二級都市や内陸部より社会保険料が高く設定されている。積立金の額は、企業の前年度利益の多寡によって決められ、地域によって労働者側の負担率が異なっている。また多くの都市では、戸籍の有無によって適用する社会保険制度が異なり、都市戸籍をもっているかどうかで、扱いが大きく異なっている。上海市は、こうした差別的な扱いを象徴するように、「多層分化した社会保険制度」を構築しようとしているのに対して、蘇州市は農民工と都市住民の間で差別的扱いをしないよう、普遍的社会保険制度を採用している（呉介民 2011）。

企業にあって、社会保険負担の多寡を決める大きな要素は参加率、すなわち労働者のうちどの程度が社会保険に加入しているかである。この参加率によって、企業が地方の社会保険局に支払うべき金額が決まっている。養老保険以外の四つの保険のうち、企業にとってもっとも重要となるのが公傷保険である。勤務中の傷害に対する補償は、この保険によってなされるからである。二〇〇〇年代の半ば以降、中央政府は農民工の社会保険加入率を大幅に上昇させると宣言したため、地方政府や企業は社会変革のための大きな圧力を感じるようになった。

五つの保険のうち、もっとも加入率が低いのが養老保険だが、これも労働者と使用者の双方にとって負担が重たくなっているからである。特に農民工の加入率が低いのは、使用者ばかりか労働者にとっても拠出金が高く、仕事が臨時的な性格をもつこと、地域を越えて積立金を移動させることがむずかしいことなどに原因がある。新しい社会保険法が二〇一一年に施行されることになったが、これにより養老保険や医療保険、失業保険の積立金を、地域を跨いで移動させることができるようになった。ところが農民工の加入率は上がっていない。彼らが退職する年齢となる二〇年後に、政府がしっかり年金の基金を運営できるか、信用し切れていないからである。

労使紛争の激化という新たな環境

二〇〇八年のリーマンショック後、輸出の急落、労働力不足による企業の生産性の低下、農民工保護を謳った新たな労働契約法の施行、農民工の都市定着を阻む戸籍制度の存在など、いくつかの要因が外資系企業の労務管理に大きな影響を与えることとなった。その結果、中国全土で労使関係が急速に変わることとなり、中でも中国南部の労働集約的な輸出志向の強い外資系企業で変化が大きかった。

二〇〇〇年代も後半になり、ローエンド製品を作っていた小さな工場は、労賃や施設、原材料のコスト上昇ばかりか、元高のあおりを受け、閉鎖・倒産するようになっていた。規模の大きな工場は、安い労働力を求めて内陸部へと移動するか、国外へ出ていくようになった。

経済環境の悪化ばかりか、二〇〇八年の労働契約法の発効により、外資系企業の負担はより大きなものとなった。使用者に労働者との契約締結を要求する労働契約法の導入は、臨時工の利用に制限を加え、労働者を解雇しにくくした。そればかりか、解雇した労働者への退職金は高く設定され、労働者が契約を二度更新するか、一〇年以上勤務した場合には、正規社員として解雇できない条件となっていた。中国では、理由なく首を切ることができる有期雇用の制度が広く用いられているとはいえ、この条件は決定的だった。これにより、共産党の御用組合が賃上げのための団体交渉をリードするようになった。

労働契約法は中国国内のあらゆる企業に適用されるものだが、中国国内の競争相手に比べ、外資系企業は同法の遵守をより強く求められるようになり、これが結果的に、外資系企業の比較劣位をもたらすようになった。また、この新しい法律が、全国でどの程度、厳格に遵守されることになるのか、はっきりしていなかった。地方政府が中央政府の指示を意図的に曲解する傾向にあり、執行のあり方は地方によってバラバラだった。

労働力が不足し、新たな法律が施行された状況にあって、台商の経営環境は今まで以上に悪化した。広くメディアで報道されたように、二〇〇〇年代半ば以降、中国では労働争議が頻発した。特に外資系企業や民間企業では、国営企業に比べて農民工のストライキが多く発生するようになった（Chen 2013）。

現在、外資系企業で抗議行動を行っている中心的なグループが、一九八〇年代後半から九〇年代前半に生まれた第三世代農民工と呼ばれる人たちで、中国が豊かになる中で育った世代である。彼らは一度たりとて農民であったことはなく、将来農民になることもない。とはいえ、戸籍上、あるいは自己認識の上でも、都市住民になったこともない。農民工と名付けられているとはいえ、外資系企業で働く従業員たちは、以前の農民工たちのように苦労を耐え忍ぶといった意識は弱い。みずからの不満や苦しみを声にし、中国都市部で抗議活動を行う中心的存在となっている。

4　不確実性への対応方法としての「関係」構築

関税や税金、社会保険以外にも、中国の外資系企業は地方政府からさまざまな名目で課金されている。たとえば二〇〇一年時点で、台湾企業は社会保険や労務、消防、環境保護、公安、衛生、河川管理などの管轄官庁に納付金を支払っている。こうした地方政府による課金は随意に行われ、企業担当者と地方政府の役人の「関係《グァンシ》」によって額が決まっている。そのため、地方政府の役人との関係づくりは、企業経営にとって決定的に重要である（本書第7章参照）。

とはいえ、政府の効率性向上と作業手順の標準化が進んだことで、中国の市場経済は目ざましい進歩を遂げた。問題は、この手の関係が、どの程度中国市場で重要となっているかである。ここでは、官民双方で標準化が進行したことで、関係の重要性が低下している領域はあるものの、法の執行が不確実な状況にあって、多額の罰金を支払ったり逮捕されたりすることを逃れるためのコストが、飛躍的に高くなっている現実を確認したい。

筆者が実施したインタビューによれば、台商はみな口々に、問題解決のために地方政府の役人につけ届けしなければならないケースは、この二〇年ほどの間に少なくなっているという。とはいえ、儀礼や催し物の際の心づけは必要不可欠である。たとえば、春節（旧正月）、端午節、仲秋といった中国の三大伝統行事の際、地方政府の役人に贈り物を送ることは当然のこととされている。

インタビューの結果によれば、重要となるのが、鎮や市レベルでの地方の有力者たちとの繋がりであ

る。これさえあれば、わざわざ政府高官との関係を利用して、不確実な状況に対応する必要はない。ある台湾人管理職によれば、

個人的な関係を維持し、お祭りの際に地方政府の役人につけ届けをしたり、「紅包《ホンパオ》（ご祝儀）」をあげたりするのは、日常生活の一部となっています。計算してみてください。この鎮には六〇〇社の外資系企業が存在しています。一社が局長に一〇〇〇元を贈ったとすると、この局長は六〇万元を懐に入れることができます！　しかも、特定のお願いをするためのものでなく、通常の挨拶のためのものです。特別な愛顧を求めようとしようものなら、それ以上の支出を覚悟しなければなりません。ただ、日ごろのお付き合いをしていないと、地方の役人が企業の夕食の招待を受け、企業が抱える問題に耳を傾けようとはしてくれません。まさかのために、このような関係を作り上げることは、すごく重要なのです。（二〇〇八年のインタビュー）

台湾で上場している会社で勤める、現在、東莞市で働くベテランの台湾人管理職に、「会社のお金を使って役人につけ届けをし、これが外部監査の対象となった場合、どのように社内で処理するのか」と聞いたところ、次のような答えが返ってきた。

いい質問ですね！　私の老板や取締役の数人が、多額のポケットマネーを出してくれるので、会

社の帳簿には、こうしたお金の流れが記録されていません。問題解決のためにこうしたお金が必要な場合、私が老板にその旨報告し、老板は香港にいる秘書に連絡します。そして私が香港に行き、その秘書からお金をもらいに行きます。……オフィスの金庫では、ロレックスの男性用と女性用の時計をいくつか保管しています。一つ、五、六万香港ドルするでしょうか。問題解決のために使う必要がある場合、必ず老板にお伺いを立て、決裁してもらった後で、金庫から時計を取り出します。（二〇〇七年のインタビュー）

また別の機会に深圳市にある台湾企業を訪問し、そこの管理者に、「市場経済が軌道に乗っているのに、今でもつけ届けをしないといけないのか」と尋ねたところ、その答えは次のようなものであった。

一般的に言って、直接的な贈賄行為は減っていますが、事情は関連部門によって異なっています。このあたりの村・鎮の幹部とは、この数年の間にいい関係を構築し、私たちの企業を高く評価してもらっています。しかし、税関は依然として貪欲な機関で、多くの有象無象が収賄に関わっています。数年前、中央政府の通達により、税関の職員は特定の地域で長く勤務できなくなりましたよね。その結果、彼らとの関係づくりがむずかしくなってしまいました。ところが皮肉なことに、そうであるがゆえに、税関職員は以前にもまして積極的に、企業側に利益供与を求めるようになってきています。（二〇〇九年のインタビュー）

直接的な贈賄は減っていますが、人の雇用やその実地訓練といった点での支出は増えています。税関や地方行政では手続きが標準化するようになってきていますが、こうした状況に対応するために、多くのスタッフを雇用し、訓練するようになっています。数ヶ月前、税関職員が工場にやってきて、入管手続きに関する書類をチェックしていきました。われわれのところでは多くのスタッフを使って、標準化される以前の書類を修正していたので、この職員はすごくびっくりしていたようでしたが、それでも五万元の罰金が科せられました。以前なら、この一〇倍はしましたよ！（二〇一〇年のインタビュー）

ビジネスマンが地方政府の要求に応じようとすると、どうしても関係の戦略的利用が拡がりやすい。近年、こうした関係に依存する取引は減少しているものの、一方で、地方政府に莫大な利益をもたらす不動産や都市の再開発プロジェクトをめぐって、新たなネットワークづくりが着々と進んでいる。

5　労務環境の悪化にどう対応するか

労務環境の悪化という現実

台商は、中国で労務環境が急速に変化していること、すなわち中国で安価な労働力供給が終わりに近づいていることを強く意識している。中国全土で、賃金の上昇や従業員の転職が広くみられるようになり、労使紛争の激化に対応しなければならなくなっている。広東省に進出した台商の中には、ビジネスの一部、あるいはすべてを中国内陸部や、ベトナム、インドネシア、ビルマといった東南アジアに移転させるところも現れている。中国にとどまることを選択した企業にも、みずからの利益を守るため、積極的な防衛策を採っているところが少なくない。

労働力不足に対応する方法として、台湾企業、とりわけ大きな生産拠点をもち大量の労働力が必要な企業は、人材派遣会社を利用して、安定的な労働力供給を確保しようとしている。人事担当の管理職が語るには、

百思特という名前の有名な人材派遣会社が、フォックスコンに二〇〇〇人もの労働者を派遣していました。この会社は河南省を拠点にし、各鎮に支店を展開していました。労働者に資金を貸しつけたり、社会保険に加入させたりしていましたが、彼らは深圳にある契約した台湾企業に、直接従業員を送っていました。（二〇一〇年のインタビュー）

こうした人材派遣ビジネスが将来発展することになるかどうか、予断を許さない。労働契約法が施行されたことにより、人材派遣会社も派遣労働者と最低二年契約を結び、月給による給与支給を行わなければならなくなった。また、アルバイトや補助的労働、代用的労働も制限されるようになり、同一労働・同一賃金の原則も導入されるようになった。

大規模外資系企業が人材派遣会社を利用しようとするのは、労働者を手早く、しかも大量に手に入れることができるからである。派遣労働者に従業員給付や給与を未払いのままにしておくとも考えにくい。人材派遣サービスは急速に成長しているが、これも労働力不足が深刻で、ジョブ・マッチのルートが少ないことに原因がある。

労働争議の頻発に対しては、法制度の変更に対応すべく、辣腕《らつわん》弁護士を雇用するなどの対応をしている。また、警察や公安、人民法院など、地元の役人と連絡を密にするといった対応も採られている。二〇〇八年に労働契約法が施行されてからというもの、労使紛争解決の手段として調停が重要な役割を果たすようになってきているからである。

台商は、従業員の権利を保護すべく、使用者に多くの義務を課している点で、新法は従業員側に有利になっていると考えている。たとえば調停の際、従業員の履歴や支払い記録、社会保険支払い情報など、使用者側がもつ多くの情報を提供しなければならないとされている。

他方で司法制度は、地方政府の干渉を受けやすい状態が続いている。二〇〇九年に調停に臨んだ、ある台湾人管理職によれば、

工場からブランドのバッグを二つ盗んだ従業員を解雇するといった事件が起こったのですが、この従業員は、たちの悪い弁護士に煽《あお》られ、「解雇された際には労働契約を結んでいなかった」と訴えを起こしました。法律によれば、契約を結ばなかった場合、月給の二倍の罰金が科せられること

になっています。ところが顧問弁護士によれば、地方の人民法院で、このルールが適用されたケースはまったくなかったといいます。……顧問弁護士は地元の警察に行って、契約書類が数ヶ月前に紛失してしまったという証明を出してもらい、「そのため当該従業員の労働契約を提出できない」と主張するように、と言ってきました。私たちは忠告に従い、労働契約を紛失してしまったことを証明するよう、地元の警察に頼みに行きました。調停の際に、この書類が十分効力を発揮したのです。（二〇一〇年のインタビュー）

生産拠点の移転が生み出す問題

二〇〇〇年代半ば以降、沿海部の賃金が上昇し続けていることもあって、製造業は新しい工場を内陸部に建設するか、安価な労働力が多く存在しているとされる地域に生産拠点を移転するようになった。中国の工場に注文を出さず、他のアジアの競合他社に注文を出す外資系企業もあるが、国内マーケットをターゲットにして、内陸部に生産拠点を移す企業も少なくない。

内陸部への生産拠点の移転は、政策的な誘導の結果でもある。広東省や浙江省のような沿海部の地域は、多額の税金納付を期待して、ハイテク・資本集約的な企業を戦略的に誘致している。他方で内陸地域は、農地を接収して新しく工業団地を作るなどして、沿海部の工場を熱心に誘致している。

たとえば、二〇〇〇年代の半ば以降、ある台湾系の製靴工場は、江蘇省の北部や江西省に一〇以上の工場を新設している。ところが二〇一三年だけでも、八つの工場が閉鎖され、設備をベトナムやインドネシアへと移転した。どうして、こんなことが起こるのか？　経営者の説明は、こうだ。

賃金や交通費、社会保障費、地方政府への納付金など、すべてのコストが予想以上のスピードで上昇しています。内陸部の工場で働く労働者は四〇歳代の農民たちで、沿海部の労働者に比べて労働効率が著しく低い。管理し訓練するのは、相当に骨が折れます。……内陸部への移転を諦めたのは、「農繁期」の存在によるものです。農作業が忙しくなると、従業員が作業場にやってこなくなるのですね。大量生産を維持するには、これは大きな痛手です。（二〇一三年のインタビュー）

もう一つ、台湾系被服縫製工場のケースを見てみよう。

この工場は、もともと浙江省平湖市に拠点を持っていたが、同業者に倣い、二〇〇九年に安徽省蚌埠市に第二工場を設立した。被服縫製は工場内で生産するだけでなく、外部の関連会社と連携しながら作業を進めている。浙江省では、工場の正規労働者は三〇名だったが、ピーク時には、この地域の親方による差配を受けて、三〇～四〇名の派遣労働者を雇用していた。この工場は、工程の一部を江西省にある二つの工場に委託し、安徽省では、三〇名の工場労働者以外に、地元の農民三〇名によって構成される二つのグループが、それぞれ一つの生産ラインを担当していた。

この被服縫製工場の責任者の説明によれば、こうだ。

彼らが最初に安徽省に移転してきた際、予期していなかったことが二つ生じたという。一つ目が農繁期になると、従業員が工場にやってきてくれるかどうか、確実でなくなってしまうこと。二つ目が、工場労働者たちから、地方政府に請願書が絶えず送られていたことである。

従業員はみずからを農民であると認識し、農作業を最優先していた。農作業から得られる利益より、労働者として働いて得られる利益の方が大きくても、である。また彼らは農民として年金を受け、医療保険の対象となっていたことから、会社の社会保険に加入しなかった。地元に顔見知りが多いことから、地方政府に不満を述べることは日常茶飯で、みずからの利益が侵害されたと感じれば、工場の管理者に不満をぶちまけた。

内陸部に進出した企業は、規模の大小にかかわらず、労務管理をめぐって似たような困難を経験している。内陸部の労働者は若くなく、そのため労賃も低くない。地元に顔見知りが多く、工場の規律を守ることを期待しにくい。

大規模製靴工場が内陸部の工場を閉鎖し、小さな被服縫製工場が江西省の工場を下請けとして利用するようになったのは、このような事情があったからである。

新たな政治的リスクの誕生――製靴工場における大規模ストライキの事例

二〇一〇年以降、台商が直面している大きな困難を理解するのに、ここでは二〇一四年四月に、広東省東莞市で発生した裕元製靴工場での大規模ストライキの事例を取り上げたい。

裕元製靴工場の親会社は台湾で上場している宝成国際集団で、スポーツシューズやカジュアルシューズの世界最大メーカーである。二〇一三年時点で同社が雇用している従業員は五〇万人に上り、そのうち二〇万人ほどが中国の農民工である。(3)

二〇一四年の四月一四日から二五日にかけて、一二日間連続して四万人を超える裕元製靴工場の従業員がストライキに参加し、法が定める年金の支払いと住宅手当を獲得することに成功した。このストライキはここ最近でもっとも大規模なもので、台商にとって新たな政治的リスクが生まれつつあることを示している。

裕元製靴工場でのストライキは、年金と住宅手当の月額が実際の支払額と一致していないとする労働者側の非難から始まった。裕元製靴工場は、ここ最近、月給一八一〇元をベースに年金積立を行ってきたが、この額は東莞市が定める平均月額賃金に相当する。ところが実際の賃金は、超過勤務手当やボーナスを含め、月三〇〇〇元に達していたため、積立額は不足していた。

使用者側から見れば、会社にはなんら法的瑕疵《かし》がなく、東莞市の法令に沿った行動を採っただけである。労働契約法には保険に関する事項があるものの、会社側の負担に関しては明確な規定がない。そのため、地域によって規制や慣行が異なっている。住宅手当に関しては、二〇一二年時点で、東莞市の労働者の二〇%しか積立金を払っておらず、全労働者にとって住宅基金への加入は義務となっていなかった。二〇一三年時点で、東莞市政府は民間企業や外資系企業が住宅基金にどれだけ支払わなければならないか、明確な規定をもっていなかった。

ところが、会社側の主張は、まったく受け入れられなかった。中国の地方政府、とりわけ内陸部のそれは、企業は労働者のために社会保険基金を支払うべきとする国の法律に縛られていない。先述のように、地方政府は中央政府の指示・指令を恣意的に実施・解釈しがちで、東莞市の多くの民間企業は住宅基金ばかりか、年金基金にも積立金を支払っていない。ところが外資系企業は支払い命令を受けることとなり、具体的な額は、地方政府との交渉に依存している。

悪いことに、いったん労使紛争が生じると、中国のナショナリズムが燃え盛る事態も生じている。裕元製靴工場でのストライキでは、「台湾人の搾取者を打倒せよ！」、「中国の走狗《そうく》を打倒せよ！」といったスローガンが掲げられた。こうした光景を目の当たりにして、台商は恐怖を覚え、帰国願望が強まった。またストライキが起こったら、ここから出ていくしかないと話す台湾人管理者もいた(4)。

6　おわりに

本章では、台湾の対中直接投資の歴史を概観し、二〇〇〇年代後半の現状に焦点を当てた。二〇一四年現在、台湾に上場している企業の七七％が対中投資案件を抱える中で、対中直接投資は急速に伸びている（『自由時報』二〇一四年九月九日付）。中国に進出した企業は、地方政府による統治のあり方の強い影響を受け、台商は政府機関や個々の役人たちのレントシーキング的行為に悩まされている。実際、不確実な状況を回避するよう対策を練り、税関や税務の担当者といった政府の役人による不利な扱いを避ける努力をしている。他方で、市場経済の制度化に伴い、政令に従う必要性も高まっている。とはいえ、絶えず曖昧で不確実な状況は残っており、台商は地方政府とさまざまな交渉を行わなければならなくなっている。

台商は、地方の役人と個別に人間関係を構築し、台商投資協会を通じてネットワークを作ることで情報交換を行い、みずからの影響力を高めるよう努力している。彼らは地方政府とウィン・ウィンの関係を作り上げ、地方政府の側も中央政府の指示に従いながらも、それなりの自由度を利用して、みずからの利益を得ようとする。こうした状況の中で、台商はみずからの問題を解決しようとしている。

裕元製靴工場の事例からもわかるように、中国の地方政府は、社会不安を掻き立てる労働争議の頻発を警戒している。一九九〇年代以降、職を求めて都市部に移動するようになった農民は、劣悪な労働環境や生活環境にあって差別を受けてきたため、不安心理が強く、すぐに激しやすくなっている。裕元製靴工場でストライキが成功したことからも、今後とも、労働争議は増えていくことになるだろう。他方で、労働コストの上昇や労使紛争の激化、地方政府による法令遵守の強化といった環境下にあって、台商は工場の移転を真剣に考えるようになるだろう。

こうした状況は、中国のみならず、ベトナムでも広がっている。労働者の高齢化と年金の需要増加を受けて、中越両国政府はみずからの社会保険制度を修正し、労働者により多くの保護を与えようとしている。ところが、社会保険積立金への支払いを強制する対象として外資系企業が狙われやすく、しかも悪いことに、労働者はストライキや道路の閉鎖、暴動といった形でみずからの不満を表明しやすい。地方政府の失政に端を発する場合があるものの、標的になるのはいつも企業で、こうした事態への対応が迫られることになる。

この二〇年ほどの間、台商と地方政府は、急速に経済発展を遂げ、都市開発が進む中で、総じて良好な関係を作り上げてきた。この割を食ったのが農民で、彼らは都市に職を求めて移動するようになった。ところが近年、労働力不足が進み、中央政府も労働者保護を重視するようになった結果、従来ほど労働者を強く管理できなくなっている。台商が中国で今後ともビジネスを行う際、こうしたリスクは避けて通ることができないだろう。

注

＊　本章は筆者による論文（Chen 2014）をもとに、本書収録用に大幅にリライトしたものである。

（1）　中国商務部の統計資料（http://www.mofcom.gov.cn/article/tonjiziliao/）から計算した。

（2）　経済部投資審議委員会の資料（http://www.moeaic.gov.tw/system_external/ctlr?PRO=PublicationLoad&id=182）から計算した。

（3）　宝成国際集団の年次報告書（http://www.pouchen.com/download/shareholders-meeting/140319%20pcc%20presentation-ch%20ml.pdf）からの引用。

（4）　偶然にも、四月に裕元製靴工場でストライキが起こった直後、二〇一四年の五月にはベトナムで一連の反中暴動が生じることになった。これは、南シナ海の係争地域で中国が石油掘削を始めたことに端を発している。暴動はビンズオン省やドンナイ省といった、ホーチミン市の北部、北西部に位置する工業地帯に集中している。暴動は、ベトナムが排他的経済水域と主張している場所で、中国側が石油掘削を始めたこと対する怒りが原因となっているが、同地の台湾企業も多くの被害を受けた。暴徒は、「中国語の看板か、中国系の管理職を見つけるや企業を襲ったというが、その多くは台湾系の企業だった」と報道されている。

二〇一五年三月末には、宝成国際集団の傘下にあり、ベトナムでの製靴会社であるPou Yuen社で八万人もの従業員を巻き込む大規模ストライキが起こった。こうした反中暴動や労働争議は、ベトナムにおける台商が中国と同じ問題に直面していることを示している。権威主義体制下で、政府の政策が曖昧であることに原因の一端があるのだが、このように安価な労働力を求めて進出しても、リスクや不確実性が高い割には、期待したほどに短期間で利益を得られていないのが現状である。

第2章　政治ゲームとしてのビジネス
——台湾企業の政治的役割をめぐって

呉　介民

1　問題意識

周知のように、中国政府は企業行動に絶えず制度的影響を及ぼしており、これには中国で投資活動をする外国企業も含まれている。ところが、中国政府が経済的な利益関係を通して、どのように他国の政府や政治行動に影響を及ぼしているのかについての体系的な研究は、現時点できわめて少ない。

多国籍企業の行動やトランスナショナルな資本家階級に関係する研究の多くは、これまで、多国籍企業が投資先とどのようなやりとりを行い、多国籍企業の行動がホスト国のガバナンス能力にどのような影響を与えているか、多国籍企業がホスト国の依存を招いているのかどうか、多国籍企業は国民国家の主権を損なっているのか、といった問題に焦点を当ててきた（Vernon 1971; Useem 1984; Sklair 2001, 2002; Robinson 2004; Rothkopf 2008; Jensen 2008a, 2008b; Scott 2010; Carroll 2010; Nazemroaya 2012）。これに対し本章は、逆方向に作用する影響力、すなわちホスト国が多国籍企業や外資、ひいてはその送り出し国にどのような影響を与えているのかについて考察する。具体的には、中台関係を取り上げ、中国政府が台商への影響を通じ、どのように台湾政治に影響を与えているかについて、考察してみたい。

本ケースを取り上げるにあたり、いくつかの点を留意しておかねばならない。

第一に、中国政府は台湾の領有権を公言しているため、台湾に対する経済行動の政治的意図は際立っており、しかもその意図を公にしている点。

第二に、グローバル化が進展し、中国による意図的な「併合政策」によって、中台間には二〇年ほどの間に経済的関係が密になっている点。また貿易も頻繁に行われ、通常の国家間における通常の経済関係を超えている。

第三に、多国籍企業としての台商は、平均規模が一般的な西洋主要国の多国籍企業の平均規模より小さい点。台湾出自の多国籍企業の中で、世界の大企業五〇〇位に入るのは六社のみ。主要国であるアメリカや日本、新興の中国に遠く及ばず、韓国よりも少ない[1]。そのため、中国政府に対する価格交渉能力が相対的に低い台商は、中国政府によるコントロールを受けやすい。このように、台湾は中国から経済と政治の二重の影響力を受けているため、中台間の経済活動に従事する台商は、中国政府が台湾政治に圧力を加える重要な媒介になっている。

本章の目的は、政治的代理人としての台商の作用メカニズム、およびその背後にある構造と制度的条件を分析すること、すなわち中国政府が商業モデルによる統一戦線戦略をいかに展開しているかを検討することにある。

統一戦線工作とは、党国体制下の中国における日常政治の一部分で、その機能は中共が共産党以外の各界人士との良好な関係を保持し、利用できるようにすることにある。中国政府は台湾に対し、久しく「商を以て政を囲う」戦略をとり、台商を通じて台湾に政治的影響力を行使してきた。こうしたスタイルによる統一戦線工作は、商業的手段や市場の媒介、資本操作を同時に利用するものであり、本章ではこれを「商業モデルによる統一戦線」と呼ぶ。

台商の定義

まず、本章における台商の定義を明確にしておこう。

台商とは、一般に、最初に台湾で設立されたか、その責任者が台湾国民（中華民国籍）である企業で、後に営業拠点を中国に集中させ、台湾と中国に跨がっている企業（ただしその営業拠点は、アジア太平洋地域や全世界に拡がっているかもしれない）を意味している。この定義によれば、台商は以下の二つのタイプに大別することができる。

（1）狭義の台商——営業活動を中国に集中させている企業で、そのオーナーや経営幹部は台湾人であるものの、台湾での営業をストップしているか、営業収益率が相当に低くなっているもの。資本の名義としては台湾企業で、狭義の台商でもある。

(2) 海峡を越えた資本——台湾海峡を跨ぎ、グローバルに展開している多国籍企業で、資本の運用は世界規模で行われている。とはいえ、これらの多国籍企業の大部分は中台に位置し、その生産拠点も中台に集中的に配置されている。多くの持株会社を通じて会計操作がなされ、バミューダやバージン諸島、ケイマン諸島といったタックス・ヘイブンに設立されている。

中国政府が台湾に影響力を行使する際に利用する台商ネットワークには、これら二つのタイプがあり、日常的に言われる台商には、これらの企業のオーナーや責任者、経営者が含まれている。

海峡を越えた資本は、一部、中国資本としての性質を持っている。たとえば、台湾に戻ってニュースメディアを買収した旺旺グループの場合、その営業収益の九〇%以上は中国で得られている。また二〇一四年に黒心油事件(使い古された油などを加工して食用油として売っていたことが発覚した事件)を起こした頂新グループは、その営業収益の八五%強を中国で上げている。潤泰グループは営業収益の半分以上が中国で上げたものであるが、このグループの責任者は、中台の政界や学界で隠然たる影響力をもち、つい最近、唐奨(東洋のノーベル賞と称される)を創設した。

中台間で見られる複雑な政商関係を理解するには、狭義の台商ばかりか、海峡を越えた資本にも注目する必要がある。

逆方向の政治的インパクト

政治的リスクは、国際政治経済学や国際ビジネスの文献にしばしば登場する概念である。この概念は、商業取引の妨害や契約条件の変更、外資系企業の資産の徴収、外資系企業の資本取引の制限など、企業経営が政府の干渉を受け、ホスト国の政治や社会に影響を受けることなどを含む（Kobrin 1979; Jensen 2008a）。ところが逆方向の力が働き、企業の行動がホスト国の政治や経済、社会に影響を与えることもある。多国籍企業が投資先に与えるこのような影響を、「政治的インパクト」とか「政治的影響力」と呼ぶことができるが、本章が扱うのは、逆方向の政治的インパクト、つまり多国籍企業が母国に戻り、その行動が母国に影響を及ぼすというものである。

実際のところ、多国籍企業が母国に与えるインパクトには、政治的なものと非政治的なものとがある。政治的なインパクトには、政治献金、選挙活動への介入、レントシーキングと特権行為、世論への影響、行政機関や立法機関への働きかけなど、多国籍企業の母国に対する政治的影響力が含まれる。非政治的なインパクトには、従業員の労働権益への影響や個人情報の漏えい・悪用といったリスク、社会保障制度への影響などが含まれる。

本章では分析の中心を政治的インパクトに置くが、論文の構成は以下の通りである。まず、台湾の中国経済への依存の構造を描写する。次に代理人モデルを提示し、中国が台湾に及ぼす政治的インパクトのメカニズムを説明する。そして、台商＝海峡を越えた資本の政治行動の事例を分析した上で、台湾市民の反応を略述し、最後に結論を示す。

2　対中経済依存の構造

中国が台湾に影響を与える前提として、台湾経済が中国に依存し、個々の企業が中国政府の保護と特別な優遇に依存している状況がある。

中台間の経済貿易関係は非対称的で、台湾は中国に大きく依存しているものの、中国の台湾に対する依存は小さい。新自由主義論者は、しばしば相互依存の概念を使用するが、中台間には非対称的相互依存か、一方的依存があるだけである。そのため、中台経済関係の変動に対する台湾の脆弱性と敏感さは中国より遥かに高く、依存構造は中国が台湾に圧力を加える際のテコとなっている。

台湾の対中経済依存の状況は、いくつかの指標からも観察することができる。

第一に、中国は二〇〇五年にアメリカを抜いて、台湾にとって最大の輸出先となった。二〇〇〇年時点で、香港を含む中国への台湾からの輸出は、全輸出額の二四・四％を占めていたのが、二〇一〇年には四一・八％、二〇一四年には三九・七％を占めるようになった。これに対し、二〇〇〇年時点での中国の対台湾輸出額は、全輸出額の二・〇％、二〇一二年でも一・八％を占めるにすぎない。

貿易依存度に目を移すと、この十数年もの間、香港を含む中国に対する台湾の貿易依存度は、きわめて高い水準に達しており、二〇〇〇年の一三・八％から二〇一一年の三四・九％、二〇一四年には三二・九％となっている。これに対して、香港を含む中国の台湾への貿易依存度は一貫して低く、二〇〇〇年で三・五％、二〇〇四年から五年にかけて四・七％とピークを迎え、その後、二〇一一年には二・

図2-1　台湾政府が許可した対外投資に占める対中投資の割合：1991-2013年

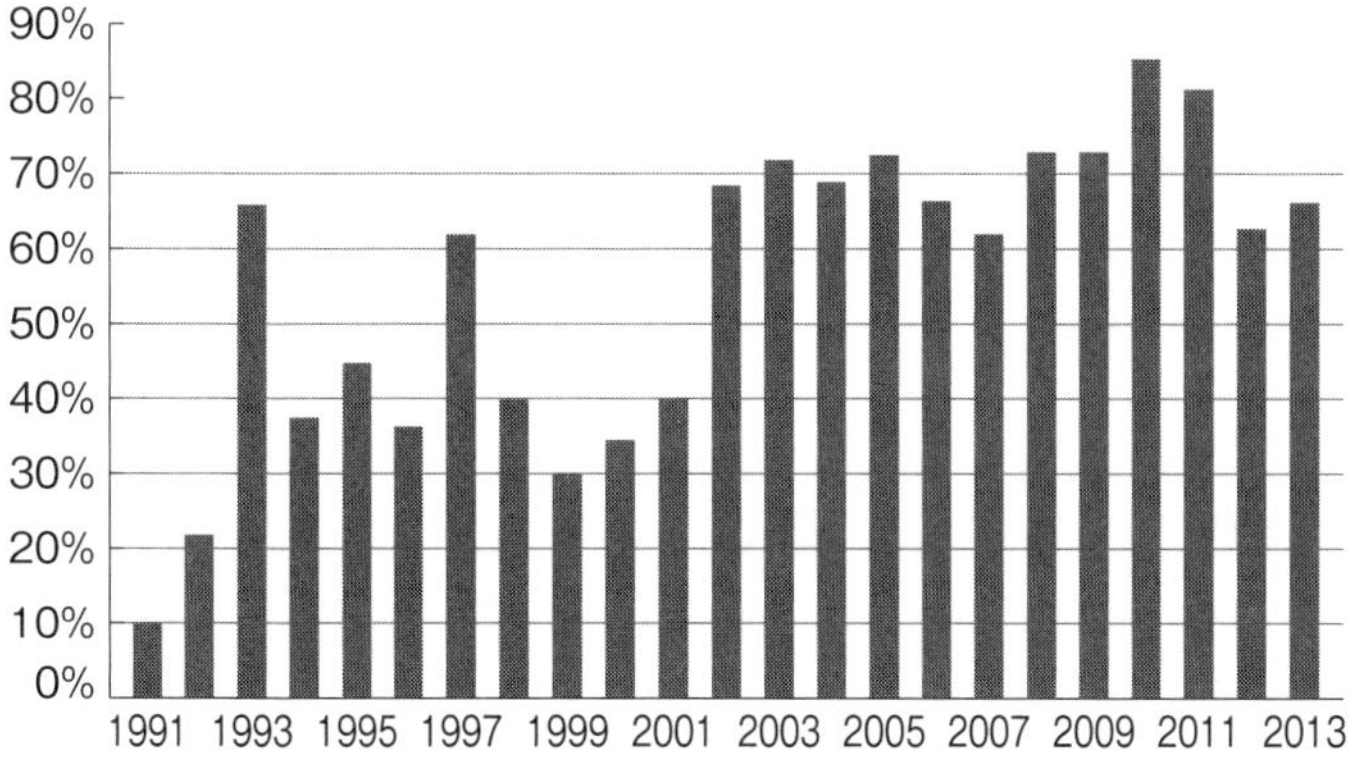

注：1997年以降の対中投資許可額には香港が含まれる．
出典）経済部投資審議委員会の資料から計算（http://www.moeaic.gov.tw/）．

五%にまで低下している。これからも、中台の非対称的な経済関係は明らかである。

台湾の対外直接投資の国別分布も、台湾の対中依存構造を示す証拠となる。一九九一年から二〇一三年の累計で、台湾経済部が許可した対外投資総額のうち、六四・七%が中国に集中している。中国への集中度は李登輝政権期（一九九一－九九年）[2]に平均で三八・五%だったのが、陳水扁政権期（二〇〇〇－〇七年）には六〇・四%、馬英九政権期（二〇〇八－一三年）には七三・四%となっている（図2－1参照）。

製造業に限定すると、二〇一二年時点で、「台湾三〇〇大企業」合計の営業収益の約三割が中国から得られていることになる（「集団大陸投資貢献度排名（三〇〇大）採全部加総法」中華徴信所）。

表2－1には台湾における上位三二の企業グループ（世界全体での営業収益によるランキング、ただし金融持株会社と銀行は除く）の、台湾と中国における営業収益が世

界全体での営業収益に占めるパーセンテージが挙げられているが、このうち一八グループが「台湾三〇〇大企業」の中国における営業収益比率の平均（三〇％）を超えている。このうち九グループで、中国における営業収益が台湾より高い。また、この九グループのうち六グループは情報通信・パソコン産業（ICT）であり、鴻海科技、広達電脳、金仁宝、英業達、光宝、台達電子が含まれる。残りの三グループは製靴業の宝成工業、製品が多様化している華新麗華（元々の主製品は電線・ケーブルおよび特殊鋼）、経営流通業の潤泰で、潤泰の場合、中国での営業収益比率が五一・一％に達するなど、中国の国内市場に強く依存している。これ以外にも、中国での営業収益比率が台湾での営業収益比率に近いグループがある。

これらの企業グループは、会計操作が典型的な多国籍企業、たとえばタックス・ヘイブンに設立された持株会社に類似しているものの、大部分の生産拠点や市場は台湾と中国のみに配置されており、本章で定義した、海峡を越えた資本に属する(3)。

旺旺グループや頂新グループといった海峡を越えた資本が、台湾で会社登記されていないか、その特殊な会計操作によって「台湾三〇〇大企業」の統計に入っていない点にも注意が必要である。この種の企業は、その製品が中国の国内市場に依存しているばかりか、海峡を越えた政商ネットワークにあって積極的に活動し、台湾で大きな政治的影響力をもっている。たとえば、旺旺グループの行動は、多国籍企業が母国に戻り、母国に対して政治的影響力を与えているとする、逆方向の政治的インパクトを示す典型的な事例となっている（詳細は後述する「旺中事件」の分析を参照のこと）。

表 2-1　台湾上位 32 企業グループの台湾と中国における営業収益比率：2012 年*

順位	グループ名	世界全体での営業収益総額（100 万台湾ドル）*	台湾における営業収益比率（%）	中国（香港を含む）における営業収益比率（%）
1	鴻海科技**	4,149,077	35.2	35.4
2	台湾プラスチック	2,176,923	77.4	10.6
3	広達電脳	1,017,545	33.2	35.5
4	潤泰	894,101	48.7	51.1
5	聯華神通	893,879	13.6	23.7
6	金仁宝	889,818	33.0	50.4
7	和碩	881,895	50.1	44.7
8	緯創資通	696,079	40.6	39.1
9	明基友達	565,344	49.9	15.4
10	統一	534,092	50.4	19.9
11	台積電	515,262	58.3	1.8
12	遠東	487,691	70.7	24.4
13	群創光電	483,610	49.8	42.1
14	華碩	448,685	40.4	10.2
15	宏碁	429,511	37.0	5.9
16	英業達	412,299	25.5	43.6
17	大聯大控股	360,614	46.3	41.6
18	中鋼	358,537	91.9	1.6
19	華新麗華	308,810	35.9	36.5
20	長栄	305,338	59.4	0.1
21	威盛電子（宏達電）	303,615	64.7	16.1
22	和泰汽車	288,640	94.2	5.8
23	裕隆	283,736	59.1	37.3
24	宝成工業	277,987	4.6	92.7
25	聯華電子	245,434	70.3	10.4
26	光宝	244,552	22.5	30.9
27	中華電信	225,005	98.5	0.4
28	台達電子	211,211	9.0	33.3
29	日月光	206,139	54.1	34.7
30	義聯	196,234	51.7	47.3
31	奇美	194,884	56.8	36.6
32	大同	178,690	56.8	36.6

注：*2012 年営業収益総額のランキング．ただし金融持株会社と銀行は除く．営業収益総額は，各グループ企業の財務諸表における連結営業収益と，連結財務諸表に掲載されていないが，グループと関係があると認められる子会社の非連結財務諸表の営業収益の総和である．

**鴻海科技のような大企業は海外に持株会社を設立しており，鴻海グループは中国での営業収益の一部を海外持株会社に計上している．そのため中国での営業収益比率が低く見積もられている可能性がある．このような状況は他の企業グループでも発生している可能性があり，それぞれについてさらに詳しく計算する必要がある．

出典）「中華徴信所」のデータベース．

このように、台湾の産業が中国経済に依存することによって、中国は台湾に対して政治的影響力を発揮しやすい条件を獲得するようになっている。

3　代理人モデル――中国による政治的インパクト行使のメカニズム

中国政府が台湾への政治的意図を貫徹させようとする際、政治的代理人を通して初めて、台湾社会内部に入っていくことができる。本節では分析枠組みを提示し、このメカニズムについて説明してみたい。

中国政府が台湾に政治的影響力を与えるルートには、直接圧力と間接圧力の二つある（図2-2参照）。直接圧力（実線矢印）には、一九九六年に台湾が歴史上初めて総統直接選挙を実施した際、人民解放軍が台湾に向けて軍事演習を行い、台湾の安全を脅かすことで総統選挙の進行を妨げようと試みた事例、二〇〇〇年の総統選挙の前夜に、朱鎔基首相（当時）が談話を発表し、台湾人民に民進党を支持しないよう警告した事例、二〇〇九年に高雄映画祭で新疆ウイグル族の海外運動リーダーであるラビア・カーディル（Rebiya Kadeer）のドキュメンタリー「愛の一〇条件」の放映が企画されたところ、これに抗議した中国政府が大陸からの団体旅行を取りやめたり、高雄への訪問拒否を行ったなどの事例が含まれる。ところが、中国政府の台湾に対する直接圧力は、逆の結果をもたらし、企図した目標を達成できないケースが少なくない。そのため、間接圧力（図2-2の点線矢印）が徐々に重要なルートとなりつつある。中国政府が近年重視しつつある「商を以て政を囲う」戦略は、間接圧力の典型例である。間接圧力の作用メカニズムは複雑に迂回する。現地協力者を育成し、彼らを中国政府の台湾における

図2-2　「商を以て政を囲う」：中国政府が台湾に政治的影響力を発揮する代理人モデル

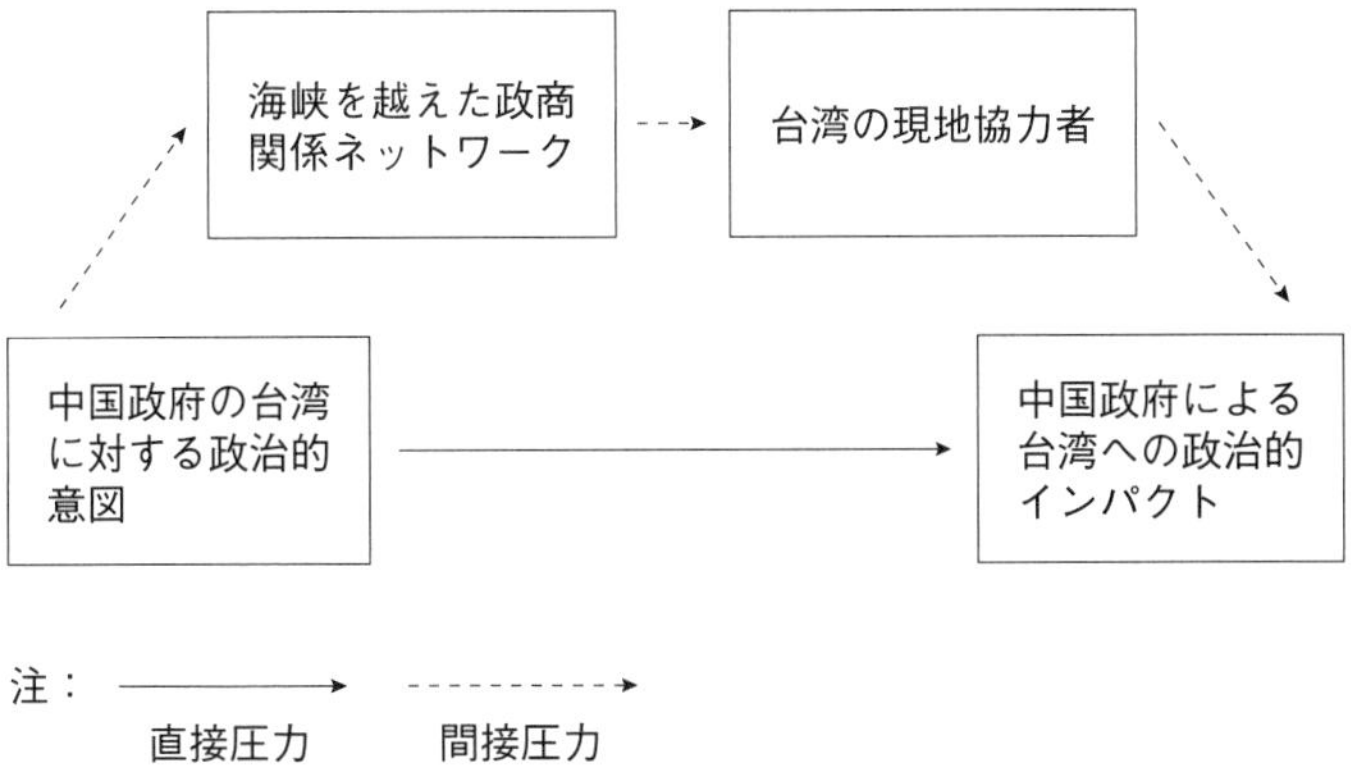

代理人にさせねばならないからだが、このように間接圧力を用いた方法を「代理人モデル」と呼ぶことができる。

二〇年来、中国政府が台湾に圧力をかけてきた方法を観察すると、総じて直接圧力から間接圧力へ、軍事的威嚇から経済的利益による誘導へと変化してきている。とはいえ、中国が間接圧力をかけるに当たって、直接圧力の利用を放棄しているわけではない点に注意が必要である。実際、弾道ミサイルが台湾に向けて設置されているなど、軍事的脅威は除去されておらず、舞台裏に隠されているにすぎない。また、前述のラビア・カーディルドキュメンタリー事件の際には、台湾内部で立法委員と旅館組合が高雄市政府に圧力を加えるなど、直接圧力と間接圧力が併用される場合もある。

間接圧力の作用メカニズムは直接圧力よりも遥かに複雑で、海峡を越えた政商関係ネットワークの形成と、台湾における現地協力者ネットワークの構築といった、二つの重要な段階を含んでいる。この二つの段階を経て初めて中国は台湾への影響力を行使できるようになるのであり、企図した政治目標を達成することができるようになるのである。

海峡を越えた政商関係ネットワーク

台商は進出先の中国でさまざまな現地適応をしなければならないため、中国政府は許認可権によって特権と特別な配慮を与えることで、台商の政治行動をコントロールしようとしている。中国の行政官僚体系は経済運営に高度に介入し、各レベルの役人がさまざまな行政許認可権を有しているため、資本の運営にあっては、政府や役人との協力――消極的なものとしては、不確定性に遭遇することを避ける、取引コストを下げる、政治的リスクやその他の経営リスクを軽減するなどの行動、積極的なものとしては、資本と権力とを取引するレントシーキング活動に加わり、利益を稼ぐなどの行動――が必要不可欠となる。

しかも中台間の特殊な政治情勢を反映して、この政商関係が徐々に台湾に伸長し、台湾の政商関係と結びつきつつある。

二〇〇〇年代初頭まで、中国における台商の経済活動は輸出産業を主としていた。このため、台湾の中国経済に対する依存は、中国の労働力と生産要素への依存にとどまっていた。台湾から中国への輸出は、大部分が製造業の半製品で、加工後に欧米や日本の市場に再輸出されていた。ところが中国の内需市場が成長するにつれて、国内販売に従事する台商が増加するようになり、二〇〇〇年代半ば以後、加工輸出成長モデルが飽和し、経済貿易関係における中台関係が占める割合が増えていった。これは、台湾の産業と中国の内需部門に深いつながりが生まれたことを示す。

台商による対中直接投資に見られる産業部門の変化からも、この趨勢を見てとることができる。二〇〇八年から二〇〇九年にかけて、対中投資に占める製造業の割合は投資総額の八二％を占めていたが、二〇一三年になると五六％に減少している。また、卸・小売や金融・保険、不動産などの産業が顕著に増加している。このような趨勢にあって「両岸サービス貿易協議」（二〇一三年六月に署名）が発効・実施されると、中国市場は台湾に対して、さらに大きな資本吸収効果を生み出すことになるだろう。

輸出と国内販売の政治的インパクトは異なる。台商が中国で国内販売活動に従事するにはより多く、より深い政商関係が必要となるが、これが海峡を越えた政商関係の形成を促す重要な背景となっている。台湾の政党や政治家も、海峡を越えた政商関係の構築に重要な役割を担っている。

これらの関係ネットワークには、台商協会や国共フォーラム、紫金山サミットといった両岸政治経済クラブ、連戦（国民党名誉主席）や江炳坤（前海峡交流基金会董事長　二〇〇八−一二年）といった人物が作り出した非制度的で、政治家や財界の人物を取り巻いて形成された政商ネットワークが含まれる。中国政府は、これらのネットワーク・プラットフォームを利用し、一部の政治家や企業家に特別に許可された経営権を与えることで、中国政府に対する忠誠や恭順を引きだすことに成功している。

現在、海峡を越えた政商関係を構成するプレーヤーは多く、複雑に結びついているが、比較的目につきやすいものに、以下のようなものがある。

（1）連戦訪中団（連戦は二〇〇五年から二〇一四年までに、十数回中国を訪問し、多くの政界、財界、宗教界、社会団体の関係者が同行している）。連戦一族と中国側との往来は密接で、この一族を取り巻く政商関係ネットワークはきわめて緊密である。

（2）国共フォーラム（正式名称は両岸経済貿易文化論壇）は、中国国民党と中国共産党が二〇〇五年に正式に合作した後の産物である。第一回は二〇〇六年四月一四日から一五日に北京で行われ、今まで九回開催されている。

（3）両岸企業家サミットは、元の名称を紫金山サミットといい、二〇〇八年に設立された。台湾側の招集者は蕭万長（台湾前副総統）と江炳坤で、中国側の招集者は曽培炎（経済担当の中国前副総理　二〇〇三-〇八年）。台中双方は二〇一三年に政府に正式に登記し、両岸企業家サミットを設立した。台湾側組織の理事長は蕭万長で、中国側組織の長は曽培炎。二つの組織がカウンターパートとなり、メンバーはすべて財界エリートからなる、中台双方の企業家を核とする、民間で最もハイレベルな交流プラットフォームとなっている(4)。

（4）ボアオ・アジア・フォーラムは、二〇〇一年に設立された、地域レベルの国際組織である。このフォーラムには台湾も参加が認められ、台湾側はいつも蕭万長が両岸共同市場基金会設立者として商工業界を伴って出席しては、中国側のリーダーと面会している。

（5）海峡フォーラムは、前身が二〇〇六年に設立された海西フォーラムであり、二〇〇九年に海峡フォーラムと改名された。今までに六回開催され、参加人数の規模が最大のフォーラムとなっている（高宣凡 2009）。

（6）両岸平和フォーラムは、台湾側の発起人が高育仁（新北市長朱立倫の義父）で、二〇一三年一一月に第一回が開催された。台湾の二一世紀基金会や中国の全国台湾研究会などの機関によって共同で主催された。

（7）電電公会の歴代会長は許勝雄（金仁宝グループ）、焦佑鈞（華新麗華グループ）、郭台強（正崴グループ）である。電電公会は中国各地に事務所を開設することを目標とし、現在、昆山や東莞などに事務所を設立している。[5]

（8）中国各地にある台商協会は、現在一四〇に達している。[6] 中国全国レベルの台商組織としては、二〇〇七年に設立された「全国台湾同胞投資企業聯誼会」（略称「台企聯」）があり、現在のところ、張志軍（国務院台湾事務弁公室主任）、陳徳銘（海峡両岸関係協会会長）、陳雲林（前海峡両岸関係協会会長）の三名が名誉会長となっている。また、「総顧問」は鄭立中（国務院台湾事務弁公室副主任）である。

現地協力者ネットワーク

中国が台湾に政治的インパクトを与えるには、台湾の有力者と協働する必要があり、そうして初めて具体的な代理作用を生み出すことができる。台湾における現地協力者ネットワークには政治家、マスメディア、商工業界の人物、宗教界、文化教育機関、ＮＧＯと社会団体、地方派閥の後援者などが含まれている。

現地協力者としての台商は、中国による遠隔操作が効果を生むための鍵となっている。現地協力者ネットワークを通じて、中国政府は圧力を加え、影響力を与えるテコの作用を構築し、台湾の政治、経済、文化、社会に、みずから期待する作用を発揮することができるからである。

中国政府が台湾で影響を行使するには、以下のいくつかの方法がある。

第一に、マスメディアを通じて世論に影響を与える。たとえば、旺旺グループによるメディアの買収、中国が台湾のメディアから埋め込みマーケティングを購入するなど。

第二に、さまざまなチャネルを通じて、選挙結果に影響を与える。たとえば、毎回の総統選挙で、中国側は国民党候補者に協力している。最も有名な事例としては、台商企業家による選挙前の発言を通じて、二〇一二年の総統選挙に介入したケースが挙げられる。

第三に、国民党政治家や政財界人の紹介を通じて、中国の政府役人が台湾各地で政商ネットワークを構築する。たとえば、国務院台湾事務弁公室の役人は台湾各地を訪問しては、買いつけ活動を行い、全省行脚を行うことで、地方派閥や後援者たちとの関係を直接構築している。

第四に、ロビー活動や政策決定過程に影響を与える。たとえば、台商協会や中国の地方政府の役人の来台を通じて、サービス貿易協定や商品貿易協定に対するロビー活動を進めている。海峡を越えた政商関係ネットワークを通じてロビー活動を行うとともに、これを中国の政府役人が台湾での全省行脚によって構築したネットワークと組み合わせるなど、ユニークな特徴をもつ。また二〇〇九年のラビア・カーディルドキュメンタリー事件で、中国が高雄市政府の意思決定を変えようと試みたのも、その好例である。

4　台商の政治的役割——その事例分析

中国における台商の政治行動は、おおまかに以下の類型に分けることができる。第一に、会社や個人の資源を現地の公益活動に投入し、資金援助をして基金会や学校を設立するというもの。第二に、政治と距離を保ち、できるだけ立ち入らず、みずから態度を表明せずに面倒を引き起こさないようにするというもの。第三に、中国における台商の組織——主に各地の台商協会や全国レベルの組織である台企聯——に積極的に参加するというもの。第四に、中台関係に関わる政治活動に積極的に加わるか、中国政府の主張——たとえば九二年コンセンサス——に同意する姿勢を示すというもの。そして第五に、会社や個人と中国政府上層部との関係を積極的に作ろうとするものである。

以下では、台湾で台商が引き起こした政治的インパクトを念頭に、(1)二〇一二年の総統選挙活動期間における応援言論、(2)帰台して投票する台商幹部への台商協会からの財政的支援、(3)旺中グループによる台湾メディアの買収が引き起こした一連の論争、の三つの事例を扱うことにする。これらの事例は、上述した中国における台商の政治行動の第三、四、五の類型と密接に関連している。

これらの事例からは、一部の台商が、どのようにして中国における彼らの政治行動を、中台関係や台湾国内に持ち込み、伝えているのかを観察することができる。また、これらの事例は、中国政府が海峡を越えた政商関係ネットワークと台湾における現地協力者を通じて、どのようにして政治的影響力を行使しているのかをも示唆している。

財界による九二年コンセンサス支持

「九二年コンセンサス」とは北京が台湾に受け入れることを要求している、一つの中国原則の代名詞である。二〇〇五年に国共合作が正式に動き出し、連戦と胡錦濤が共同で発表した声明には、九二年コンセンサスによって中台関係を発展させると明記されている(7)。台湾での九二年コンセンサスをめぐる報道と論争は、最近二回の総統選挙（二〇〇八年と二〇一二年）で選挙期間中に人びとの耳目を集めるものの、選挙が終わると報道される頻度は少なくなる。

二〇一二年の総統選挙期間には、数十の台湾企業グループの責任者が、投票前の数週間、代わる代わる記者会見を開き、集団で新聞に広告を掲載したりして、九二年コンセンサスを支持し、中台経済貿易関係が選挙の焦点となったかの印象を与えた。表2-2には、当時、九二年コンセンサスを公然と支持してマスメディアの注目を浴びた一九名の企業グループ責任者を挙げてある。彼らの多くは中国市場で大きな利益を得ているか、中国市場の開拓を望んでいる者で、政治的に重要なタイミングを見計らっては中国政府の意向に沿う言論を発表することで、現地協力者の役割を演じ、台湾に対する中国政府の影響力を行使しようとしている。

この一九の企業グループのうち、一二グループは表2-1の「台湾上位三二企業グループ」に名前が

表 2-2　2012 年の台湾総統選挙期間中に，92 年コンセンサスを支持した企業グループ（中国での営業収益順，2012 年の資料）

グループ名	責任者	中国（香港を含む）での営業収益が全体に占める比率（%）	「台湾上位 32 企業グループ」に入っているか（表 2-1）	「両岸企業家サミット」の理事・監査であるか
潤泰	尹衍樑	51.1	○	
義聯	林義守	47.3	○	
正崴	郭台強	45.9		○
裕隆	厳凱泰	37.3	○	○
奇美実業	廖錦祥	36.6	○	
華新麗華	焦佑鈞	36.5	○	○
鴻海科技	郭台銘	35.4	○	○
台達電	鄭崇華	33.3	○	
味全*	魏応充	27.5		
遠東	徐旭東	24.4	○	○
燿華電子，金鼎証券	張平沼	24.0		○
威盛電子（宏達電）	王雪紅	16.1	○	○
東元	黄茂雄	15.9		○
矽品	林文伯	10.7		
台湾プラスチック	王文淵	10.6	○	○
聯華電子	宣明智	10.4	○	
陽明海運	盧峰海	2.0		
国泰金控	蔡宏図	0.3		○
長栄	張栄発	0.1	○	

注：*味全は頂新グループの関連企業であり，頂新全体では営業収益の 8 割以上を中国で得ている．

出典）データの数字は「中華徴信所」データベースから計算．その他は筆者による整理．

載っており、これからも、台湾の主要企業グループの中台政策に対する関心度の高さと発言量の多さが見てとれる。また、九二年コンセンサスを支持した一九名の企業家のうち、一〇名が両岸企業家サミットの理事・監査名簿に名を連ねている。

国共両党の共通の見解によると、九二年コンセンサスに基づいて、中台関係は二〇〇八年の馬英九の総統就任以降、多項目の合意に署名がなされ、「[通商、通航、通郵の]三通」が進められたとされる。このため、企業グループ責任者による九二年コンセンサス支持は、現行の中台関係を支持していることを意味しており、彼らは九二年コンセンサスを支持しない民進党候補者が総統に当選すれば、中台関係の後退・中断が余儀なくされるだろうと主張している。たとえば、潤泰グループの尹衍樑は二〇一二年一月二日、大手新聞各紙の第一面に以下のような広告を出している。

馬総統が政権を担当するようになってから、中台は九二年コンセンサスの基礎の上に、論争を棚上げし、実務的な協議を行いました。その結果、台湾人民が安心して楽しく生活できる社会環境が生まれ、この六〇年の間で最もよい平和な中台関係が創り出されました。……台湾は、再び停滞と不確定の中台関係を受け入れるわけにはいきません。(8)

聯華電子の宣明智は、ハイテク業者と共同で、以下のような声明を発表した。

私たちは選挙を持ち出して対立や不安を作り出し、労資の調和を破壊することに心底憤りを感じます。現在の環境下にあって、九二年コンセンサスを支持することでのみ、私たちは安心して経営し、雇用を継続し、従業員やその家庭の面倒をみることができるのです。(「宣明智串聯企業、挺九二共識」『連合晩報』二〇一二年一月一一日付)

威盛電子の王雪紅は「個人の名義で」記者会を開き、以下のように述べている。

九二年コンセンサスがあるのかないのか、九二年コンセンサスの具体的中身は何なのか。これを決めるのは、政治家や学者の仕事です。私は一人の正統な台湾人であり、クリスチャンです。……九二年コンセンサスの前に、こんなに平和な中台関係はありませんでした。……九二年コンセンサスのない中台の関係は想像しがたい。また、穏やかな中台関係にノーと言う者がいるというのも想像しがたい。さらに理解できないのは、九二年コンセンサスは存在しなくても現在の状態はありえたと信じる人がいることです。(9)

これらの選挙応援言論は、総統選挙投票前の二、三週間、続々と発表され、マスメディアで大々的に報道された。中でも、王雪紅の見解は注意に値する。彼女は九二年コンセンサスが存在するかどうかについて論争があることを認め、しかも九二年コンセンサスの内容を理解しているわけではないとしている。にもかかわらず、九二年コンセンサスは台湾に「穏やかな中台関係をもたらした」と断じているのである。

九二年コンセンサスの宣伝が一部の有権者の投票行動に影響を与えているとする実証研究もあり（童振源・洪耀南 2012）、実際、九二年コンセンサスを支持した有権者には、馬英九に投票する傾向が見られている（呉介民 2012a）。

帰台して投票する台商幹部への財政的支援

中国政府が台湾の選挙に影響を与える、もう一つの方法は、台商幹部が台湾に戻って組織的に投票することを奨励する、というものである。

早くは二〇〇四年の総統選挙期間中、中国の胡錦濤国家主席が各地の台商協会会長と面会した際、「大陸は台湾独立の立場を支持しない」と表明し、台商に台湾独立を叫ぶ候補者を支持しないよう試みた（「包機直航」『東方日報』（香港）二〇〇四年一月六日付）。当時、数多くの台商協会が中国で選挙対策事務所を組織し、国民党陣営の候補者（連戦）の票集めをした[10]。また、台商協会幹部が「両岸愛と平和帰郷行動」を組織し、比較的廉価な団体航空券の購入を援助した[11]。二〇〇七年末、当時設立されて間もない中国全国レベルの台商組織である台企聯の会長は、帰台して翌年三月の総統選挙で投票し、「馬英九に仕事を与える」よう台商に呼びかけた[12]。そして三〇万人の台商が帰台して投票するだろうと見積もった（「『台企聯』發起『大選前』總動員、今年三〇万台商返郷投票」『大公報』（香港）二〇〇八年一月四日付）。

当時、台企聯は中台の多数の航空会社と協議し、帰台して投票するための割引航空券を獲得した。しかも、航空券の出発日は二〇〇八年三月一日から投票当日の三月二二日まで、復路は三月二二日以降でなければならないとされていた（「台商返台投票可獲優惠」『香港商報』二〇〇八年一月二六日付）。

同様のドラマはその後、周期的に繰り返されることになる。

二〇一二年の総統選挙期間、国台弁は中台の航空会社に割引航空券を発行するよう協力を要請し、台企聯と各地の台商協会を通じて、航空券費用を補助することで、中国駐在の台湾人ビジネスマンが台湾に戻って投票するよう奨励した[13]。この補助活動は台湾世論の批判を招き、台企聯の常務副会長である葉恵徳は、「特定の政党に肩入れしている台商だけが割引航空券を購入できるとはしておらず、中国大陸からの介入も存在していない」としつつ、以下のように述べている。

（二〇〇八年の）前回の総統選のように、馬英九が二〇〇万票以上で勝つなら、（台商の存在は）それほど鍵とはならないだろうが、今回は大体五分五分なので、（台商は）比較的重要となる。私は、これはいいことだと思っている。各政党に台商という集団を重視してもらえるので、台企聯は多くの皆さんが帰ることを奨励している[14]。

台企聯の張漢文・名誉会長（台企聯創設時の会長）は、次のように述べている。

大陸の台商に国民党支持が多いのは、国民党が政権を担当してこそ中台の平和で安定した状態を維持することができ、台商の経営と発展に有利であると考えているからである。大陸の台商が中国寄りだと思われても気にしない。……今日の社会環境において、大陸は台湾にとって最大の市場であり、台湾経済は大陸市場に頼って発展していかなくてはならないし、中台が安定すれば、事業全体の発展にとって良いことばかりである。現在、台商投資保護法が実現間近で、ＥＣＦＡ（両岸経済協力枠組協定）は実際に実現した。もし今、突然政権が交替したら、これまで皆が苦労して要求し、計画してきた法案が全部止まってしまい、またもう一度やり直し、もう一度交渉し直し、ということになるのではないか。[15]

表面上は政治的意図を否定しているものの、これからも彼らが国民党候補者を支持し、政権交代が再び起こらないことを期待していることは明らかである。

中国政府と台商協会による台湾選挙への介入劇は、二〇一四年にも演じられた。一一月二九日、台湾では六つの直轄市長を改選する地方選挙が実施された。九月、国民党は台商後援総会を設立し、台企聯総会長の郭山輝は、台湾に戻って大陸台商後援総会の総会長を務めた。台企聯は中台十数社の航空会社と割引航空券について話し合い、帰台して投票するための航空券代を全面的に補助することとした。二〇〇四年の総統選挙から、台商協会は台湾に戻って投票するよう航空券の経済的支援を行ってきたが、このように公然と実施できたのは、前代未聞のことであった。[16]

九月から一一月にかけて、国民党は四川、江蘇、浙江、上海、福建、湖北など、台商が集まる地域を訪れ、大型選挙活動を開催。党の大陸事務部主任は協力と連絡のため、当地に赴いた（「選戦／国民党大催票、東莞造勢二千多人挺連胡」『中央日報』二〇一四年一一月二四日付）。一〇月末、上海台商協会会員大会の席上、台企聯広報担当の葉恵徳（上海台商協会会長でもある）は以下のように述べた。

どの政党を支持するにせよ、全員が航空券の割引を受けることができます（「台商返台投票、台企聯――全面補貼」『自由時報』二〇一四年一月二九日付）。航空券の価格は二〇〇〇元（人民元）を超えることはありません。二〇〇八年から半年も経たずして直行便が飛ぶようになりましたが、この事実は私たちに、台商企業の発展と中台関係の発展が不可分であることを教えてくれています。一枚の航空券代を節約しようとして、飛行機一機を失ってはいけません。(17)

特に注意すべきなのは、会場に中国海峡両岸関係協会副会長の鄭立中（台企聯の総顧問を兼任）、台湾海峡交流基金会董事長の林中森、国民党大陸事務部主任の桂宏誠、連勝文顧問団団長の欧晋徳（連勝文は連戦の息子で、台北市長候補者）といった人物がいたことである。(18) 中台双方の事務レベルの責任者と国民党の上層幹部、国民党候補者の選対幹部が、同じ舞台でこのような大会に参加したというのは、おそらく歴史上初めてのことだろう。

中国における国民党の最後の選挙活動は、一一月二三日に東莞で開催された。報道によれば二〇〇〇人が参加し、挨拶とお願いにやってきた国民党の人物には、名誉副主席の蔣孝厳、立法委員の呉育昇、連勝文選挙対策本部副総幹事の周守訓らがいたという（前掲「選戦／国民党人催票、東莞造勢二千多人挺連胡」）。大陸台商後援総会は、上海万博館外に「台北と台中を救うため一緒に頑張ろう」という大形看板を設置し、連勝文と胡志強（台中市長候補者）の票集めをしたとされる（「中国特許？ 上海設看板、搶救連胡」『自由時報』二〇一四年一一月二四日付）。

旺中事件——メディアを買収し、世論に影響を与える

香港が中国に返還されてからというもの、メディアの所有権とマスメディア従業員の自己検閲に大きな変化が見られる。台湾に「香港化」の懸念があるのかどうかを知るには、マスメディアを観察するのがよい。

二〇〇八年以降、新聞やテレビを含む幾つかの台湾メディアで、言論や報道が親中的で中国寄りになる現象が発生したが、中でも中国時報の変化が最も顕著であった。

二〇〇八年一一月、中国で巨大な資本を築いた旺旺グループが、台湾に戻って中国時報系列、中国電視公司、中天電視台の「三中」メディアを買収し、旺中グループを作り上げた。二〇〇九年、台湾で「三中」を買収した旺中グループ責任者の蔡衍明が、後に国務院台湾事務弁公室主任の王毅と面会したことが、『旺旺月刊』に掲載された。蔡衍明は王毅に対し、「今回の買収目的の一つは、メディアの力を借りて、中台関係をさらに発展させることにある」と述べ、王毅はその場で、「あなたのグループに必要なことがあれば、国台弁は全力で支持する。本業の食品を大きくするばかりか、テレビ番組の将来的な相互交流に対しても、国台弁は喜んで協力する」と応じたという（林倖妃 2009: 36）。

蔡衍明による台湾メディアの買収は、中国政府の意を受け、資金を提供されたのではないかと疑われた。彼はこうした意見に反論したものの、同時に、「私は国台弁が中国時報を買う人を探していたことは知っているが、それは私ではない」と語っている（田習如 2009: 70）。この種の話は、中国政府が台湾

メディアに介入しようとしていることを間接的に実証している。

二〇一二年初め、蔡衍明はワシントンポスト記者のインタビューを受け、「中国は多くの点で民主的であり、人びとが想像しているような状態にありません。中国は絶えず進歩していますが、台湾の進歩は遅い」と述べている。また天安門事件に関連し、蔡は「戦車に立ちはだかった人は殺されてなどおらず、虐殺といった報道は真実でありません。それほど多くの人が殺された訳ではないのです」とも述べている（Higgins 2012）。蔡衍明の親中的言論は、後に台湾で学者や市民団体の批判を引き起こし、大衆の注目を集めることになった。

これに先立つ二〇一一年、旺中グループは有線テレビシステムを扱う中嘉の買収を試み、国家通信放送委員会（NCC）に買収のための許可申請を行った。この買収案は、旺中メディアグループはメディア・チャネルの独占を企てているのではないかという、市民団体の強烈な疑いを招き、反メディア巨獣独占運動が起こる。NCCでは七月二五日、条件付きでこの買収案が可決された。二〇一二年九月一日、一万人近くが台北で反旺中デモに参加したが、その大部分は若者であった。二〇一三年二月、旺中グループはNCCが出した条件を履行しなかったため、旺中による中嘉買収案は認可されなかった(19)。同じ時期に、ネクストメディアの買収に旺中が参加するという報道も伝わってきている（鍾張涵「米果吃蘋果？旺旺TDR、原股喊讚」『連合晩報』二〇一二年一〇月一七日付）。

旺中グループによるマスメディアの買収と、台湾世論を誘導しようとする中国政府の試みは、実際、いくつかの点で効果を上げた。

ようになった。

（1）中国寄りに転換するメディアの論調

第一に、新聞社の言論の立場が明らかに中国寄りへと転換するとともに、内部で言論審査が行われるようになった。

旺中グループが買収した中国時報は、台湾の民主化にとって鍵となる段階で、相対的にリベラルな役割を演じた。ところが買収されてからは、新聞社の報道姿勢に明らかな「中国官製メディア化」が生じた。張錦華の研究によれば、新疆での衝突問題をめぐる報道にあって、中国時報の報道は情報源、報道の形式や立場、衝突の原因などの指標から、いずれも中国の官製メディアに近いという。また連合報にも似たような傾向があった。つまり「台湾メディアのうち中国時報と連合報は、いずれも中国の官製メディアの報道を情報源として採用し、これを編集して報道している。中国時報の報道に至っては、すべて中国官製メディアが主な情報源」で、「中国時報と連合報は中共の『官製フレーム』を利用している。……報道の立場においては、中国時報は完全に政府寄りの立場で、人民日報や南方都市報と同じ」だというのである（張錦華 2014: 24–36）。

中国時報の報道内容と言論の立場が中国寄りに転向していく過程で、何人かの編集者が更迭、解雇された。二〇一〇年一月には中国時報の総編集長が更迭されたが、これも前年末に台湾を訪問した中国海峡両岸関係協会会長の陳雲林を、ニュースの見出しで「C級」（三流）と揶揄したことに原因があるという（劉力仁・趙静瑜・謝文華「C咖報導惹惱中国？　中時換総編」『自由時報』二〇一〇年一月八日付）。

蔡衍明は前述のワシントンポスト記者のインタビューを受けた際、編集者更迭の理由について、以下のように説明している。

記者には批判の自由があるとはいえ、「筆を下ろす前に熟考し」、他人の嫌がる「侮辱用語」は避けなければなりません。更迭された編集者は優秀な記者でしたが、他人の嫌がることをしました。中国人の嫌がることをしたばかりか、私も傷つけたのです。(Higgins 2012)

二〇一二年五月、中国時報で解雇された一人の編集者は次のように述べている。「ある時期の中国時報の言論は、天安門事件や九二年コンセンサス（批判）、ダライ・ラマといったテーマに触れることはできなかった。学者に寄稿を頼んでも『九二年コンセンサスの幻想』が語られていると、文章は来ても、置きっぱなしで使おうとしない。……口をつぐんでしまうという雰囲気が明らかにあった。……心の中に警備総司令部が作られ、編集者みずからテーマを選別していた」（徐珮君「学者轟旺中、『言論自由即報老闆的自由』」『蘋果日報』二〇一二年五月七日付）。こうした現象は、新聞社のトップによる記事内容への干渉ばかりか、新聞社内部で管理職と編集による自己検閲が行われるようになったことを示唆している。

(2)　埋め込みマーケティングの進展

第二の効果は、埋め込みマーケティングの進展である。中国の政府機関が台湾メディアのニュース報道を購入し、宣伝とマーケティングを行うようになったのだが、こうした台湾マスメディアの埋め込みマーケティング現象は、従来から非難されていた（林照真 2005: 120–132）。

「中国大陸の各機関が関与している埋め込みマーケティングがメディアで大量に使われている」ことを憂慮した監察院は調査を実施し、二〇一〇年一一月の調査報告で、次のように指摘した。

中国大陸各機関の台湾における広告の管理制度は形だけで機能していない。紙媒体は関係法規を逃れ、「ニュース」方式での埋め込みマーケティングに関わり、大陸地区について載せた特集号や特別号は、実際には広告の機能を果たしている。これはまだ対処されておらず、大陸委員会も職務怠慢である。ただ近ごろ大陸の広告は明から暗へと変わってきており、法律を逃れている。中国大陸の各機関は台湾の紙面を購入し、省や市を売り込むとともに、首長が売り込みのために来台し、親しみやすく民衆思いのイメージを作り出そうとするなど、埋め込みマーケティングに関わっている。……本院は中国大陸と台湾メディア〇〇〇系列の契約書を把握しているが、条文には双方の「支払い方法は、振り込みによる」と明記されており、対価を得た関係であることが十分に証明されている。金銭によって記事を買っており、埋め込みマーケティングに関わっているのである。[20]

監察院の報告書が発表されると、一人のベテランジャーナリストが埋め込みマーケティングに抗議して中国時報を辞職した（哲斌「乗著噴射機、我離開『中国時報』」二〇一〇年一二月一三日付個人ブログ）。監察院から二〇一〇年に埋め込みマーケティング行為を是正する勧告がなされ、世論と学界から多くの批判の声が上がったものの、台湾における中国政府による埋め込みマーケティングは、現在でも珍しくない。二〇一二年三月、中国時報が福建省長の来台宣伝事件に関わっていることが暴露された。『新頭殻』による報道によると、事情は以下のようだ。

先日、福建省長の蘇樹林が来台した際、平潭総合実験区を強く売り込んだばかりか、金銭によって台湾メディアを買っていたようである。記者が入手した「二〇一二福建省長訪台宣伝計画」によると、厦門市政府などが中国時報の記事を購入するなどの方法で、埋め込みマーケティングを行っていたようである。厦門市政府新聞処長の陳相華は記者に対し、「中国時報が請求書を送ってきたので印鑑を押し、中国時報北京代理店に振り込んだ」と述べている。ところが中国時報総編集長の張景為は昨晩、「自分の把握している限り、両者に金銭のやりとりはない」と述べている。[21]

中国時報の総編集長は、この埋め込み記事売買事件を否定しているものの、報道した記者は「二〇一二福建省長訪台宣伝計画」を入手しており、「宣伝日時：三月二四日から三月二八日」と明記されていたという。これ以外にも、この計画書には取材日時や日程、メディアの種類、紙面の割り当てにおける考慮、取材の重点、掲載日時が、いずれも詳細に記載され、合計一七件の記事が掲載されている。[22]この計画書の存在の真偽について、旺中からは有力な反論がなされていないが、中国時報は中国政府による埋め込みマーケティングの実施に関わってしまったようである。

それればかりか、旺旺グループが中国で巨額の補助金を受け取っているとする研究報告もある。中国の地方政府から旺旺に対して支払われた補助金は、二〇一一年の純益の一一・三%に相当する四七〇〇万ドルと見積もられており、二〇〇九年から二〇一一年にかけて中国側から旺旺への補助金は一・一一億ドルに達し、利潤の一〇・一%を占めているという[23]。

台湾における旺中グループのパフォーマンスを直接実証することはできないものの、親会社である旺旺グループが中国で巨額の補助金を獲得しており、対価関係が存在していることからも、少なくとも旺旺グループが中国で特別な配慮を受けていることがわかる。前述の蔡衍明と国務院台湾事務弁公室主任の王毅が面会した際、王毅は「あなたのグループに必要なことがあれば、国台弁は全力で支持する」と話したことと照らし合わせてみると、さらに興味深い。

これら一連の状況からも、台湾の市民団体や社会運動グループが、なぜこれほどまでに旺中グループのメディア独占の企てを警戒し、旺中グループや責任者の親中的言論に強く反応しているかがわかるだろう。この旺中グループの行為によって、市民は中国政府の意図やその台湾政治への影響に気づかされたからである。

台湾市民の反応

中国政府が政治的代理人を利用し、台湾への政治的影響力を発揮しようとすることを、台湾の一般市

表2-3　中国が台湾メディアに影響を与えることに対する台湾市民の評価（質問文：「台湾メディアの政治的立場に対する中国政府の影響は大きくなっている」）

年齢	そう思わない	そう思う	わからない／その他
19-24歳	20.0%	78.7%	1.3%
25-34歳	20.4%	79.1%	0.5%
35-49歳	26.8%	72.1%	1.1%
50-64歳	30.7%	66.9%	2.3%
65歳以上	28.7%	57.4%	13.9%
平均	26.7%	70.8%	2.5%

注：サンプル数は1216. Pearsonカイ自乗値（8）＝72.9966；有意水準＝0.000.
出典）「中国インパクト研究グループ」による2013年の世論調査.

民はどのように見ているのだろうか。

第一に、過去一〇年来の中台関係で最も影響力を有してきた連戦や、その一族の名声は、近年、メディアの批判を受けて低下した。二〇一四年一一月の台北市長選挙で、国民党候補の連勝文（連戦の息子）は、その一族と中国との政商関係がメディアの関心事となり、「両岸貴族」と批判されたが、こうした批判は落選の原因の一つとなった。また、二〇一二年以来の、旺中グループに対する市民社会団体からの批判と抗議も、中国政府が台湾のメディアと世論に影響を与えることに対する憂慮をはっきりと示している。

中央研究院社会学研究所「中国インパクト研究グループ（CIS）」の二〇一三年の世論調査では、中国政府が台湾のマスメディアに影響を与えようとしている行為について、民衆がはっきり認識していることがわかっている。表2-3が示すように、『台湾メディアの政治的立場に対する中国政府の影響は大きくなっている』という人がいますが、あなたはこのような意見に同意しますか」という質問に対して、七〇・八%もの回答者が「そう思う」と答えている。また年齢層別に分析すると、若いグループほど、この意見に同意する傾向が見られ、一九～二四歳のグループでは、七八・七％が「そう思う」と答え、二五～三四歳のグループでは、七九・一％が「そう思う」と回答している。

また「中国インパクト研究グループ」が二〇一四年一二月から二〇一五年二月にかけて行った世論調査からも、国民党政府の中国政策に民衆が同意していない様子が推察される。六一・二％の回答者が「国民党は『中国政府の立場』に傾きすぎている」という意見に同意し、「そう思わない」と答えている者は全体の三五・三％にすぎない。多くの民衆は馬英九政権を「過度に中国寄り」と考えているのである（有効サンプル数一二七七人）。

「台湾が中国大陸と政治協議を進めるにあたって、あなたは国民党政府の方が信頼できますか、それとも民進党政府の方が信頼できますか」という質問に対しては、四三・〇％が「民進党が信頼できる」、三六・六％が「国民党が信頼できる」、一・八％が「両党とも信頼できる」、一三・三％が「両党とも信頼できない」と回答している。これは、中台間の政治的アジェンダを処理する際、民進党への信頼度が国民党より高いことを示している。

以上の世論調査データからも、中国が台湾の政治的代理人を通じて台湾内部に圧力をかけることに、台湾市民が警戒と不満をもっていることがわかる。

5　結論

本章は、海峡を越えた資本としての台商の定義と行動を明らかにするとともに、これを事例に、多国籍企業が母国に与える逆方向の政治的インパクトについて検討することを目的としていた。既存の文献では多国籍企業がホスト国に与える影響に集中し、母国に対する政治的影響力を検討しているものは少ないが、台商の事例分析から、以下の結論を導き出すことができる。

第一に、多国籍企業としての台商が台湾政治に影響力を及ぼすことができるのは、中国政府の側に台湾に対する政治的意図が存在しているからである。こうした政治的意図があるからこそ、一部の台商が中国政府の政治的代理人になることが余儀なくされ、台湾における現地協力メカニズムが形成されることになる。台商にとって、この種の行動はみずからに利する行動であり、自分の身を守る行動でもあるからだ。ところが、こうした行動にはスピルオーバー効果があり、台湾全体の世論と政治秩序ばかりか、一部の有権者の投票行動にも影響を与えている。

第二に、中国の統一戦線工作に対する視野と認識を広げることができた。中国統一戦線工作は海峡を越えたネットワークによって、台湾社会に深く入り込んでいる。中国政府が台湾に影響力を及ぼすことができるチャネルは多様化しており、政界や商工業、農漁業、宗教、文化、学術、地方派閥など各方面で、接触と影響のためのチャネルが作られている。

本章では三つの事例に焦点を当て、商工業界に対する政治活動を分析してきた。中国が実行する統一戦線のメカニズムには、コーポラティズムと恩顧主義《クライエンティズム》が融合している。前者は、具体的には台企聯や各地の台商協会、両岸企業家サミットなどの組織に、後者は連戦らハイレベルの政治的代理人と中国指導者層との関係や、旺旺総裁の蔡衍明と国務院台湾事務弁公室などの機関との関係に、それぞれ現れている。

本章の事例分析から、二〇一二年の総統選挙中に、中国市場に強く依存し、中国市場に進出することを期待する台商企業グループの責任者が、公然と中国の主張する「九二年コンセンサス」を支持していたことを観察できたが、これらの人物が両岸企業家サミットなどの両岸政商資本家クラブのメンバーとほとんど一致していることから、政商エリートの台湾政治に対する影響を見てとることができる。

中国による統一戦線工作は、海外にも深く入り込んでいるのかもしれない。しかし、台湾における統一戦線工作は、これほどまでに広範で深く綿密に行われており、近年の実施レベルが香港と似ていることからも、特殊な事例と言えるかもしれない。香港は中国主権下の一つの特別行政区となっているが、台湾（あるいは中華民国）は主権国家（少なくとも事実上の主権国家）であって、中華人民共和国の管轄範囲内にはないからだ。

では、なぜ中国政府は香港と似た統一戦線工作を台湾でも実施しうるのか。これには、台湾が置かれた国際的地位や対外的経済貿易構造、企業グループと台商の政治的アイデンティティ、与党による中国への政治的アプローチと野党の反応、社会防衛能力といった要素が密接に絡んでいるが、中でも、中国経済に対する台商の依存を中国政府が利用し、海峡を越えた政商関係ネットワークを形成することで、

「商を以て政を囲う」戦略を実行している点が重要である。

中国にとって、商業モデルによって統一戦線目標を達成しようとすることは、周囲に気づかれることが少ない点で実に都合がよい。市場経済に慣れている人は、商業行為からは政治を想起しないし、市場取引を本質的に無害なものと考えがちである。しかも新自由主義が主導する市場民主制が政治的意図をもっていたとしても、市場行為に真正面から反対することはむずかしい。

本章における第三の結論は、代理人モデルには効用と限界があるということだ。

政治的代理人の実際の影響力は、部分的には台湾の国内政治によって決まっている。二〇一四年一一月の統一地方選挙で、連勝文は台北市長選に敗れたが、中国政府の目に映る連戦の代理としての価値が裏目に出たからで、台湾統一戦線に対する中国政府の戦術の修正を促すことになった。とはいえ中国政府が間接圧力を利用する戦略を変えることは、短期間のうちにはないだろう。

他方で、中国の統一戦線戦略に対する台湾社会の認識や、どのような社会防衛を採用し、みずからの民主主義を守るのかといった要素も、「商業モデルによる統一戦線」の効用に影響を与えている。たとえば、二〇〇八年以降の国共合作に対する市民社会からの反発や、親中メディアのボイコット、サービス貿易協議をめぐる抗争は、いずれも中国政府の思惑に対する抵抗作用を生み出すことになった。

海峡を越えた資本を一種の資本類型とすると、その行動の特徴は永続的なものか。この台頭しつつある新たな政商グループは、大中華経済圏で海峡を越えた特権階級を形成しているが、その行動パターンは、既存文献におけるトランスナショナルな資本家階級とどこが同じで、どこが違うのか。

私たちがわかるのは、中国政府が台湾に対する主権を公言し、台湾に圧力を加えるテコとして台商を利用していることが、事態を一層複雑にしているということである。その理論的問題については、今後のさらなる研究が待たれる。

注

（1）この六社の台湾企業のうち、営業収益が最も高いのは鴻海科技グループであり、二〇一二年は世界第四三位である。Fortune Global 500, http://goo.gl/0d0t0x による。

（2）李登輝は一九八八年に総統に就任したが、ここに関係する統計は一九九一年までしか遡ることができない。

（3）聯華神通（ＩＴ専門流通業者）の営業収益の地理的分布は、台湾と中国に集中しておらず、典型的な多国籍企業に属する。アメリカでの営業収益は二九・八％、インドが一〇・七％、中国が二三・七％、台湾が一三・六％、英領バージン諸島が一七・五％となっている。

（4）同組織のオフィシャル・ホームページ（http://goo.gl/4PbgmY）を参照のこと。

（5）正式名称は台湾区電機電子工業同業公会で、略称は電電公会またはＴＥＥＭＡ。台湾が中国に事務所を設立している、もう一つの組織は対外貿易発展協会である。

（6）海基会のホームページ（http://ppt.cc/Sc6b）を参照のこと。

（7）国共双方の「九二年コンセンサス」に対する説明には違いがある。いわゆる「九二年コンセンサス」という言い方は、国共双方とも一九九二年に台湾と中国の代表が香港で行った会談に遡るとしている。ただし当時総統を務めていた李登輝は、いわゆる「九二年コンセンサス」が存在しているとは考えていない。民進党も当時、両者に「コンセンサス」が存在したことがあるとは考えていない。詳細は、呉介民（2012b）を参照のこと。

（8）広告の見出しは、「台湾には開放的で安定した政策環境が必要」であった。内容については、「張栄発等知名人士力挺『九二共識』呼籲両岸和平」『中国新聞網』二〇一二年一月三日付（http://goo.gl/kDRJ5C）も参照のこと。

（9）「王雪紅表態 支持九二共識」『中央社』二〇一二年一月一三日付（http://goo.gl/LbocDV）。

（10）「日媒体——中国台商還在為連宋拉票」『自由時報』二〇〇四年二月一八日付（http://goo.gl/PFa4j4）。

（11）「『大選』在即 大陸台商建議推動包機返郷投票」『中新網』二〇〇四年一月九日付（http://goo.gl/glRU0B）、「長三角台商結盟挺連宋 泛藍登陸固樁 綠軍略顯消極」『蘋果日報』二〇〇四年一月九日付（http://goo.gl/0bWma3）、「泛藍催票 估一五萬台商返台投票」『TVBS』二〇〇四年一月九日付（http://goo.gl/eM2MWz）。

（12）「全国台企聯会 籲台商返台挺馬」『文匯報』二〇〇七年一二月一二日付（http://goo.gl/zgwAaf）。

（13）「藍綠争1％関鍵票 中共国台弁利誘20万台商挺馬」『阿波羅新聞網』二〇一二年一月五日付（http://goo.gl/zgRpT4）。

（14）「大陸台商回台投票総統選挙意願高」『美国之音』二〇一二年一月一〇日付（http://goo.gl/Snv7cd）。

（15）右に同じ。

（16）「為国民党催票 大陸台商将推優恵機票」『風伝媒』二〇一四年九月六日付〈http://goo.gl/r0FaKR）。

（17）上海台商協会会員大会における葉恵徳の発言。「民視電視公司」ホームページ（http://goo.gl/p2i82C）を参照のこと。台企聯が提供した航空券の価格は、市場価格のおよそ四割から五割引であった。

（18）郭正亮「動員台商挺連可能適得其反」『美麗島電子報』二〇一四年一月二三日付（http://goo.gl/Tv0P4S）。

（19）「未達到三停止条件 旺中案不予通過」『蘋果日報』ウェブ版、二〇一三年二月二〇日付（http://goo.gl/7SSCWu）。

（20）豊山調査報告、四-六頁、二〇一〇年一一月一一日。審議日時：二〇一〇年一一月一一日、修正日時：二〇一〇年一一月一一日。字号：0990800421。

（21）　林朝億「福建置入中時、陸官員——発票来了、銭就匯過去」『新頭殻』二〇一二年三月三〇日付（http://goo.gl/G85I8l）。

（22）　右に同じ。

（23）　"In profile Subsidies: Public funds for private firms," GK Dragonomics corporate analysis, Research by Fathom China, April 2013 による。

第II部　韓国

第3章　韓国の大企業はなぜ中国投資に積極的なのか
――政治的リスクと経済的機会の狭間で

朴　濬植・李　賢鮮

1　はじめに

一九九二年に韓国が中国と国交を樹立して以来、中国は韓国にとって最大の経済パートナーとなり、中韓間の経済交流は、韓米間、韓日間の経済交流を凌ぐようになってきた。二〇一四年現在、韓国にとって中国は最大の輸出先となっている。中国の経済大国としての現状と他国への影響の度合いは、いまや日本とアメリカを超えるようになってきている。中国とのあらゆるレベルでのビジネス関係は、韓国経済の発展にとって最も重要な要素になっている。

中国の著しい成長は、中国を東アジアで地政学的に最も強力な力をもつ国に変えた。二〇世紀後半に中国が台頭したことは、東アジアだけでなく、地球規模での力の均衡という大きな議論をもたらすことになった（Jacques 2012; Shambaugh 2013）。中国の台頭が、東アジア諸国の政治秩序において、「現状維持」の状態を著しく崩していることは明らかである。そして、地政学的・経済的関係に見られるこうした変化は、経済問題のみならず、広い意味での政治領域で語られる、領土をめぐる主張やナショナリズムの台頭、環境問題など、東アジア諸国の間で多くの紛争と不快な事象を引き起こしている。

とはいえ、東アジアにおける政治的な影響の度合いと強さは、政治的リスクと経済チャンスをどのようなものとして認識するかによって異なって感じられるかもしれない。中国の世界的な働きかけは、基本的に国際的な現象であり、いかなる国であっても、台頭する中国の影響から逃れることはできない。しかし、中国からの影響の大きさと範囲は、中国との関係における政治的・経済的なコンテクストによって大きく異なる。

経済的機会と政治的リスクを比較衡量することは、特に韓国の大企業にとって重要である。経済的な観点からいえば、中国は、決して手放すことができない最大の経済的機会を意味するものの、政治環境からすれば、非常に危険な相手だからだ。

韓国の大企業は、より有利な中国の市場に深く入り込み、中国との経済関係を強化しようと奮闘している。しかし、経済的な相互依存関係が深まっても、彼らはビジネスのあらゆる面でより大きな政治的リスクと向き合わなければならない。

本章は、韓国の主要なビジネスグループとその駐在員たちが、どのようにチャイナ・リスクと向き合いながら、みずからのビジネスを適合させてきたのかを明らかにする。チャイナ・リスクを政治システム、官僚的管理、「関係《グアンシ》」政治のような、日常的な業務リスクに分類することで、中国における韓国の大企業が、ビジネス機会のためにどのようにリスクを利用しようとしているかを明らかにしようとするものである。

従来、中国を対象に行われてきた研究の多くは、経済的利益、マネジメント、投資といった観点からなされてきた。現在の韓国における中国研究の主流は、安全保障と政治的な問題に焦点を当てたものとなっており、中国への過度な経済的依存が、長期的には大きなリスクとなりうるといった指摘もなされている。中国研究の専門家は、中国経済の発展が停滞した際の韓国経済に与えうる影響について、活発に議論している。さらには、主要産業における中国の競合企業の経済的脅威に関する可能性について議論する専門家もいる。しかし、韓国内における中国脅威論のほとんどが、経済領域にとどまっており(KIEP 2007; KIET 2010)、経済的・社会的問題と関連した中国の政治的リスクに関する評価は、十分に考慮されていない。

他方で近年、韓流ブームの社会学的研究やカルチュラル・スタディーズ、フィールドワークやケーススタディに依拠した研究が盛んに行われている。しかし、東アジア諸国でのある特定のテーマに関する文化横断的な比較研究については、さほど多くない。特に、関係が密になっている中国のリスク要因に関しては、韓国内で十分に議論されているとは言いがたい。

本章では、韓国の代表的なビジネスグループと中国における「分厚い経験」を蓄積してきた企業の駐在員が、いかにして市場のチャンスと政治的リスクのバランスといった、むずかしい舵取りをしながら事業戦略の骨組みを構築してきたのかを明らかにする。韓国人のチャイナ・リスク認識を理解するために、本章では、サムスン、LG、現代・起亜自動車といった韓国の大手グローバル企業に主に焦点を当てる。なぜなら、これらの大手企業が、中国での韓国式のグローバル化を担っているからである。

本章では、他の東アジアのグローバルメーカーである日本と台湾の企業との比較も念頭に置き、チャイナ・リスクに対する韓国人の認識を日本人ビジネスマンや台湾人ビジネスマンと比較しつつ、分析を行っていくことにしたい。

2　調査の設計

概念の検討

蕭新煌が指摘しているように、われわれはチャイナ・リスクを大きく三つのレベルに分類することができる。第一のレベルは政治システムリスク、第二のレベルは官僚的管理リスク、第三のレベルは「関係」政治を含む日常的な業務リスクである（Hsiao 2014）。

政治システムリスクは、国際的な政治経済関係、制度的枠組み、もしくは国家レベルの戦略と密接な関係がある。官僚的管理リスクは、中央政府や地方政府の政策が、外資系企業の貿易や、雇用問題に影響を与える可能性と関係している。最後に多くの外資系企業は、現地のサプライチェーンや人的資源を含んだ多様な種類のネットワークを管理しなければならない日常的な業務リスクを抱えている。本章では、韓国の主要なメーカーが生き残り戦略との関係で、これらの三つのレベルのリスクをどのように評価しているのかを見ていくことにする。

それに加えて、韓国人の観点から、他の要素を念頭に置くことにする。それは、企業の規模である。韓国におけるグローバル企業と中小企業の間の格差は、他の東アジア諸国よりも大きいとされている。グローバル企業とその主要なサプライヤーは、直近のパフォーマンスを気にするより、中国での長期的な利益を求める傾向にある。彼らは、いわゆるプライマリー・マーケットのリーダーである。しかし、目先の生き残りに必死な中小企業の多くは、セカンダリー・マーケットで戦うなど、異なるリスク・パフォーマンスをとっている。このように、韓国のビジネス環境では「二重構造」が顕著で、日本や台湾といった他の東アジア経済と一線を画している。

第一のグループは、財閥《チェボル》グループ企業とそれらの主要な子会社である。これらの企業が韓国経済を支配しており、そのいくつかがグローバル企業へと成長を遂げている。彼らはより良い環境を得て、中国政府との交渉力をもっている。ところが多くの中小企業は、生き残りのために必死である。彼らは丸裸の状態で、常にコストダウンを求められている。多くの中小企業は、収益を上げられなければ、いつでも中国を去る準備ができている。

韓国企業の中国でのビジネスの全体像を理解するには、これらの異なる企業を同時に取り扱う必要がある。中小企業については次章に委ねることとし、本章では、大規模なグローバルメーカーに焦点を当てる。

研究方法

二〇〇二年と二〇一一年に合計三回、中国を訪れ、韓国人駐在員を対象に聞き取り調査を実施した(Sonoda, Jang and Park 2014)。われわれは、サムスン、LG、現代・起亜自動車と、それらの企業の主要なサプライヤーを訪問した。企業の所在地は、北京、蘇州、恵州と中国全土にわたっている。また、中国での駐在経験者とも議論した。韓国人マネジャーへの聞き取りは、韓国大企業の中国ビジネスに対する見方やビジネスプラクティスを理解することを目的に実施したが、聞き取りにあたっては、日本や台湾の企業との比較を重視した。

具体的な聞き取りの内容は、以下の通り。

(1) 中国の可能性とリスクに関する戦略的評価
(2) 中国ビジネスに対する短期的・長期的戦略
(3) 中国における人的資源政策
(4) 中国での政治的リスクを含んだ体系的なリスクに対する理解
(5) 中国政府との「関係」構築
(6) 日常業務と「関係」マネジメント

3　台頭中国の魅力

中国の成長と新たなチャレンジ

過去三〇年間、韓国は、中国の成長の波に乗り、拡大する消費パワーの恩恵に預かろうとしてきた。韓国経済において、中国が与える肯定的な経済的パワーについては、疑う余地がない。韓国のグローバル化にとって、中国との経済統合が重要な要素となっているといっても過言ではない（SERI 2004; Ito and Hahn 2010)。

韓国のビジネスコミュニティが中国に取り込まれたことで、経済交流や投資が促進されたばかりか、人の移動やネットワーク、文化交流に大きな変化が生まれることになった。そればかりか、中国の台頭は、日本と中国という二つの隣国に対する韓国人の認知を、ほぼ正反対のものとすることになった。

東アジア諸国とそのビジネスコミュニティは、中国に対する従来の認識枠組みを再構成する必要があった。しかし、東アジア諸国の中国に対する認知的枠組みは、国によって異なる方法で構成されている。

中国の影響力が拡大していることに対する懸念は、とりわけ日本人の間で強く表れている。これらの懸念は、韓国人と日本人の中国に対する理解を遠ざけつつある。東アジアの主要国の中国ビジネスに対する関心度合いは、リスク評価とビジネスの結果によって、多様性をもつことになるだろう。韓国人と比べ、中国国内での「混乱」の発生可能性を警戒する日本人は、韓国人よりも中国の将来を暗いものと感じている。しかし、韓国ビジネス界は、こうした政治的リスクを恐れていない。

中韓の経済関係の緊密化は、すべての領域で進行しており、韓中関係は韓国社会の重要な要素となっている。こうした状況を「複雑な相互依存関係」と定義できるかもしれないが、これは、両国の関係を異なる視点から再定義できるほど、関係が成熟してきたことを意味している。われわれは、この複雑な相互依存関係といった文脈から、経営リスクとその性質を考える必要がある。東アジア諸国の政治経済的位置づけの変化は、韓国ビジネス界に創造的緊張と地政学的な変化をもたらす新たなエネルギー源となっている。

中国が魅力的である理由

韓国人の中国に対する一般的な見方は、「敵対的関係」から「友好的関係」へと変化している。韓国には、中国と良好な関係を結ぶ十分な理由がある。経済状況に地政学的要素、政府の行動。中国のこれらすべてが韓国人の中国に対する見方を改善してきた。

韓国人の多くは、中国が韓国経済に新たな経済的機会を提供していると考えている。韓国と中国の経済的関係をめぐっては、二つの経済の相互依存性が深化しており、韓国がその最大の受益者であるという共通の認識がもたれている。

韓国が中国と友好的な関係を維持しえたのには、地政学的な理由もある。それは、広い意味で北朝鮮と関連しているかもしれない。韓国の政策立案者、安全保障の専門家は、長きにわたり、国際安全保障面において北朝鮮への最大の影響力をもっているのは中国だと信じてきた。彼らは、南北統一の問題や核兵器の使用をめぐり、中国に建設的な役割を担うように説得してきた（Jung 2011; Lim and Lim 2013）。中国が積極的な役割を発揮し、北朝鮮との平和な国際的対話を推進することで、東アジアの安全保障上の緊張緩和がもたらされるかもしれないと期待しているからである（Hong 2012）。これは、韓国が地政学的にも中国と良好な関係を保とうとしている十分な理由となっている。

最近では、国際的な衝突に関する韓国の政治的立場も、日本とは大きく異なりつつある。領土問題が懸案事項となっている限り、韓国と中国は日本に対する歴史問題・領土問題をめぐって接近することになる。韓国は二つの巨大な隣国に挟まれ、瀬戸際外交を行うことで生き延びなければならない運命にある。周辺国間のわずかなパワーバランスの変化が、韓国の安全保障と生き残り機会の脅威となりうる。韓国の人びとは、常にパワーバランスの変化に敏感になっている。現在、むずかしいパワーポリティックスにあって、韓国は中国に著しく接近し、日本から遠ざかっているといってよい。

文化現象としての韓流は、ソフト面の魅力を中国に増加させることに貢献した。韓国のポピュラー音楽、エンターテイメント、ドラマといった文化に関連する活動や観光事業は大きな成功を収め、その結果、中国の消費者は韓国商品を広く認知するようになった。二国間の肯定的な経済的影響は、いまやソフトパワーの領域にまで及んでいる。

いまだ軍事的、政治的に欧米と協力関係を結んでいる韓国人のマインドの中に、中国は確固とした地位を築くことに成功している。もちろん、経済的結びつきが深まることは、中国の韓国に対する政治的、安全保障上の影響を強めることになるのは確かである。今日では、韓国の人びとにとって、中国は「リスク」としてより、むしろ「機会」として認識されるようになっているのである。

新たな現実への気づき

中国の将来に関する議論は数多くなされており、それらの多くが、中国内部のリスクを強調している。しかし、さまざまな中国脅威論があるにもかかわらず、韓国のビッグビジネスは、チャイナ・リスクに無頓着である。

中韓の経済交流・パートナーシップは一九九二年に両国が正式な外交関係を結んでから拡大の一途を辿った。一九九二年から二〇一二年までの過去二〇年間に、両国間の貿易量は三四・六倍に増加した。

中国は韓国企業、とりわけ製造業にとって、最も重要な投資先となっている。製造業の分野にあって、国際的な分業体制を敷くことが、韓国のメーカーのコスト競争力の強化とグローバル需要のための巨大なマーケットへの対応を可能にした。両国間の結びつきが深まることで、近年では、中国の韓国内への投資が増えてきている（Korea Chamber of Commerce 2012）。

韓国人の間で中国の魅力が増していることを示す別の指標として、人的交流の増加や文化交流の増加を挙げることができる。

二〇一二年時点で、およそ四二〇万人の韓国人が中国を訪問し、二二〇万人の中国人が韓国を訪問している。中国にいる韓国人留学生の数は六万二〇〇〇人を超え、二〇一一年のデータでは、アメリカ人留学生の二万三〇〇〇人、日本人留学生の一万七〇〇〇人を遥かに凌駕している。二〇〇三年には、中国で学ぶ韓国人学生の数は約六〇〇〇人だったことから、この一〇年で一〇倍になったことになる。

韓国で学ぶ中国人学生の数も増加している。二〇〇六年に二万九〇〇〇人だったのが、二〇一一年には六万三〇〇〇人となり、中国人留学生が、韓国で最も大きな留学生グループとなっている。また二〇一二年時点で、一〇〇万人の韓国人が中国に一時滞在者として滞在している。両国間の国際結婚の数も飛躍的に伸び、過去一〇年間で五〇万カップル強が成立している（Korea Chamber of Commerce 2012）。

中国を惹きつけた最も印象的な現象は、文化産業の分野であろう。韓国のポピュラーカルチャーや著名人たちは、中国人の間できわめて高い支持を得ている。二〇一二年には、韓国の大衆音楽が、中国最大のサーチエンジンを提供している「百度《バイドウ》」のランキングで一位から七位までを占めたが（Korea Chamber of Commerce 2012）、これほどまでに両国の関係は発展してきている。

対中認識をめぐる劇的な変化

韓国人の隣国への認識は劇的に変化しているが、これらの変化を日韓関係の重要度が低下しつつあるという重要な警告シグナルの一つと考えることができるかもしれない。韓国有数のシンクタンクである蛾山《アサン》政策研究院によって実施された世論調査の結果によれば、韓国人にとってアメリカが最も重要な国であると認識されているものの、将来の問題になると、世論は、中国が最も重要な国と回答するようになる。六一・四％の韓国人が、アメリカが最も影響力のある経済であり、政治的パワーをもっていると回答している一方で、回答者の六〇・四%は韓国にとって将来的に中国が最も重要な国となるであろうと考えている。

世論調査の結果からは、さらにいくつかの興味深い点が指摘できる。中国は、アメリカとわずかの差で二番目に高く好まれている。これと対照的なのが日本である。韓国人の日本に対する好感度は低く、北朝鮮への好感度と同レベルになっている（図3-1参照）。

こうした傾向は、国家リーダーの好感度にも表れている。中国の習近平国家主席への好感度は高く、日本の安倍首相への好感度は、きわめて低い（図3-2参照）。

韓国人は、依然として安全保障や軍隊の側面で中国を信用できないと考えているものの、世論調査に示された韓国人の中国に対する認識は、中韓の経済関係が強化されるにつれ、改善されていく可能性が高い。韓国の中国に対する好感度が高まるにつれ、日本に対する好感度は低下していく。韓国人の日本に対するイメージが最低であることは、日本人にとって衝撃的であるかもしれないが、それだけ両国の関係が良好でないということだろう（Kim and Friedoff 2014）。

新たな人的結びつきの出現

韓国のグローバル企業は、中国の専門家を育成するために多額の投資を行い、駐在員の中核的な職能を現地化しようと試みてきた。中国ビジネスのマネジャーとしてみずからのキャリアを発展させるために、駐在員は、自分の専門能力に加えて、言語能力や社会的スキル、マネジメントスキルを身につけな

図3-1　近隣諸国に対する韓国市民の好感度：2013-2014年

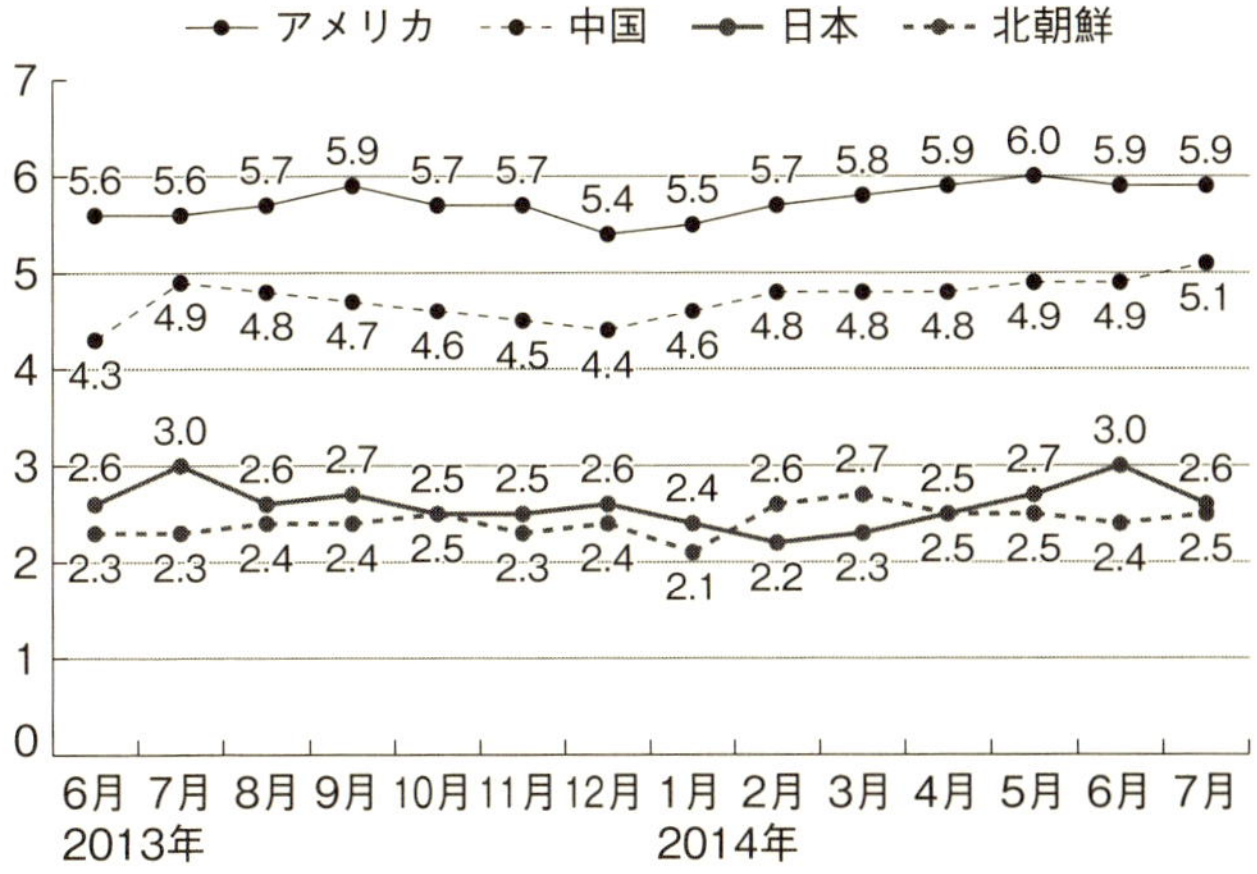

出典）The Asan Institute for Policy Studies（Asan Daily Poll, 2014, Aug 08).

図3-2　近隣諸国のリーダーに対する韓国市民の好感度：2013-2014年

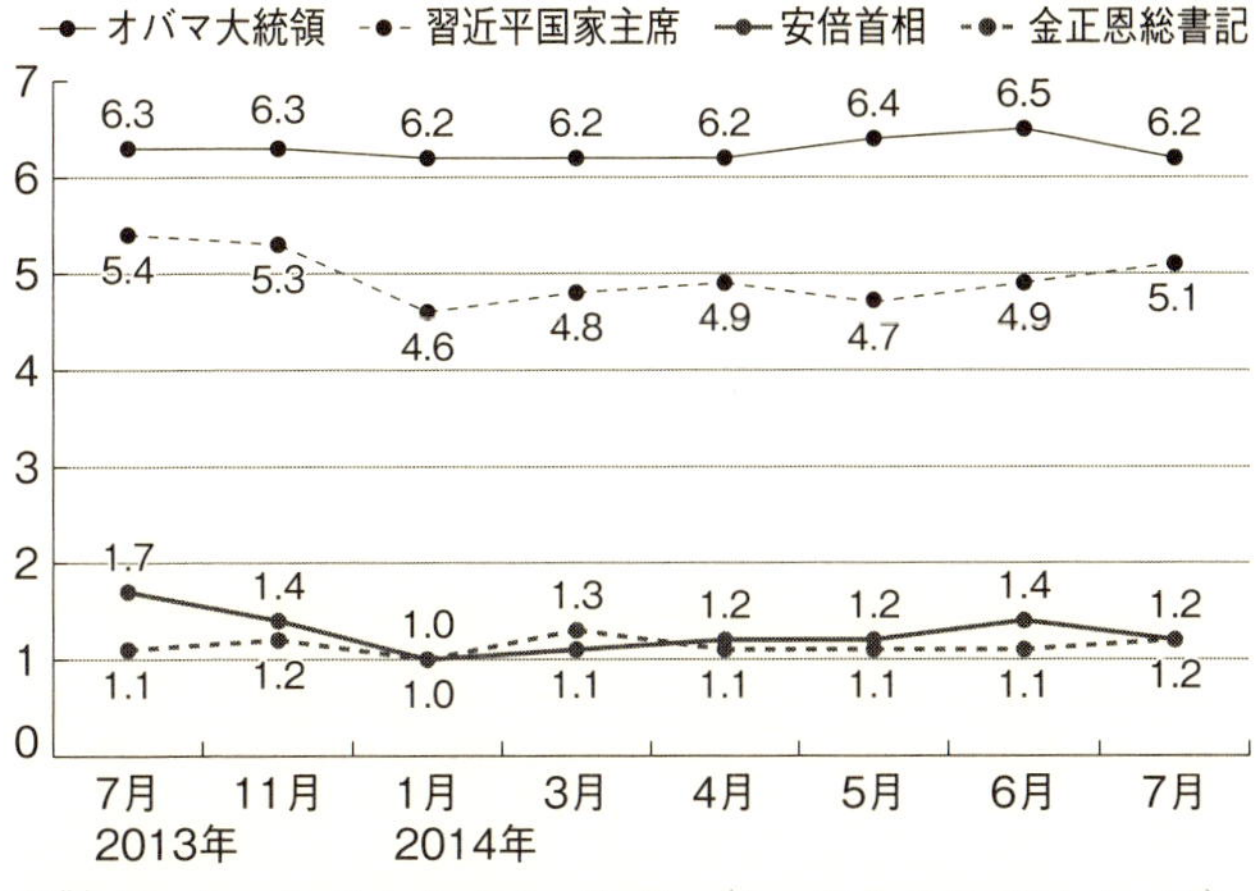

出典）The Asan Institute for Policy Studies（Asan Daily Poll, 2014, Aug 08).

ければならなかった。企業は、自分たちの中国ビジネスの尖兵を対象に長期的視点に立って投資しているが、これは、駐在員が企業にとって重要な役割を果たしていることを意味している（Sonoda, Jang, and Park, 2014）。

第一に、韓国の大企業の国際マネジャーにとって、中国での滞在経験は、「必須のキャリア」となっている。韓国の多国籍企業のマネジャーにとって、中国での経験とそのキャリアが、彼らの新たなキャリアパスを提供しているのである。

第二に、中韓間の大規模な人の移動は、中国における新たな人の繋がりをつくっている。これらの人的ネットワークは、中国ビジネスにおける新たな血脈を積極的に作り上げることになっている。

第三に、新たなビジネス界、人的資源と中国ネットワークの拡大が、中核的な利益集団を形成している。それらは、韓国のエリート社会の先導的企業と強く結びつくことを期待することになっている。

第四に、多くの韓国のエリート集団や中間層は、中国で教育を受けた次世代に投資を行っている。彼らは、中国社会との意味ある人的ネットワークの拡大を希望しており、この点では、植民地時代の日本とのネットワークや、朝鮮戦争後のアメリカとのネットワークの形成と似ている。この点からも、韓国ビジネスにとって、中国が日本やアメリカに取って代わりつつあることは明らかである。

第五に、中国との結びつきが、日本やアメリカと同水準のものとなっているというには時期尚早かもしれないが、現在の潮流が今後、一〇年以上続けば、中国との関係に深く埋め込まれた新たなリーダーが韓国社会の中に誕生するものと考えられる。

チャイナ・リスクと機会

韓国のビジネス界は、中国の政治的リスクにともなう不確実性や摩擦、軋轢の多くを歓迎していない。ビジネス上の利益を守り、維持するために、彼らは安定した政治的環境を好む。彼らの大部分は、政治的リスクによって経済的機会を損失したくないと考えている。

韓国企業は、中国の発展により、（1）中央政府と地方政府における政府の腐敗と不透明さ、（2）賃金の上昇や労働争議、（3）激化する中国企業との競争、（4）中国への過度な投資にともなう経済リスク、（5）ナショナリズムの高まり、（6）政治的不安定さとそれにともなう国内の安全に関する問題といったリスクを実際に認識している。

中国のリスクに対する認識は、個人、ベンチャー企業、中小企業、大企業とそれぞれの立場によって異なる。しかし、中国の経済的な台頭は、韓国に恩恵をもたらし、一方で政治的パワーをともなった中国の台頭は、韓国ビジネスにとって、さほど大きな問題とはなっていない。

4　韓国財閥ビジネスグループの中国における成功

韓国の財閥ビジネスグループは、二〇〇〇年代のはじめに中国への投資へと大きく舵を切った。中国への投資は、日本や台湾に比べると一〇年以上遅れてはじまっている。しかし、中国でビジネスを展開することを決めてから、韓国企業は積極的にビジネスを進めてきた。

特に主要な韓国のメーカーは、生産と販売にとって中国が戦略的に最も重要な場所であると考えてきた。中国への進出が遅れたため、出来るだけ早く他のライバルたちに追いつくよう努力してきたのである。サムソン、ＬＧ、現代・起亜自動車、ＳＫといった韓国の大企業は、その主力工場を中国に移転している。現代・起亜は、中国での生産能力を出来るだけ速く拡大しようとしてきた。

いまや世界的に知られるようになったサムスンと現代は、最大のビジネスを中国で展開している。サムスン電子で最大の固定資産投資先は中国であり、アメリカや日本への投資を超えている。二〇一三年に、現代・起亜自動車は、中国で第二位のシェアを獲得している。

中国は、もはや現代の重要な一部分です。現代・起亜自動車の急速な発展は、協力企業とともにありました。私たちは、単独企業として中国に進出しようとしたのではなく、系列企業をともなって進出しました。中国から撤退することは、考えられないことです。なぜなら、現代・起亜は、すでに多くの資産を中国に有しているからです。現代・起亜は、中国で第三番目に大きい外資系自動車メーカーとなり、中国で先頭を走る自動車メーカーとしての地位を維持していきたいと思っています。現代の成功は、投資のスピードとタイミングの結果です。われわれは、他の競合他社よりも早く立ち上げを行うことができ、チャンスがあるところであればどこでも、積極果敢に攻めることができます。このような行動こそ、現代・起亜の中国での確固たる地位を短い期間で築き上げることができた、最大の要因です。（前・現代北京エグゼクティブマネジャー）

韓国の財閥企業の大部分は、中国で利益が出なくても、対中ビジネスに賭けている。個々の企業は、長期にわたる利益を確保するために、それぞれの中国戦略を立てている。しかも、それらの企業のすべてが、現地化への強い指向をもち、長期にわたる投資を志向し、すべてのコストを受け入れようとしている（Choi 2003）。

外資系企業の投資にとって顕著なリスクの一つは、人件費の高騰である。一般的に、毎年、人件費が上昇することは、特に製造分野に特化した多国籍企業にとって、中国の経済的魅力が低下していることを意味している。しかし、これらの懸念事項は、韓国の多国籍企業にとって、最終的なものとなっていない。なぜなら韓国企業にとっての本当の関心事項は、コストから市場へとシフトしているからである。大企業の多くは、中国市場の競争に勝ち残ることを主な目標とし、中国の安い労働力のアドバンテージを得ることに強い関心を抱いていないのである。

近年、日本や台湾の企業が中国から転出しているが、このような現象は韓国企業の間ではさほど見られない。最近の Korean International Trade Association のレポートによれば、日本企業から中国に派遣された駐在員の数は、二〇一二年の一二万人から二〇一四年の一二・六万人へと微増であるのに対して、韓国の場合、二〇一二年の三五・六万人から二〇一四年の四〇・五万人へと飛躍的に増加している。韓国企業から派遣される中国への駐在員の増加は、韓国と日本の対中ビジネスに対する対照的な見方を反映しているのかもしれない（*Weekly Chosun*, 2013. 01.07 “We need to observe the China exodus among Japanese

図 3-3　韓国と日本の対中投資：2004-2014 年

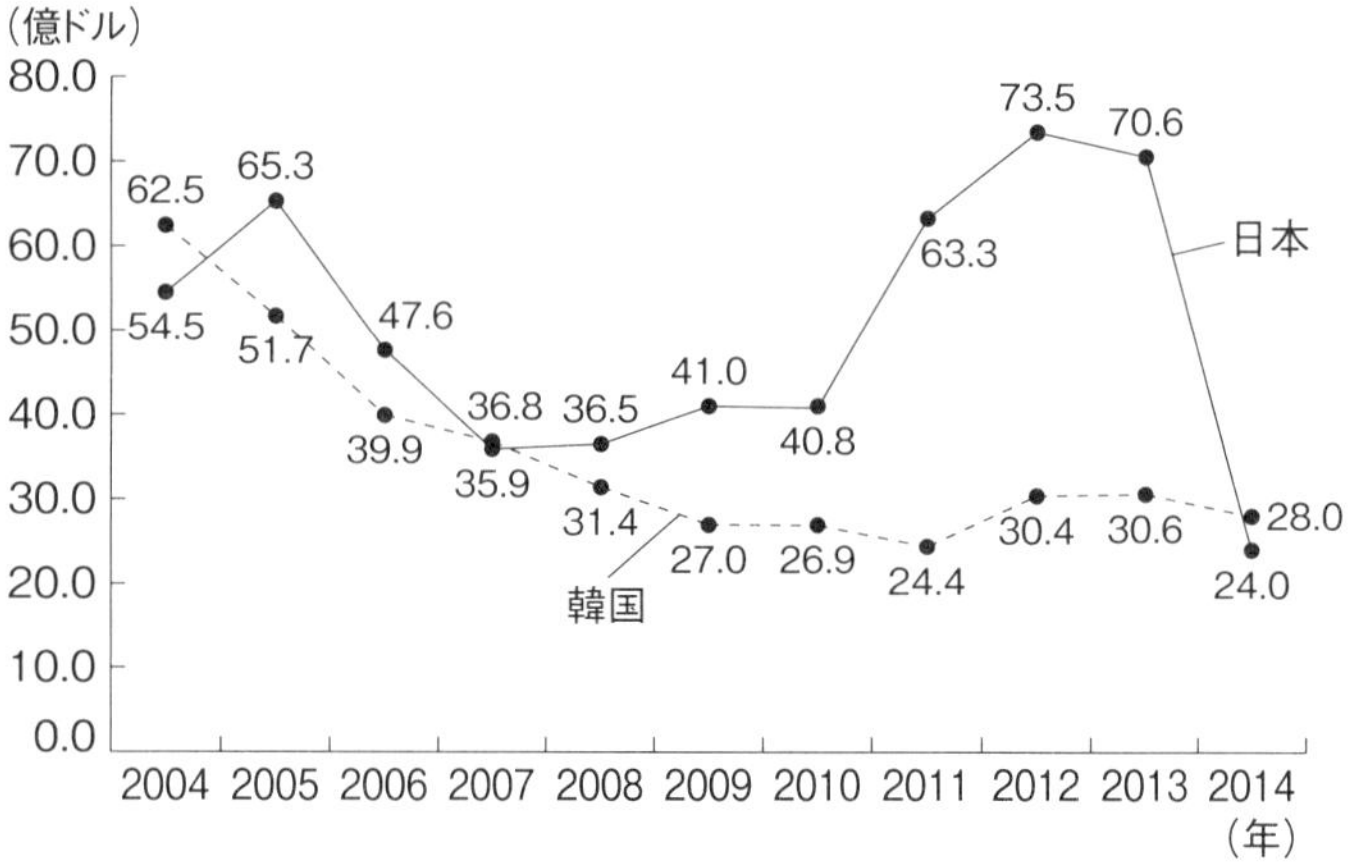

出典）Korea International Trade Association, *International Trade Statistics.*

companies")。

図3-3は、二〇〇四年から二〇一四年までの、日韓の対中投資の状況を示したものであるが、図からは、二〇一四年時点で韓国からの投資が日本からの投資を上回っていることがわかる。悪化した日中関係が、日本企業の中国投資の急激な低下をもたらす一方で、二〇一四年には、韓国はシンガポール（三九億ドル）と台湾（三一・二億ドル）に次いで、中国の最大の貿易パートナーとなった。

これまで、中国での積極果敢な活動は全体的に成功しているように思われる。このような中国における韓国企業の大規模なビジネスの展開が、長期にわたり維持されるかどうかは、引き続き注視しなければならない。しかし、韓国の大企業グループが巨大な龍に乗ることで真にグローバルになったことは、疑いようのない事実である。

5　チャイナ・リスクを評価する

政治システムリスク

企業が海外で新たに投資する際、政治システムの安定性に対する信頼が、まず考慮されることになる。カントリーリスクを減らし、安定したビジネス環境を維持することが、投資の際には重要な要件となる。この点に関して、中国は韓国の投資に対して、安定性と自信を保証することに成功している。韓国企業に政治システムへのより強い信頼を保証することで、韓国からの大規模投資が動き出したのである。

韓国企業と中国の政治システムの堅固な信頼関係は、相互に強化されてきたが、これは、両国がパートナーシップをより高い次元に高めたいと考えてきたからである。とりわけ、グローバルな競争に晒されている韓国のビジネスグループは、中国との堅固な政治的関係を構築することを熱望している。歴史的に見て、韓国ビジネスグループによる対中投資は、海外投資で最も成功した事例と判断することができる。彼らは、鄧小平の時代に作られた新しい政治システムとビジネス環境の利益を得ることができたのである（Vogel 2011）。

中国型の発展モデルは、日本、韓国、台湾を含めた東アジア諸国が経験している。これらの国ぐには、すべて、権威主義体制という似た経験を共有している。韓国の大企業グループは、独裁的発展のなかで成功を収めた経験をもっており、そのようなシステムにもともと慣れていた。韓国企業にとって、欧米の制度的管理より中国的ガバナンスの方がずっと適応しやすかったのである。実際、韓国の財閥グループは、アジアの発展システムの優等生であった（Studwell 2014）。似たような政治システム的コンテクストによって、独裁的発展国家への韓国企業の投資が集中している現実を説明できるかもしれない。

韓国の企業グループは、多くの場合、中国政府の産業政策に忠実に従ってきた。中国政府が沿岸部の発展を促進するために輸出政策を打ち出せば、韓国の財閥企業は、中国政府の重点都市で多額の投資を行った。彼らは、西部の発展を促すために中国政府が韓国のハイテク製造業を誘致した際にも、これに従っている（Kim 2012）。過去二〇年間、韓国の製造業は、一度も中国の政治システムに対して疑義を呈したことはなく、中国経済と国家が抱える共通のリスクを背負ってきた。

もちろん、多くの企業でコスト面での恩恵を受けるのがむずかしくなっており、労働集約型企業の大部分は、事業活動を他国に移転させたり、Uターンして自国に帰ったりしている（Lim and Yeo 2013）。しかし多くの企業は、回収がむずかしいほど多額の費用を中国に投入している。彼らは、事業資源の分散や移転を、グローバルリスクを考えながら実施するかもしれない。しかし、そのような動きは、チャイナ・リスクゆえになされるのではなく、事業の採算を見込んでチャレンジをベースに行われる。

たとえば、最近、サムスンは工場をベトナムに移転する決定をした。中国で安い労働力を確保することが困難になったためである。しかし、そのことは、投資先としての中国の魅力が失われたことを意味しない。労働集約型の工場をベトナムに移管したものの、サムスンは、中国の西安で大規模な半導体の生産を開始している。現代自動車の活発な投資は継続しているが、これは将来的に、現代にとってのリスクになるかもしれない。

中国との確固たるビジネス統合を確立した韓国企業は、中国の変わりやすい政治や政策の環境に適応しやすくなっている。中国の政治システムやそれらの動きとの信頼の蓄積は、きわめて短い期間に中国の急速な経済発展を可能にしてきた。

韓国企業の中国との統合の深化は、以下のいくつかの段階に分類することができる。

韓国企業が最初に中国へと進出したのは、両国の正式な外交関係が開始され、貿易が行われるようになった一九九二年頃である。当初、韓国の大企業グループは、中国で試験的に小規模の事業を行うことで、中国市場とのビジネスを開始した。しかしそれは、韓国経済に大打撃を与えた一九九八年のアジア通貨危機によって終焉を迎える。

当時、多くの韓国ビジネスグループは、国際競争力の低下とアジア通貨危機からの生き残りのために必死に戦っていた。彼らは、弱体化するコスト競争力を強化する場所として、中国への進出を真剣に考えるようになった。そしてその結果、再び活力を得るには中国が唯一の移転先だと考えるようになった。

それ以来、韓国の大企業グループは、大規模な直接投資をスピーディーに行う戦略を打ち立てた。彼らが中国へのビジネス展開をスタートさせたとき、最初は日本企業の経験と知識に頼ろうとした。しかし、彼らは、いったん中国への進出を開始するや、大規模に、そして一気呵成に中国市場に入っていった。

私は、サムスンに入社してからずっと、中国で働いています。私が、サムスン北京事務所で働き始めた頃、私たちは日本企業の動向をフォローしていました。彼らは前から中国に進出していたからです。私たちは、中国での経験をもっている退職した日本人マネジャーを採用し、中国市場に関する情報を集めました。最初は、日本人のアドバイスや情報は大変役立ちましたが、こうした状況もすぐに終わり、私たちは、中国への大規模な投資を決定しました。（前・サムスン北京本社エグゼクティブマネジャー）

中国の政治システムが信頼を得ることになった大きな要因の一つに、中国がアジアへの財政支援を行うことで、アジア隣国を助けたことがある。人民元の下落を防ぐため、中国は韓国の大企業に印象的なアピールを行ったのである。一九九〇年代末のアジア通貨危機の際、責任ある貿易取引先国としての中国の信頼性は、韓国のビジネスグループに深い印象を与えた。

韓国の大企業グループが中国に多額の投資を決めた第二の転換点は、二〇〇一年の中国のＷＴＯ加盟である。韓国のビジネスグループは、中国経済がグローバルな貿易体制に加入したのを受けて、大規模な投資を決定した。中国の国際的な貿易体制への加入が、韓国の大企業グループがよりグローバルになる決定的な機会を提供することになったのである。彼らは、日本人の専門家と中国朝鮮族を巧みに利用し、中国ビジネスに関する十分な情報と経験を蓄積していった。

中国が韓国のビジネスグループに魅力的な機会を提供した第三の時期は、二〇〇八年のグローバル金融危機の時である（Shambaugh 2013）。当時の中国は、国際ビジネスのあらゆる領域において、重要な経済パートナーとなっていった。韓国と中国のビジネスパートナー関係は、質・量ともに最も重要なものとして成長してきた。韓国ビジネスグループは、中国が今後とも成長を続けることを固く信じ、中国経済の果実をとることを熱望するようになり、結果的に中国は、韓国ビジネスのグローバル化にとって欠かすことのできない要素となった。二〇〇八年の北京オリンピックは、中国が韓国企業にとっての政治的パートナーとなったことを示す重要なイベントであった。

中国市場の重要性が増し、中国の経済システム同様に政治システムに対する信頼も深まったため、韓国のビジネス界は中国への依存を深めている。近年の日中間の領土問題は、韓国ビジネス界から見れば、政治的リスクというより、貴重な経済的機会の一つと見なされている。中国人による熱狂的な愛国心の表明により、日中間の政治的な緊張が起こるたび、韓国企業グループは、日本企業のマーケットシェアの一部を獲得してきたからである。

韓国企業グループは、中国的官僚主義による政治システムや国家行動に対して、日本企業ほど警戒してこなかった。大企業グループで働く多くの韓国人駐在員は、政治システムや政府による介入、中国人によるナショナリズムに端を発した政治的イベントによるビジネス上の困難を口にしない。韓国の企業グループは、中国の政治的リスクに対して、それほど敏感に感じていないのだが、これも日本企業と大きく異なる点である。

韓国の大企業は、中国との国家間での軋轢から免れており、政治的にも恵まれていた。日本の大企業の多くは、反日プロパガンダや、工場や施設、店舗を襲撃されるなどの深刻な損害を受けてきた。日中間の歴史的なトラウマは、両国の政治的軋轢が起こるたびに、表面化してきた。中国に進出した日本企業は、政治問題に端を発したこの種のリスクを覚悟しなければならなかった。

対照的に、日本企業やアメリカ企業にナショナリズム感情が向けられた時、韓国の企業はこの種のリスクから免れていた。韓国の企業グループは、政治問題――具体的には、領土問題（日本）、統一問題（台湾）、グローバル戦略に基づく軋轢（アメリカ）など――に端を発する政策的リスクから、比較的自由な立場にあったのである。

韓国企業グループが、自分が置かれた優位な政治的環境を積極的に活用してきたことを示す客観的な証拠はないものの、日中間の政治的軋轢といった、韓国にとって有利な状況を生かしてきた可能性は大いにある。韓国の大企業グループは、地政学的、戦略的環境の変化の受益者であった。韓国の大企業グループは、日本や台湾に比べ、中国ビジネスを開始するタイミングが遅かったものの、彼らは、ものすごいスピードでライバルに追いつき、市場の隙間を独占することに成功したのである。

最近では、中国経済の恩恵は、韓国における中国中間層の消費という形で表れている。中国の中間層にとって、韓国は最も行きたい旅行先の一つとなっている。目覚ましいほどの中国人観光客の増大は、韓国の主要都市のいたるところで目にすることができる。空港、ホテル、店舗、ショッピングモール、郊外都市。韓国はいたるところで、中国人観光客の誘致を行っている。

こうした状況にあって、韓国の大企業が中国戦略を変更するとは考えにくい。経済交流と相互利益の増加が、将来の中国に対する懸念を生むには至っていないからである。

官僚的管理リスク

韓国の大企業グループの多くは、中国の官僚制や厳しい管理から比較的自由であった。中国の官僚的管理から好意的な扱いを受けることができたのには、中国経済、とりわけ地方政府に貢献していることも関係しているだろう。韓国の大企業は、管理ノウハウやテクノロジー、資源やシナジー効果をもっていると見なされ、投資の初期段階やハイテク企業の場合、中国政府から賓客扱いされた。

実際、大企業グループの駐在員は、最良の投資案件を紹介されるケースが多かった。サムスンや現代グループは、地方政府から支援を受けることができる重要な企業であった。それは、彼らが、中小企業で生じがちな不便や軋轢から無縁だったことを意味している。中央政府をパトロンとして、主要な地域への莫大な投資の道が開かれたのである。サムスンの前中国駐在員マネジャーへのインタビューによれば、中国政府がハイテク産業分野で投資を欲していたため、彼らは中国でビジネスを行う上で、ほとんど壁を感じていなかったという。

地方政府は、外国からの大規模な投資を熱心に誘致していた。地方政府の指導者は、みずからの出世のためにも、競って誘致活動を行った。このように、政策的インセンティブと地方政府の指導者のモチベーションが相乗効果を起こし、中国の地方政府は熱心に韓国の大企業を誘致してきたのである。

サムスン・グループのようなグローバル企業にとって、地方政府の役人はもちろんのこと、中央政府の役人とも関係をつくることは、さほどむずかしいことではなかった。多くの場合、彼らは韓国の財閥グループから、より多くの投資を得たいと思っていたからである。

サムスンの場合、中国での投資は小規模企業と比べれば、比較的簡単に実行できます。なぜなら、中国政府は大企業からの投資を誘致したいと考えているからです。中央政府だけでなく、地方政府も彼らの戦略部門に、サムスンに投資してほしいと思っているのです。ごく最近まで、サムスンの中国政府との関係は大変にスムーズにいっていました。なぜなら、中国政府は私たちの技術と資金がほしかったからです。主要な問題が事前に明らかになっていたため、サムスンは政府機関と協力的な関係を維持することができました。私の北京での滞在期間中、仕事の上で中国政府との関係をむずかしいと思ったことは、ほとんどありません。（前・サムスン北京本社エグゼクティブマネジャー）

多くの投資案件では、地方政府は地元への投資を誘致するために、熾烈な競争にさらされている。そのような投資は、地方政府と中央政府の思惑が一致したときに急速に進む。最近の事例では、サムスンの工業団地への大規模な投資が挙げられる。中国の中央政府、地方政府そしてサムスンの戦略的利害が一致し、西部地域の発展を後押しした。多くの場合、韓国の企業グループは現地の社会問題を気にしていない。なぜなら、地方政府が、みずからの権限で投資に障害となる大部分の問題を解決してくれるからである。韓国のビジネスグループが中国でビジネスを展開することは、少なくてもごく最近まで、比較的容易であった。

韓国の企業グループは、中国投資へのより積極的なモチベーションをもっていた。韓国の大企業にとって、中国は、企業が真にグローバルになるために貴重な機会を提供してくれる存在だった。韓国企業グループのグローバル化への努力は、彼らが中国市場を発見する前から長い歴史をもっていたとはいえ、彼らの海外直接投資は、目を見張るような成功を収めることができなかった。中国は、彼らに新しい機会を与え、グローバルになるための「アニマル・スピリット」（シュンペーター）を与えたのである。

韓国の大企業にとって、中国は、グローバル市場で規模の経済を可能にするといった、また別の戦略的意味をもっている。彼らの製品に対する需要が中国で増加することは、新しい市場と結合し、コスト競争力を得ることで、みずから復活を遂げることを意味する。

ごく最近まで、韓国企業グループと中国の間では、政治と経済が明確に切り離され、そのことが韓国企業により良いビジネス環境を提供してきた。中国の中央政府と地方政府は韓国の大企業を、みずからの産業化にとって重要な要素と考えるようになった。中国の発展戦略に忠実に従っている限り、大企業は特別待遇を受けることができた。

中国政府が、みずからの目的を達成するには、韓国の大企業との提携はどれも効果的であった。中国が沿岸部の発展政策に乗り出した際、韓国の大企業は中国からの誘致を積極的に受け入れた。近年、中国は内陸部の西安や重慶へと焦点をシフトしている。サムスンや現代・起亜自動車といった韓国のコングロマリットは、中国政府と手を携えて、最も発展した生産クラスターを作り上げている。

人的資源管理と「関係」のマネジメントリスク

韓国企業グループが最初に中国へと展開した際、中国的な関係主義のネットワークを構築し、深く入り込むために、中国朝鮮族を頼りにしてきた。中国朝鮮族は、韓国企業が中国政府とのヒューマンネットワークを形成・発展させる重要な人的資源となっていた（Lee 2012）。

韓国ビジネスと朝鮮族との相乗効果は、とりわけ初期段階で有効であった。韓国の大企業で働いた経験をもつ朝鮮族の中には韓国企業で成功を収め、中国現地会社のトップの地位に就いている者もいる。韓国企業にとって、この朝鮮族の存在が重要な人的資源となり、彼らの優位性をもたらした。人的ネットワーク形成のための橋渡し役として、現地人とのコミュニケーションや現地市場の開拓など、中国における現地化成功のための重要な要因となったのである。

時間が経つにつれて、韓国ビジネスグループは、中国専門家を自社内で作り上げていくようになった。サムスン・グループの海外専門家育成プログラムは、韓国企業の最も有名な人材開発プログラムの一つとして知られている。サムスン・グループは、選抜した人材を五年間海外に送り、派遣先の専門家になるよう訓練する。他の韓国大企業グループも、選抜した人材を対象に、語学能力も含めた現地化のために集中的な教育研修を実施している。韓国企業の多くは、中国専門家に高度な中国語の能力と、中国ビジネス全体のマネジメントを統括することを要求している。

中国専門家を育成する韓国式のやり方は、専門性とマネジメント全般に関する経営能力を同時に備えていなければならないとされている点で「ジェネラリストモデル」と言うことができる。技術的な専門能力に加えて、語学能力や人的スキルに重きを置くことは、彼らの人的資源戦略の当然の結果となる。

「関係」のマネジメントに関しては、韓国企業は、良好な人的ネットワークを構築することがビジネスの成功にとって重要であると考えてきた。それゆえ、中国専門家のキーミッションは、中国政府の役人と最良のネットワークを構築し、維持することであるとされている。人的ネットワークに重きが置かれ、その重要性が強調されるマネジメントスタイルは、日本企業のそれと異なっている。

韓国の大企業による「関係」のマネジメントは、みずからのリスクにもなりうる。人的ネットワークに依存しすぎると、韓国ビジネスの人的リスクを高めることに繋がるからである。おそらく、これらのリスクは、なぜ韓国のビジネスグループが日々の力関係や中国の権力者の変化に敏感であるのかを説明してくれるかもしれない。

しかし、これらの人的リスクは、韓国企業のいかなる問題も表面化させることはなかった。これは、韓国企業のビジネス習慣が中国でも機能したことを意味する。韓国企業グループが中国で成功を収めてきた、もう一つの理由は、彼らの交渉力によるところが大きい。韓国企業の多くは、依然として中国人にとって価値のある知識や技術を保持しているのである。

多くの中国企業にとって、欧米や日本企業の最先端の技術はあまりに高額で、簡単に手を出すことができない。ところが韓国企業は、中国企業が必要としている多くの中間レベルのノウハウを供給することができる。また韓国企業は、欧米企業や日本企業が政治的リスクを考慮して中国と深い関係を築くことを躊躇していることを利用した。韓国企業は、中国と先に進出していた欧米や日本との軋轢で生じた隙間に、うまく入り込んだのである。

このように韓国の大企業は、朝鮮族や駐在員の育成プログラム、市場における優位性を生かすことで、独自の人的ネットワークを築くことに成功した。韓国企業に見られる「関係」マネジメントの特徴を概念化することはできないが、韓国企業に見られる人的管理の慣行は、中国における他国の競合他社と明らかに異なっている。

政治的リスクへの対処戦略

政治的不確実性への対処として、韓国の大企業グループは、早期にグローバル戦略に着手した。他の多国籍企業同様、韓国企業はいくつかの地域に過度に依存したことから、増大するカントリーリスクについて学習し始めている。サムスンは、生産拠点を多様化させることで、カントリーリスクを減らす取り組みをしているグローバル企業の典型例である。

グローバルな韓国企業にとって、中国は、消費の巨大市場であるだけでなく、グローバルな資源の源泉でもある。他方で中国政府は、外資系企業に対してハイテクへの投資に移行するよう要求を強めており、韓国の大企業を含め、より選択的、戦略的になっている。

このような中国からの投資要求に対処するために、韓国の大企業メーカーは、生産拠点の移転を継続的に検討してきた。すでに独自の生産システムを構築しているサムスン、LG、現代・起亜自動車は、グローバル化した生産体制をもとに、コストと利益に重点を置いているが、これは、生産地の選択という点では、より柔軟に対応していることを意味している。このように、戦略に応じた移転を希望しているとはいえ、中国市場は最も重要な生産拠点、販売拠点になっている。

　サムスンは主要なグローバル企業として、グローバル投資を多様化させる必要があるというのは確かかもしれません。サムスンは、これまで一貫してバランスのとれた投資をしてきました。ベトナムは、サムスンにとっての最大の製造拠点となっています。しかし、このことは、中国の戦略的重要度が低下したことを意味しません。私は、中国がサムスンにとって、今後さらに重要な地域になっていくと思っています。なぜなら、中国の発展可能性や多様な機会が、われわれにとって不可欠なものだからです。サムスンにとっての中国の意味と機能は、安い労働力を利用した製造拠点から、われわれが生産する全製品にとっての莫大な消費市場へと急速にシフトしてきています。そして、サムスンは、中国市場における顧客を取りに行きます。サムスンは、以前ほど多くの中国人従業員を雇うことはしないでしょうが、会社は中国での現地化を進め、「韓国サムスン」としてではなく「中国サムスン」と認識されたいと思っています。サムスンの中国投資は、市場が中国にあるため、今後も急速に高められていくでしょう。（前・サムスン北京本社エクゼクティブマネジャー）

　韓国企業にとっての現実的なオプションは、現地化を進めていくことである。多くの大企業グループは、常に現地化の必要性を強調してきた。サムスンは、みずからを韓国サムスンとしてではなく、中国サムスンとして理解していた。ある意味で、韓国大企業グループは、グローバル化とローカル化の間のむずかしいバランスを保たねばならなくなっている。

韓国の大企業は、常に彼らの限定的な戦略的影響力について検討しなければならない段階にある。彼らは、中国に多くを依存しており、政治的リスクを理由に中国市場から撤退することは考えにくい。彼らがいつでも出来る唯一のことは、中国に過度に依存することから生じるリスクのバランスを取ることである。彼らにとっての他の選択肢は、中国に適応することでリスクをヘッジし、さらなる現地化を推し進めることである。韓国企業にとっての戦略的選択は、より深い中国化への道を模索することである。

政治的リスクから利益を得るために、韓国企業グループは、フォーマルな戦略よりも、インフォーマルな戦略を好む傾向にあるが、この点で、欧米や日本の戦略行動とは異なっている。巨大な競合他社と比較して、韓国企業はいまだ小さな経営体だと認識しており、実際多くの場合、主要な国際交渉や貿易協定に影響を与えるまでにはなっていない。

韓国企業が中国に対等なパートナーシップを求めるより、中国の制度的、法制的、日常的なやり方に適応しようとしてきたのは、彼らが遅れて中国市場に参入したこともあって、その方が効率的でやりやすいと感じてきたからである。韓国企業グループは、透明性、法律尊重、正式な契約が十分に確立されていない社会環境に慣れるよう、長きにわたって教育訓練を受けてきたし、中国の市場環境は、実際、韓国とさほど違わなかった。西洋と東洋の境界に立ち、両者を複雑に混ぜ合わせたビジネス慣行ゆえ、中国で韓国式ビジネススタイルが急速に拡大したのかもしれない。

6　おわりに

過去二〇年間、韓国は中国の経済発展の波に乗ってきた。中国は、韓国ビジネスにとっての経済的な最前線であり、韓国の大企業は、中国の機会を利用してグローバル企業へと成長していった。中韓の相互依存関係は、製造業の直接投資から始まった。しかし、相互依存関係は、サービス、観光、文化産業、海外移住へと拡がり、急速に発展を遂げた。中国の成長と韓国財閥企業のグローバル化は、相互の経済的依存を強化しながら、互いの関係を深めてきた（Moon 2010; Jung 2011; Lee 2012）。

他の東アジア諸国と比較しても、韓国企業は、中国台頭のリスクにそれほど多くの注意を払ってこなかった。中国での成長が続く限り、韓国企業は中国での機会を最大限活用することができた。少なくとも、中国は韓国経済に弾力性をもたらし、韓国の大企業はみずからの脆弱性を補う強い筋力を得ることができた。中国との人的経済的交流の拡大は、韓国を牽引する企業の持続的成長のための最も重要な要因の一つであった。

中国の地政学的パワーの台頭により、中国の急速な発展にともなう政治的懸念が出てきていることは否定できないし、グローバル企業の中には、中国の地政学的なリスクを考慮して、グローバル投資のバランスを再検討しているところもある。しかし、全体としては、リスクに対する懸念よりも、中国の魅力や中国市場の機会の方が重要だとされている。韓国の企業グループは、中国でのビジネスに自信をもっており、中国での機会を最大化するために、経済関係を深めることを望んでいる。

韓国人ビジネスパーソンにとって、リスクは新たな機会と表裏一体のものだと見なされてきた。リスクを取れば、機会を得ることができる。中国の台頭とそれにともなう政治的変化は、大きな挑戦であり、大きな機会でもある。

韓国の大企業グループは、獰猛な龍にみずから跨ることで、真にグローバルなプレーヤーとなりえた。こうした大胆な企業家精神や意欲がなければ、韓国は、一九九七年と二〇〇八年の二度の経済危機を乗り越えることはできなかったであろう。

注

＊　本章は筆者による論文（Park and Lee 2014）をもとに、本書収録用に大幅にリライトしたものである。

第4章　韓国中小企業の中国適応戦略

金　潤泰・李　承恩

1　はじめに

海外へ進出する企業にとっての政治的リスクは、マクロな政治的リスクとミクロな政治的リスクに大別できる。

マクロな政治的リスクとは、進出先である国家の政治的変化や投資環境の変化が、そこで活動しているすべての外資系企業に無差別に適用されるリスクをいい、これは間接的・一時的な場合もあるが、直接的・永続的な場合もある。マクロな政治的リスクは、政権の変化や派閥間の紛争のように、広い範囲にわたってすべての外国人投資家たちに影響を与えるリスクであり、包括的な政府の行為や政治的出来事を含む。一方、ミクロな政治的リスクとは、海外投資と事業活動における特定の領域に局地的に影響を与える政治的行為や出来事を指す。絶えず変化する動態的な性格をもち、時代や国家の政治経済状況の変化に左右されやすい（Robock and Simmonds 1983）。

こうして見てみると、韓国企業が中国で直面している政治的リスクは、ミクロな政治的リスクに分類することができる。中国は改革・開放以来、比較的安定した政治環境を維持してきており、二〇〇〇年代に入ってからは、一部の外国資本に対して、選択的な態度をとっているからである。

中国の経済発展政策は、量的成長に重点を置いていたこれまでの政策基調から、質的成長へと移行している。こうした政策基調の変化は、外資誘致策にも例外なく適用されているが、これは、中国にとって経済構造の転換による経済再躍進の原動力となりえたものの、外資系企業、中でも輸出志向的で労働集約的な企業にとって不利な状況を生み出しつつある。中国に進出した韓国の中小企業は、ほぼ例外なく、このようなケースに該当する。労働集約的で加工輸出を中心とする韓国企業にとって、中国における政策基調の変化は、深刻なリスクとして受け入れざるを得なかった。こうした状況にあって、韓国の中小企業は生存のためのさまざまな対応戦略を工夫している。

変化する中国の投資環境とそれに対する韓国企業の対応戦略に関しては、これまで、経済学や経営学、政策学など、多様な分野から研究がなされてきた。一部の研究者は、韓国企業による投資の成功事例と失敗事例を徹底的に分析し、中国の投資環境、法制度、社会・文化について予め理解する必要があると指摘している（Han and Kim 2004; Chang 2008）。また、中国の法制度や投資環境の変化、韓国人投資家たちによる無断撤退を分析した研究には、韓国投資家の主な対応方法として撤退とUターンがある、としているものもある（Lee 2009; Song and We 2012）。

しかし、これらの研究では、それ以外の類型については言及・考察がなされておらず、後続研究に方向性を提示した意義はあるものの、中国における韓国企業の対応策を全体的に理解するには十分でない。また、従来の研究では、中国で活動する韓国の中小企業が、環境と構造の変化にあって、絶えず受動的に適応しなければならない存在と見なされ、企業が能動的な行為者としてトランスナショナルな選択をなしうる点が見過ごされていた。

アメリカの社会人類学者であるシラーとブランは、トランスナショナリズムを多重構造の構築プロセスとして定義した。彼らによれば、移民は、このような構造の中で本国と居住国の間をつなげる各種ネットワークを形成・維持させるものである。またこれらのネットワーク形成は、移民が構築した国家・文化・政治領域の境界を越える社会的領域の形成過程であるとされる。彼らは、別の論文で、トランスナショナリズムとは、人びとが一つ以上の国家において連続的かつ恒常的な相互連携を維持する状態であるといった、一歩踏み込んだ議論をしている（Schiller, Basch, and Blanc 1992, 1995）。

韓国の中小企業は、中国の経営環境の変化に応じて、撤退や帰国、第三国への移動、中国内陸への進出、開城《ケソン》工業地区への入居など、さまざまな選択を主体的に行っている。本章では、このような選択の類型に注目しつつ、韓国の中小企業が新しい場所へ移動しつつも、複数の国家において連続的かつ恒常的な相互連携を維持する、トランスナショナルな活動に注目したい。

こうした研究目的を達成すべく、本章では、既存の研究が行ったアンケート調査の結果や文献資料、関連法規、中国に進出した中小企業へのインタビューなどを、データとして活用する。

2　中国の政治経済的リスク――外資系企業に対する政策基調と経営環境の変化

韓国企業の対中投資現況

韓国企業の対外投資全体のうち、中国は最も大きな割合を占める投資対象国となっている。二〇一二年九月末時点で、韓国の対中投資案件数は二万二三七三件、累計投資額は三八二・八億ドルを記録しているが、これは韓国の対外投資全体のうち、それぞれ四一・九%と一八・四%を占めていることになる。

一九九二年の韓中国交樹立を境に始まった韓国企業の対中投資は、これまで二度の低迷を経験した。最初の低迷は、第一次アジア金融危機の余波として、一九九八年に急激な投資減少傾向を示した時である。しかし、その後すぐに回復し、二〇〇七年まで年間五〇億ドルを超える増加傾向を見せた。二度目の低迷は、第二次アジア金融危機を契機に再発し、これにより二〇〇八年以後の対中投資は再び減少傾向に転じた。この時始まった減少傾向は最近まで持続され、急激だった減少率は安定したものの、以前のような増加傾向へと完全に回復する可能性は大きくないように思われる。

対中投資の企業類型別現況を見ると、二〇一二年九月末時点で、投資案件数では中小企業と個人業者がそれぞれ四〇・五%と四五・四%を占めているのに対し、投資額においては大企業が七四・七%を占めている。以上からも中小企業の投資は、金額は小さいものの案件数では依然として大きな割合を占めていることがわかる。これも二〇〇〇年代に入ってからは、中小企業の投資案件数の割合は減少し、大企業の投資案件が増えている。

投資案件一件当たりの投資額は二〇〇〇年以降、増加する傾向にあり、二〇〇〇年代後半には二〇〇万ドル、二〇一一年には四五〇万ドルを超えた。こうした全体的な動きは、中国における外資政策の変化や賃金の上昇、加工貿易に対する規制強化などが原因となり、加工貿易を中心に進出した中小企業や個人業者の投資が萎縮したのに対し、中国国内市場への進出を目的とした大企業の投資が本格化したことを示している。一方、業種別では、製造業が高い割合を占めており、サービス業では卸売・小売業が最も高い割合を占めている（Lim and Yeo 2013: 25–29）。

進出地域を見てみると、韓国の対中投資は伝統的に東北地域、東部沿岸、南部に集中している。一九九二年の韓中国交正常化以来、山東省、遼寧省、江蘇省、天津市、広東省が、韓国製造業界の五大投資進出地域だった。山東省への製造業による投資は、二〇〇六年から二〇一〇年の間に急落したが、他の四地域では大きな変化を示さなかった。このような投資パターンが見られるため、中国の中・西部地域は長い間、韓国人投資家の関心を引き付けてこなかった。だが、最近大企業の投資をはじめとして、その地域への投資規模が増加する傾向にある（韓国輸出入銀行海外投資統計ホームページ）。

韓国の対中投資の特徴は、以下のようにまとめることができる。

第一に、世界景気の浮沈に敏感に反応している。第二に、中小企業型投資案件が大きな割合を占めているものの、経営環境の変化によって、二〇〇〇年代に入ってからは中小企業の進出が減少傾向を示している。第三に、国内市場への参入を目的とした大企業の進出が増加している。第四に、製造業が高い割合を占め、サービス業では、卸売・小売業が最も大きな割合を占めている。最後に、中国の東北地域、東部沿岸、南部に集中的に投資が行われている。

特筆すべきは、韓国の対中投資が中小企業中心の投資であったため、投資環境の変化に敏感に反応してきたといった点である。大企業は経済環境の変化に対応できる独自のシステムを備えているのに対し、中小企業の場合、予め準備するよりは、変化が起こった際に緊急避難的な対応をする傾向が見られる。

政策基調の変化と経営環境の変化

(1) 輸出主導型成長モデルから内需主導型成長モデルへの転換

世界金融危機を経て、国際社会が大きな変化を経験するようになった二〇〇八年第4四半期における世界経済の成長率はマイナス五%を記録した。このような大幅な景気低迷は翌年も尾を引くこととなり、アメリカ(マイナス二・四%)、EU(マイナス四%)、日本(マイナス五%)、イギリス(マイナス五%)、カナダ(マイナス二・六%)など、主要先進国の経済成長率は二〇〇九年にもマイナスを記録した。

中国もこうした世界的景気低迷の影響から自由ではなかった。中国の輸出依存度(三三・〇%)は、同じく経済大国であるアメリカ(九・一%)や日本(一六・〇%)のそれに比べて、きわめて高い経済構造をもっているからである。特に中国の輸出は、その半分以上がアメリカやEUなどの先進国を対象としているため、世界金融危機による先進国の景気低迷は、直ちに中国の輸出減少へとつながった。中国の輸出の伸び率は、二〇〇七年の二六％から二〇〇八年の一七％へと鈍化し、二〇〇九年にはマイナス一六％へと急落した（Seo, Kim and Hong 2010: 2）。

こうした世界的景気低迷と輸出急減に直面した中国政府は、基本的な経済発展モデルを、過去十数年間推進してきた輸出主導型成長モデルから内需主導型成長モデルへと転換せざるを得なくなった。中国政府は二〇〇八年末から、内需消費拡大政策を中心とする大規模な景気浮揚政策を推進し、内需産業振興政策を大規模に繰り広げるなど、内需主導型成長モデルへの転換を図っている。

（2）労働集約的産業から先端産業への転換

従来、中国高度成長の主な原動力は、海外直接投資の積極的な誘致にあった。当時の海外投資の誘致は、業種や規模を問わない積極的な性格のものであった。しかし、二一世紀に入ってからは、関連法律の改正を繰り返し、外国人投資を先端産業へと選別的に誘致しようとしている。

中国政府は、ＷＴＯに加盟する一方、外国人投資政策方向の指針であり、外国人投資に対する各種優遇措置の付与や品目別外国人投資許可の基準ともなる「外商投資方向指導規定」と「外商投資産業指導目録」を改正し、二〇〇二年四月から施行している[1]。これにより、先端産業を中心とする選別的な投資誘致政策が推進されることとなった。特に、ＩＴ、航空、機械、新素材、エネルギーなど、全一一分野九一七個のハイテク製品からなる「外商投資奨励産業目録」を制定し（二〇〇三年六月）、インセンティブを付与するなど、先端産業分野への外国人投資を積極的に誘導している。しかしその反面、先端産業でなかったり、技術開発に取り組む意思のない企業は、相対的に不利益を被ることとなった。

このような選別的な投資誘致政策は、韓国の投資企業が密集している山東省にも例外なく適用されている。山東省は、二〇一〇年から外資系企業がR&Dセンターを設立する場合、設備の購入で発生する税金を対象に、免除や還付政策を実施すると公表した（KOTRA 2010b: 17）。また、外国の投資企業が利益剰余金で増資する際や別法人に五年以上再投資する際、利益剰余金の再投資分に既納所得税の四〇％が還付され、先端技術企業や輸出企業の設立、増資のために利益剰余金を再投資する場合には、再投資分の既納所得税の一〇〇％が還付されることになった（Cho and Son 2006）。これらは、中国政府の投資誘致の方向が、先端技術産業や環境にやさしい産業など、中国の産業発展に役立つ企業を選択的に誘致する方向に転換していることを表す好例である。一方、これとは逆に、既存の加工輸出型産業に対しては、相対的に不利益を与える政策が実施されている。

二〇一三年の京畿中小企業総合支援センターによるレポートに掲載されたインタビューで、中国J省にある某皮革加工業会社の関係者は、以下のように述べている。

二〇〇七年に、皮革、鉄鋼、製紙などの産業が高汚染・高エネルギー産業として指定されてから、各種政策が変わり、税負担が大きくなりました。たとえば、原材料を輸入して単純な加工をした後輸出する製品に対して、一七％の付加価値税が課されるようになったのです。このような過度な税金を企業が抱えるには負担が大きすぎるので、これを回避するために、靴やハンドバッグなどをロ

ーカル企業に販売するようにしています。（京畿中小企業総合支援センター 2013）

このインタビューでも確認されるように、中国政府は、中国の産業発展に役立つ企業を優遇し、状況の変化に素早く適応し産業を拡張・変更することができない企業には相対的に不利益を与えるよう、政策を徐々に変えている。

各種制度の改革と経営環境の変化

中国政府は、一九九〇年代半ばから、企業環境改善のための税制優遇制度や労務政策関連の改革を断行してきた。しかし、これらの措置は、企業の性格によって異なる影響を与えることになった。特に労働集約的な中小型企業に対しては、肯定的な効果より否定的な影響が大きかった。

投資企業に対する租税減免は収益性を向上させる肯定的な効果を生み出したが、各種社会保障制度の改革は人件費の上昇とともに管理コストの急上昇をもたらし、収益性の維持に支障を来すこととなった。また、中国で活動する韓国の中小企業は、租税問題や労務問題など、制度環境の変化を含む各種リスクの増加を経験したが、これは中小企業にとって深刻な経営上の障害となった。事実、韓国輸出入銀行のデータによると、二〇〇五年度における中小企業の対中投資は、大企業と異なり、製造業への投資比率が大幅に減少し、卸売・小売業や不動産業などにシフトする様相を見せている。

（１）税制変化による経営環境の変化

中国政府はWTO加盟後、外国企業に対する自国民優遇の方針をとるようになった。これによって通常、外資系企業に対する税制上の優遇措置はほとんど見られなくなった。二〇〇四年には、自国企業と外資系企業に対する法人税率を一律に適用するために、「企業所得税暫定施行条例（企業所得税暫行条例）」と「外資系企業および外国企業所得税法（外商投資企業和外国企業所得税法）」を統合した。これにより、二〇一二年から、外国企業と中国企業の法人税率は等しく二五％が適用されるようになったが、これは、外資優遇が実質的に縮小されたことを意味している。

外国企業に対する租税減免の優待もまた、大幅に縮小するか、ほぼ廃止される見込みである。先端技術、汚染防止技術、エネルギー、バイオテクノロジー技術を除き、減免の優遇を受けることがむずかしくなっている。外資系企業に適用されていた二年免税（一〇〇％）と三年減税（五〇％）の優遇措置が廃止されれば、租税負担が経営上の大きな障害となることは明らかである。

中国は、税収管理情報システムを構築し、二〇〇四年には、省レベルの国税庁の三分の二にこのシステムを導入した。これは、租税徴収の効率を向上させようとする中国政府の確固たる意志を示す措置である。そればかりか、不動産、金融保険、通信事業などとともに、外資系企業をも租税徴収の重点管理対象に含めるようになった（Cho and Son 2006; KOTRA 2013:29）。これにより、節税という方策を中国における経営戦略としてきた韓国の中小企業も、大きな負担を抱えるようになった。

さらに、中国の国務院と財政部は、「外資系企業に対する都市擁護建設税および教育付加税の徴収に関する通知」を発表した。これによって、従来の納税額の一〇%に当たる追加の税負担が発生している（KOTRA 2010b:17）。

養老、失業、医療、公傷、生育など五大保険が適用される社会保険システムの整備も、外資系企業にとって負担となっている。二〇一一年七月から保険加入が義務付けられ、同年一〇月には中国内の海外駐在員や労働者も保険加入対象に含まれることになったため、福祉費用負担が増大したからである。一方、現在一八歳から二五歳の若手農民工（農村出身の出稼ぎ労働者）は教育水準が高く、生産職よりサービス職を好むため、人材の確保がむずかしくなりつつある。しかも、人材が確保できたとしても、二〇一五年までに最低賃金を年平均一三%まで引き上げるとする政府発表が出ており、外資系企業の経営環境は悪化する一方である。

関連調査研究に掲載された韓国企業へのインタビューによると、進出当時は中国政府からの支援が多かったという。消防、環境、労働などに関する規制が少ない上に、免税措置や輸出入における優遇が与えられ、数回にわたって会社を拡大する過程でも多くの支援を受けたというのである。このように、中国政府は過去には外資系企業に対してきわめて協力的だったのが、現在は状況が変わり、一部の品目を除き、免税優遇を受けることができなくなっている。また、新労働法の発効による規制や輸出入規制など、すべての項目において規制が強化され、多くの企業が苦労している（京畿道経済団体連合会 2008:106）。

某照明機器メーカーの駐在員はインタビューで、以下のように述べている。

最近、中国政府から、昨年分の財産税を支払えとの通知がありました。昨年分をなぜ今年徴収するのか、課税に関する明確な基準もないようです。それだけでなく、都市建設税が六〇万元も課されましたし、最近は総人件費の二％ほどに当たる労働組合費も支払わされているなど、過去に外資系企業として受けてきた優遇が撤廃され、徐々に税負担となっているのが実情です。（京畿中小企業総合支援センター 2013）

この企業は、課税基準が断続的かつ非公式に変わるため、状況の変化に即座に対応することがむずかしいと言っている。また、労働組合を設立するなど、中国において労働者の権益保護活動が増えている中で、中小企業は、かつて存在していた各種優遇制度の縮小を体感している。

このように、投資誘致を目的に外国企業に与えられていたさまざまな税制上の優遇措置が縮小・廃止される一方で、各種規制は強化され、中国に進出した韓国中小企業の経営環境は日々悪化している。

（2）　労務政策による経営環境の変化

二〇〇八年、中国では労働契約法、就職促進法、労働争議調整仲裁法などを含む、いわゆる新労働法制が制定された。労働契約法と就職促進法は二〇〇八年一月一日から、労働争議調整仲裁法は同年五月一日からの施行となった。

労働契約法は、処罰規定と解雇要件を強化し、退職金の支給を義務づけるなど、長期雇用契約へと誘導する内容で構成されている。また、法律の執行を強化するために、労働行政部署の法的責任を規定している。労働行政主管部署が法的責任を負うものと規定され、担当行政要員も責任を避けることができない内容となっている（喬 2008：Ng 2007）。行政処分ばかりか、民事・刑事上の責任をも負うように制度が設計されたため、この労働契約法の執行は現地経営に影響があると予想される。

労働契約法の施行が予告されると、中国の国内企業からも法律の施行に対して不満が表出され、一部の企業では「上部の政策に反する対応策が作られた（上有政策、下有対策）」。たとえば、二〇〇七年、中国最大の通信設備メーカーである深圳華為技術公司や、山西省の国営企業である西山煤電公司などは、一〇年以上勤めている長期勤続者による人事負担を減らすために人員削減を敢行した。マスコミに取り上げられたこれらの事例以外にも、中国企業の多くが管理上の不便を解決するため、さまざまな便法を講じている（雲南省所在の韓国企業へのインタビュー、二〇一四年一一月実施）。

しかし、労働契約法の施行は、中国の自国企業より外国企業にはるかに大きな衝撃を与えることとなった（本書第1章参照）。労働契約の長期化、労働者の解雇要件の強化、経済補償金の適用拡大などは、人件費の大幅な上昇へとつながり、外国企業にとって大きな負担となった。KOTRA（大韓貿易投資振興公社）のアンケート調査によると、回答者の四三％は、中国で労働契約法が実施されたことで、人件費が二〇～三〇％上昇するだろうと回答している（KOTRA 2007）。

こういった人件費の負担は、製造業に大きな打撃を与えつつあるようで、これは次のインタビューに

もよく表れている。半導体関連メーカーのA社（中国J省所在）によれば、

会社の競争力は原価競争によって左右されます。特に当社の主要な原材料である純金やチップなどは、どの地域に行ってもほぼ同じ価格で調達可能なので、会社の利益は結局人件費の差で決まります。しかし、現在この地域の最低賃金は一五四〇元と、中国で六位ぐらいの高いレベルであり、これに住宅補助金や五大保険を合わせると三〇〇〇元まで上がり、過去に比べて大幅に上昇しています。特に五大保険への加入が義務づけられるなど労働関係法が強化された結果、その費用だけで賃金の四〇%近くを占めるほど人件費が膨れ上がり、会社の競争力が大きく低下している状態です。

（京織中小企業総合支援センター 2013）

インタビューの内容から見て、この企業が人件費における競争力を確保するために中国への進出を選択していたことが推測できる。

一方、ハーネス・ケーブル・メーカーであるB社（中国G省所在）によれば、

一九九七年当時の基本給は二五〇元でしたが、現在では一一三〇元まで上がりましたし、近所に韓国の大企業が進出したことによって福祉水準が高くなり、中小企業の労働者たちも大企業レベルの福祉を要求している状況です。また、春節（中国の旧正月）になると、いつも一ヶ月前から労働

者が多く抜けるので、その空白による生産損失を解決するために、正規職より高い賃金を支払ってでも非正規職を活用しているのが現状です。（京畿中小企業総合支援センター 2013）

中小企業は、基本給の上昇だけでなく、中国に進出した韓国の大企業とも競わなければならず、資本運用の柔軟性や資本力に劣る中小企業は不利な状況に置かれている。

労務管理における困難は、次のインタビュー資料でも確認される。中国でフレキシブル・フラット・ケーブルを製造している韓国企業C社によれば、

韓国では一人で二台から三台の機械を管理できますが、中国では逆に、機械一台あたり二人から三人が必要です。従業員の無断欠勤で設備が稼動しなくなる場合があるからです。ところが中国の労働法が変わってからというもの、労働者たちの態度が変わり、怠業などの行動が頻繁に起こるようになりました。労働者を不当解雇したら、失業給付の他にも追加費用がかかってくるからです。（京畿中小企業総合支援センター 2013）

この企業も、韓国に比べて安価な人件費を求めて中国に進出したのであろう。ところがこの企業は、「中国の労働者は自分たちの権益保護は重視するが、実質的な勤務態度や技術水準などは期待したほどではない」と不満を吐露している。

実際、韓国企業の対中投資の動機は、「国内市場攻略」（三四・〇％）の次が「安価な労働力の活用」（二〇・九％）である。ところが、このような動機をもって進出した企業の間で、投資進出当時と比べ経営環境がどう変化したかをめぐって、異なる反応が出ている。サービス業では五六・八％が「改善」または「非常に改善」と評価したのに対し、製造業では「悪化」または「非常に悪化」という評価が相対的に高くなっているのである（Lee 2009）。これは、二〇〇七年以来続いている人件費を含むコストの上昇、加工貿易禁止品目の拡大、労働関係法の強化など、中国国内の変化と、二〇〇八年下半期以降の世界金融危機による輸出市場の萎縮要因などが相まって、製造業の経営環境が悪化したのに対し、内需中心であるサービス業では、そこまで状況が悪くなったと感じられていないことを示唆している。

実際、中国でうまく経営している企業も、外資系企業としての限界を感じている。いつかは中国の現地企業に追い抜かれるという認識が広まっているのである。これらの企業は、近年、中国政府が推進している労働関係法の強化や環境規制の強化などの政策が、外資系企業には原則どおり適用されるのに対し、現地企業に対してはその執行が緩いと認識している。また、中国政府による支援も、外資系企業を完全に排除して行われているなど、深刻な差別を受けていると認識している。（青島市所在のD社へのインタビュー資料）

（3）技術開発リスク

中国で活動する韓国企業にとって、市場での競争優位を確保するための持続的な技術開発は必要不可欠である。中国が急成長するにつれ、外資系企業と現地企業の間の競争が激化している状況にあって、中国政府の自国企業に対する各種支援と外資系企業の人材管理における限界などが相まって、外資系企業の立場が不利になっている。こうした問題を克服するため、韓国企業は持続的な技術開発に努めなければならなくなっている。

ところが、中国現地でのR&D事業推進や技術開発、先端技術の導入には相当なリスクをともなうため、韓国企業は二重に苦しんでいる。たとえば、中国現地で新しい技術を開発する際には、その過程で情報が流出する可能性が高い。青島市にあるE社によると、

韓国から新しい技術を導入して使用したのですが、該当部品の消耗率が特別な理由もなく急増したことがあります。原因を調べたところ、中国人従業員が、その部品を近隣の競合他社に流出させていたことが明らかになりました。（青島市所在のE社へのインタビュー資料）

技術流出だけでなく、中国に進出した韓国の中小企業に内在する限界を考慮すると、中小企業が独自にR&Dを推進することはほとんど不可能である。技術開発を円滑に行うには政府の支援や産学研連携の強化などが必要だが、中国ではこれらを期待することができない。そのため多くの韓国企業は韓国に

Uターンし、本国でR&D事業を推進したり、先端技術を導入したりすることを希望している。韓国へのUターンを希望するのには、先に言及した中国人従業員への不信や設備メンテナンスにおける困難以外の理由もある。G省所在のフレキシブル・フラット・ケーブルメーカF社は、インタビューで次のように語ってくれた。

当社工場の従業員たちと近所の工場の従業員たちが旧知の仲であるだけに、新製品の生産時に周りの工場に新製品を流出させる事例が頻繁に発生します。これを摘発しようと努めてはいるものの、容易ではなく、技術の流出が止められない状況です。また、現地での設備メンテナンスも困難です。現地の設備を購入するとアフター・サービス期間の不履行などでサービスを受けにくいため、韓国など外国企業の設備を購入するのですが、この販売会社が現地での経営が悪化してアフター・サービス支店を撤収してしまうと、結局ここでもサービスを受けづらくなります。（京織中小企業総合支援センター 2013）

以上、総合すると、中小企業は、大企業とは違って安価な賃金構造を理由に中国進出を選択していた。特に、中国現地人従業員の数が多い企業ほど、賃金構造が主要な進出動機となっていた。しかし、フタを開けてみると、賃金構造の他にも、制度環境の変化、中国政府が提供していた有形無形の各種優遇の縮小、中国における非経済的なリスクなどが、少なからぬ影響を及ぼしていることが確認できた。

これらの影響については、中国進出後の現地経営における障害要因として「賃金構造」が三七・八%と最も高く、その次が「中国政府の各種優遇政策の縮小・廃止」(二七・〇%)と示された調査結果からも確認される。この調査では、賃金構造と優遇縮小の他にも、「為替レートの急騰」、「現地における各種規制」、「就職口不足」、「協力会社の品質不安定や原・副材料の品質低下」、「技術流出の懸念」などが経営の障害要因として挙げられていた(京畿道経済団体連合会 2008: 67–70)。これらの結果は、現地での経営において賃金構造ばかりか、非経済的要因も現地経営の障害になっていることを示している。

3　撤退企業の増加と韓国政府の対策

台湾政府は一九九〇年代、台湾企業の対中投資ブームにブレーキをかけ、対東南アジア投資を誘導するため、「南進政策(南向政策)」を推進した。また最近では、台湾企業を自国へUターンさせるため、さまざまな政策を施行している。これに比べて韓国では、対中投資を奨励したり制限したりする、政策レベルの努力はさほど多くなかった。政府関連機関や省庁、KOTRAなどが中国現地における投資誘致情報を提供することはあっても、政府による積極的な政策施行はさほど行われてこなかったのである。

ところが最近になって、韓国企業の無断撤退が増え、韓中間の外交問題へと発展しかねない状況となり、韓国政府も対策を講じつつある。

表 4-1　韓国企業の中の無断撤退企業数（青島市）

年	2000	2001	2002	2003	2004	2005	2006	2007	合計
新規投資企業（社）	560	663	1,010	1,356	1,543	1,691	801	609	8,233
無断撤退企業（社）				21	25	30	43	87	206

出典）KIEP 北京事務所（2008）.

表 4-2　無断撤退企業の業種別分布（青島市，2003-07 年）

	工芸品	衣類・玩具	皮革	箱	靴	紡織	その他	合計
無断撤退企業（社）	63	33	28	14	13	6	49	206
割合（%）	30.6	16.0	13.6	6.8	6.3	2.9	23.8	100

出典）KIEP 北京事務所（2008）.

表 4-3　無断撤退企業の規模別現況（山東省青島地域，2003-07 年）

従業員数（人）	1～50	51～100	101～300	301～500	501～1,000	1,000 超	合計
無断撤退（件）	114	29	47	8	7	1	206
割合（%）	55.3	14.1	22.8	3.9	3.4	0.5	100

出典）韓国輸出入銀行（2009）.

無断撤退

KIEP（対外経済政策研究院）の北京事務所（2008）と韓国輸出入銀行（2009）が発表した資料によると、韓国企業の無断撤退が発生しはじめたのは、二〇〇三年のことで、二〇〇三年から二〇〇七年の間、山東省青島地域所在の韓国企業の無断撤退が急速に増加した。無断撤退企業のうち、工芸品企業が三〇・六％を占め、衣料品・玩具メーカーが一六％、皮革会社が一三・六％を占めた。企業規模別では、従業員数五〇人未満の中小企業が圧倒的に多かった（表4-1、表4-2、表4-3参照）。

韓国の労働集約的中小企業が多く進出している青島地域で、二〇〇三年から二〇〇七年までで、合計二〇六社の韓国企業が無断撤退しており、この数値は二〇〇八年以降も減っていないとする調査結果もある（Jang 2009）。中小輸出企業が集中的に進出していた瀋陽市蘇家屯地域でも、五〇％以上の企業が解散か、他地域への移転を選択したという（在瀋陽韓国人会関係者へのインタビュー、二〇一〇年七月実施）。

このように韓国企業の無断撤退が拡大するのを受けて、現地はもちろん、韓国でも政府レベルの対応が求められるようになり、韓国政府も関連機関と協力し、撤退問題への対策を講じつつある。

二〇〇七年一月、韓国の産業資源部、外交通商部、労働部、中小企業振興公団、貿易協会の代表者が参加し、「中国内韓国企業の違法撤退に関する被害状況調査チーム」を発足させた。同年二月には、KOTRA青島貿易館と韓国中小企業センターが参加し、中国で初めて韓国企業清算協力チームも発足した（KIEP北京事務所 2008）。在中国大韓民国大使館に企業相談センターが設置され、撤退の危機にある企業に対する運営支援が行われることとなった（在青島大韓民国総領事館ホームページ http://chn-qingdao.mofa.go.kr/korean/as/chn-qingdao/polcy/business/index.jsp）。

中国側も政府レベルで撤退企業に対する対策を講じてきた。二〇〇七年四月、青島市の政府政策研究室では、韓国企業の撤退に対する対応策として、韓国企業無断撤退調査チームが発足したが、このチームは、韓国企業の撤退スピードを調節することによって、中国経済への悪影響を最小化させることを目的としている（KIEP北京事務所 2008）。

Uターン企業支援策

Uターン支援策は、韓国ばかりか、日本や台湾、アメリカなどでも施行されてきている。アメリカでは、海外に進出していた自国企業が本国に復帰する現象はreshoringと呼ばれ、韓国や日本ではUターンと呼ばれている。

韓国政府は、海外投資に出ていた企業の国内復帰を奨励・支援すべく、「海外進出企業の国内復帰支援に関する法律」(略称、「Uターン企業支援法」)を制定し、二〇一三年一二月七日から施行している。Uターン企業に対する各種補助金支援、産業用地の確保支援、研究開発支援などの内容からなる、この法律の施行によって、政府と自治体によるUターン支援が本格化することとなった。

政府はこの法律に基づき、従来の租税減免や補助金支援制度の補完・強化、人材・R&D・立地支援の強化、共同R&Dセンターの設立や産学研ネットワーク構築などR&D支援システムの構築、Uターン企業の国内需要確保、進出先の事業所の清算支援体系構築など、Uターン企業が安定的に国内に定着できるよう、さまざまな支援を行っている。支援の主な特徴として、Uターン企業の新しい入居場所を地域別特化産業と連携して決めるよう奨励することや、Uターン企業専用団地やセマングム・群山経済自由区域(FEZ)への集団的誘致を奨励することなどを挙げることができる(Lim and Yeo 2013: 88)。

政府レベルの支援法制定や奨励策の他に、京畿道、全羅北道などの地方自治体でも国内企業のUターン奨励策が行われている。特に京畿中小企業総合支援センターは、二〇一三年に発刊した「中国進出企業の京畿道へのUターン需要分析と示唆点」で、中国からUターンしようとする企業のうち半数以上が

表4-4　韓国の中小企業に見る対応戦略

		中小企業の対応戦略	
		中国国内での移動	中国国外への移動
政治的リスク	潜在的に高い	中国内陸への移転	Kターン（開城工業地区への進出） Pターン（第三国への進出）
	潜在的に低い	中国国内市場への進出	Uターン（韓国への帰国）

出典）筆者作成.

京畿道への復帰を選んでいるとし、これに関連する支援を拡大する予定となっている（京畿中小企業総合支援センター 2013）。

一方、青島市に進出していたジュエリー分野のUターン企業の多くが、全羅北道益山《イクサン》市にある益山第三一般産業団地内のジュエリー専用団地に移転している。益山市はこれらの企業を対象に、敷地買入費の四〇%と設備投資費の一〇%を支援するほか、R&Dセンターの設立やそれぞれの企業に適した人材育成の支援を行っている（Jung 2012.11.28）。

4　中国に投資する中小企業の適応戦略

外資系企業は、変化する中国のビジネス環境に適応するために、どのような選択をしているのか。この問いに答えるため、本章では、中国に進出した韓国の中小企業の選択を類型化した。その選択は、（1）中国内陸への移転、（2）中国国内市場への進出、（3）韓国への帰国（Uターン）、（4）第三国への進出（Pターン）、（5）北朝鮮、すなわち開城工業地区への進出（Kターン）の五つのタイプに分けられる。

表4-4は、韓国中小企業の対応戦略（国内/国外への移動）と政治的リスク（潜在的に高い/低い）とをクロスさせたものである。

タイプ1　内陸への移転

直接投資の環境変化は、中国にある外国企業を内陸地域へと移動させる原動力の一つとなっている。ハイアール、美的、TCL、ユニリーバ、富士康、インテルなどの企業は、かつては東部の沿岸地域に位置していたが、現在は内陸へと移転している。

多くの企業は中国内陸を潜在的な市場と見なし、次のような戦略を駆使している。

第一に、生産ラインを中国内陸に移動させる戦略である。この背景には、東部沿岸地域における生産コストの上昇がある。

韓国企業をはじめとする中国内の外国企業は、生産コストを削減するために、生産拠点を内陸へと移転する戦略をとっている。たとえば、アメリカの『フォーチュン』誌が選定する世界五〇〇大企業にランクされたユニリーバは、生産拠点を内陸地域に移転した第一世代企業の一つである。このような選択をしたのは、土地を容易に確保でき、東部地域のような電力損失を最小限に抑えられるからであった。他方、韓国のサムスン電子は、最近西安市に工場を新築しており、韓国のタイヤ会社も重慶市に生産拠点を設立した。このような生産拠点の内陸移転は、大企業だけでなく中小企業でも行われている。具体的な数値は公表されていないが、青島市にあった韓国中小企業の多くが内陸に移転したといわれている。上海市、深圳市、天津市、烟台市、大連市、青島市などの東部沿岸地域にあった企業が内陸に移転することは、もはや不可逆的な傾向となっている。

第二に、一部の企業はデュアル・システム戦略を実施している。ここでいうデュアル・システムとは、

図4-1　中国の国内市場への進出戦略推進計画（N=503）

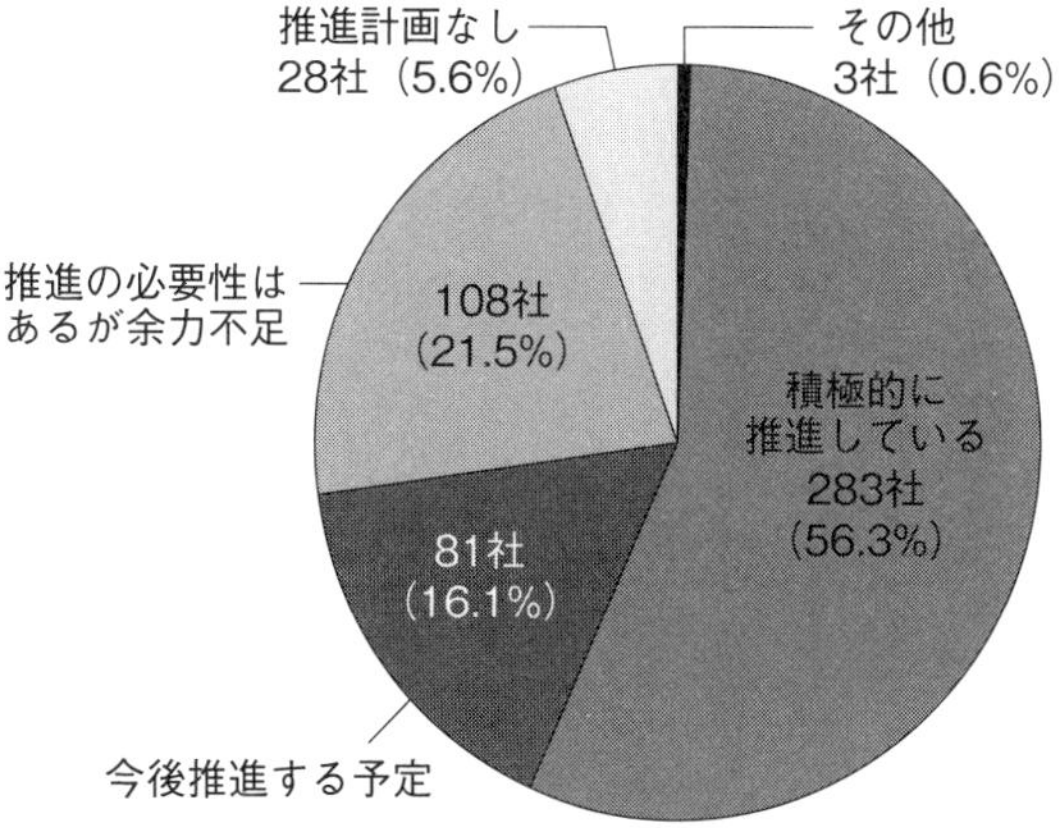

出典）KOTRA（2010a: 37）.

生産拠点を中国内陸に移転し、東部地域にR&Dセンターなどを維持する形態を指す。インテルがまさしくその例で、成都市に生産ラインを立て、上海にR&Dセンターを設立する形をとっている。

以上見てきたように、中部と西部地域は東部地域に比べて、生産コストの削減、労働力の容易な供給、今後の消費市場としての可能性などで比較優位をもっている。この利点を利用するために、多くの企業が生産拠点を内陸に移転している。そればかりか、沿海地域にR&Dセンターなどを設立し内陸にも進出する、いわゆるデュアル・システムを実施する企業も少なからず出現している。

タイプ2　国内市場への進出

中国はこれまで「世界の工場」と見なされてきたが、今はその国内市場が重要な進出動機として浮上している。KOTRAが作成した「二〇一〇海外進出企業の実態調査報告書」（KOTRA 2010a）によれば、中国国内市場への

図4-2　韓国企業による中国沿海地域への進出理由（N＝98）

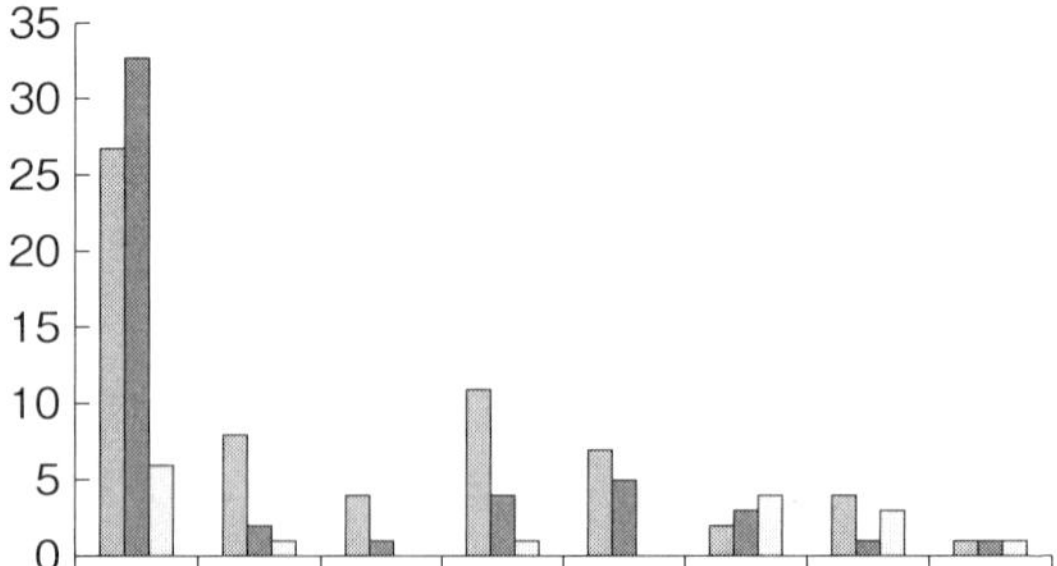

	国内市場への進出	第三国への輸出	技術研究開発	原材料購入が容易	外国顧客からの要請	他企業との連帯強化	安価な労働力	その他
東部（製造業）	27	8	4	11	7	2	4	1
東部（非製造業）	33	2	1	4	5	3	1	1
東部（両方*）	6	1	0	1	0	4	3	1

注：＊「両方」とは、製造業と非製造業の双方をカバーする企業を指す（以下同様）.
出典）KOTRA（2013）.

進出戦略推進計画について、「積極的に推進している」か「今後推進する予定」と答えた企業は、合わせて七二・四％となった。また「推進の必要性はあるが余力不足」という回答が二一・五％を占めていることを考えると、ほとんどの投資企業が国内市場へ進出する必要があると判断していることがわかる（図4-1参照）。

一方、国内市場への進出時の問題点としては、「競争の激化」（三五・四％）、「専門人材の不足」（二七・九％）、「情報不足」（一六・四％）などが挙げられている（KOTRA 2010a: 37）。これらを総合すると、中国の国内市場への進出は必要だと思われていながら、実際に成功させるのは非常にむずかしいという結論になる。

二〇一三年に実施されたKOTRAによるアンケート調査[2]によると、中国進出の理由の中で最も大きな割合を占めたのは、中国国内市場への進出

図4-3　韓国企業による中国中部地域への進出理由（N=30）

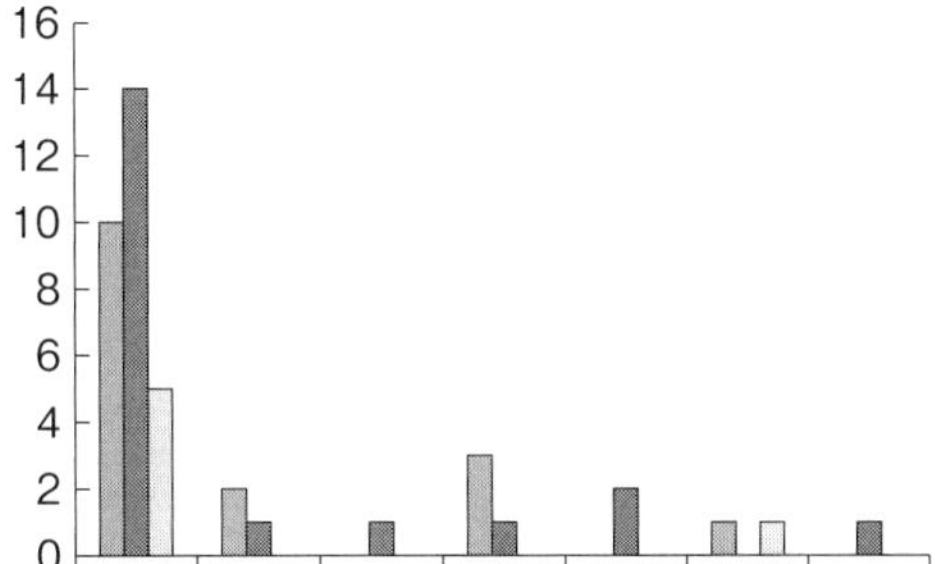

	国内市場への進出	第三国への輸出	技術研究開発	原材料購入が容易	外国顧客からの要請	他企業との連帯強化	安価な労働力
中部（製造業）	10	2	0	3	0	1	0
中部（非製造業）	14	1	1	1	2	0	1
中部（両方）	5	0	0	0	0	1	0

出典）KOTRA（2013）.

で、東部地域だけでなく中部と西部でも、国内市場への進出が中国進出の主要目的として挙げられていた（図4-2、図4-3、図4-4参照）。一方、製造業と非製造業の違いは明確でなかった。

中国に投資する韓国企業が国内市場へ関心を向けていることは、ヤン・ピョンソプの研究でも確認されている（Yang 2004）。ヤンの研究によると、中国国内の市場規模が拡大し、開放が加速化するにつれ、韓国企業は内需向けの販売部署や法人を置くようになっている。生産法人の中に販売法人を設立したり、主要都市に生産法人関連のオフィスを置くなどの措置をしているのである。また生産を担当する子会社を置くケースもある。CJグループの第一製糖社は、生産を担当する生産法人と販売を担当する販売法人を分けて運営する、デュアル・システムを採択している（Yang 2004）。

また、斗山グループのインフラコア社も、最初の

図4-4　韓国企業による中国西部地域への進出理由（N=19）

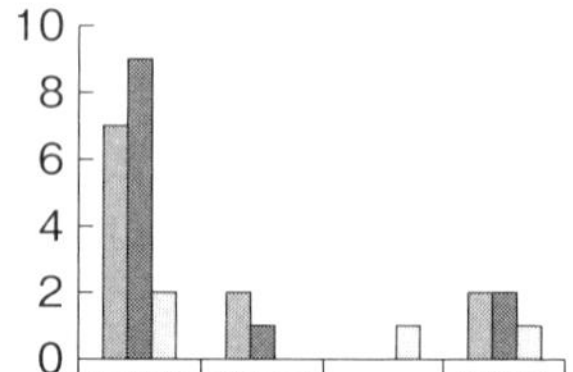

	国内市場への進出	第三国への輸出	技術研究開発	原材料購入が容易
西部（製造業）	7	2	0	2
西部（非製造業）	9	1	0	2
西部（両方）	2	0	1	1

出典）KOTRA（2013）.

うちは中国の安価な労働力を活用するために山東省煙台市に投資していたが、今は国内市場の方により重点を置いている（Yang et al. 2013: 369–371）。ＬＳ電線が紅旗電纜を合併・買収し、二〇一〇年に武漢市にＲ＆Ｄセンターを立てたのも、中国の国内市場への関心が高まっていることを表す好例である。

タイプ3　Uターン

京畿中小企業総合支援センターが発表した二〇一三年の資料によると、韓国企業がUターンを選択する理由は、第一に、中国の労務環境の変化による人件費の上昇、第二に、経営環境の変化、第三に、中国の各種規制強化による税負担の増加、第四に、中国内の不信や設備メンテナンスの困難などである（京畿中小企業総合支援センター 2013）。

ＫＯＴＲＡが行ったアンケート調査の結果も、これとあまり変わらない。Uターンの主な原因として、全回答者の五三・三％が国内ビジネスの環境悪化を挙げた。また、中国での優秀な労働力確保の困難を挙げた回答者が一六・二％、市場パフォーマンスの悪化を挙げた回答者が全体の約一一・六％を占めた（Lee 2013）。

図4-5　韓国の海外進出企業に見られる国内Uターンの現況

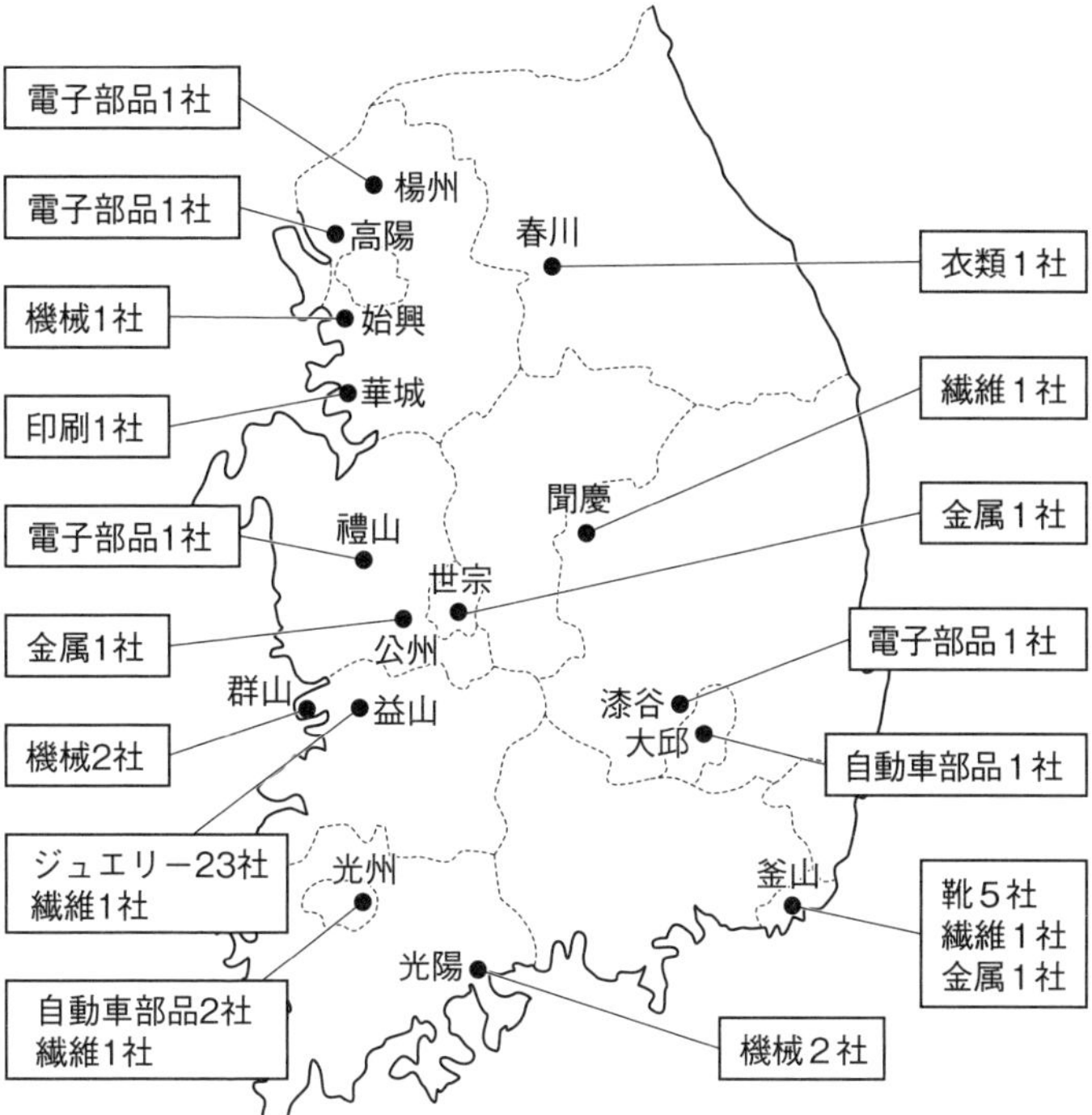

出典）産業通商資源部.

Uターンとは海外に進出していた企業が本国へ帰って来る復帰投資形態で（図4-5参照）、国内事業所と海外事業所の有無や復帰形態によって、完全復帰と部分縮小とに区分される。完全復帰とは、中国にあった事業所を完全に撤退させ、韓国にだけ事業所と工場を維持する形態であり、部分縮小とは、海外事業所の一部をそのまま残しておく形態である。

KORTAによるアンケート調査によると、韓国企業が中国からUターンする際に好む地域は、京畿道（四七・七％）、非首都圏（三六・四％）、仁川（一〇・二％）、ソウル（五・七％）となっていた（Lee 2013）。

中国に投資する韓国企業は、投資進出の段階から韓国と中国に分散投資するトランス・ナショナルな選択をしてきた。二〇一〇年にＫＯＴＲＡが行った海外進出企業の実態調査によると、韓国内に工場を維持（または拡大）しながら中国に投資している企業の割合は全体の六八・六％と多数を占めた（KOTRA 2010a:18–19）。これは、中国に投資する韓国企業が、母国との経済的連携をもちながら中国に投資する、いわゆるトランスナショナリズムを実践していることを意味する。

また、Ｕターン企業の類型からも、このようなトランスナショナリズムを確認することができる。中国に進出した韓国投資企業のＵターン類型のうち、中国現地法人の縮小が三一・八％、閉鎖が二九・五％、譲渡が二五・〇％、維持が一〇・二％となっている。現地法人の「縮小」と「維持」を合わせると、四二・〇％の企業が、韓国にＵターンするとしても中国に最小限の事業所を維持する意志を表明した、と解釈することができる。

このような選択をしているのは、中国市場の潜在力を高く評価しているためであると推定される。中国の経済規模が世界第二位になり、近い将来、アメリカを追い抜くといった展望が台頭している中、たとえ中国のビジネス環境が悪化しても、世界最大市場の一つである中国市場との連携を維持しようとする韓国投資企業の意志は強いようである（京畿開発研究院 2013）。

タイプ4　Pターン

Pターンとは、第三国へと移動する形態をいう。ベトナム、インドネシア、ミャンマーなど東南アジア諸国が、韓国企業の新たな投資先として浮上している。韓国企業が中国を離れ、東南アジアへの移動を選択するのは、上述の他の類型同様に「経営環境の悪化」によるところが大きい。韓国企業が主に投資してきた中国では最低賃金が急上昇し、韓国企業には耐えられない水準にまで達している。これに対し、ベトナム、ミャンマー、インドネシアなどは安価な労働力を保有しており、既存の生産拠点とも隣接しているため、新たな生産拠点となりつつあるのである（The Federation of Korean Industries 2014）。「中国のビジネス環境が悪化したら、どのような選択を行うか」といった質問に対し、「現状維持」と答えた企業が三九・九％と最も多く、「第三国への移転を検討」が三〇・六％、「本国へのUターンを検討」が一七・五％といった結果が出ているが（京畿道経済団体連合会 2008: 76）、このように、本国への復帰よりも第三国への移転が好まれているようである。

前述のように、Pターンを選択する製造企業の多くは、安価な労働力を保有している東南アジア諸国に移転している。他国に移転する場合もあるが、マスコミに取り上げられている事例では、ベトナムに移転するケースが最も多かった。ファッション業界に従事しているG社は、約七〇〇〇万ドルの資金をもって青島市からベトナムのホーチミン市に移転した。一方、合金亜鉛、合金鍍金、銅管、銅線などを製造するH社は、一三万ドルを投資して一部の施設を青島市からベトナム南部に移転しており、中国に残っている工場と設備を、徐々にベトナムに移転する計画を立てている（Kim 2014）。この企業は、ベトナム国内でも現在の位置からゲアン省へと、もう一度移転することを検討している。元の移転先の最低賃金が一人当たり四万ドンから一〇〇万ドンへと急上昇したから、というのがその理由である（Lim 2014）。このように、中国に投資していた韓国企業は、安価な人件費を求めて、移転し続けている。

電気電子業界の大企業や中小企業の中には、「同伴成長」という戦略の下でPターンを選択するところもある。サムスン電子は、二〇〇九年に、ベトナム北部のバクニン省に携帯電話を生産する工場を設立した（Kim 2014）。一方、LG電子は、三億ドルを投資し、フンイエン省とハイフォン市にあった家電製品、テレビ、モニター生産工場を二〇二〇年までにハイフォン市の別の土地に移転する計画を立てている（Jung 2014）。このサムスンとLGの移転に従って、協力会社である通信機器・電気モーターメーカーのI社も、中国の生産拠点を縮小し、ベトナムへの投資を拡大する予定となっている。I社はすでに中国の天津からベトナム北部のヴィンフック省に移転している。

Uターン企業同様、Pターン企業も、中国から完全撤退するのではなく、中国に会社の一部を残したまま第三国にも投資する、トランスナショナルな選択をしている。

二〇〇六年九月に青島へ進出したJ社の場合、中国への総投資額は三六億ドルで、現在四〇〇人の従業員が勤務している。ところが本社は香港にあり、タイでも工場を運営している。韓国には派遣社員だけを置いているが、今後、韓国にも支社を設立する計画であるという（青島所在J社へのインタビュー資料）。これは、中国に投資した後、現地の経営環境の変化に応じてタイなど第三国にも進出する、トランスナショナルな運営の代表的な例である。

青島にあるK社も、J社と同様に工場の一部を中国からタイに移した。非メモリー半導体の後工程事業体であるこの企業は、本社を韓国の亀尾《クミ》市に置き、人件費削減を目的として一九九六年に中国へ進出した。しかし、近年中国の人件費が上昇したことで赤字が続き、生産量も急減したため、工場の一部を整理してタイに移転したという（青島所在K社へのインタビュー資料）。

タイプ5　開城《ケソン》工業地区への移転

中国に進出した韓国企業の大半が中国国内市場への進出や他の地域への移転（中国内陸への移転、Uターン、東南アジアへの移転など）を選択する中で、北朝鮮の開城工業地区に移転する企業もある。開城工業地区は二〇〇二年に設立された特別行政産業地区で、二〇〇三年に着工され、二〇〇四年に業務を開始した。これは、韓国と北朝鮮との間の象徴的な経済協力の一つである（Kwon 2013）。中国進出の経験をもつ韓国企業が開城工業地区を選択する理由には、安価な人件費、韓国政府による支援策、便利なコミュニケーション、朝鮮民族同士といった民族感情など、多くの要因が含まれている。

開城工業地区に入居しているL社は、従業員一四〇〇人規模のファッション・アクセサリー・メーカーである。この会社の社長は、新しい生産ラインを設立するのに、他国よりは、共通点をもっている北朝鮮の方が容易だろうと判断し、開城工業地区への移転を決めたという（Kim, Lee and Park 2014）。開城工業地区という選択肢に、朝鮮民族同士という共通点が大きく作用していることがうかがえる。

二〇〇四年に開城工業地区への入居が開始され、表4-5にあるように、入居企業数は二〇〇五年の

表4-5　開城工業地区の入居企業数および生産額

	2005	2006	2007	2008	2009	2010	2011	2012	2013	2014.12
入居企業数（社）	18	30	65	93	117	121	123	123	123	125
生産額（万ドル）	1,491	7,373	18,478	25,142	25,648	32,332	40,185	46,950	22,378	46,997

出典）統一部ホームページの統計資料
（http://www.unikorea.go.kr/content.do?cmsid=1515）より作成.

一八社から二〇一三年には全二九六社（入居企業一二三社、未着工企業七四社、工事中断企業一三社、営業所八六ヶ所）へと増加している（統一部 2014: 71）。

一方、開城工業地区に入居している企業や、今後入居予定である企業の中には、過去中国に進出した経験をもっている企業も少なくない。開城工業地区企業協議会が提供した資料によると、開城工業地区に入居中もしくは入居予定の企業二一七社のうち、一七・五％に当たる三八社が中国に投資進出した経験をもっていた（表4-6参照）。革、カバン、靴、電気、電子など一部の業種では、中国進出経験のある企業が四〇％強あったが、これは、中国の経営環境が悪化した結果、多くの企業が開城工業地区に移転したことを意味している。

他方、開城工業地区に入居している企業の中には、第三国への投資を並行して行っている企業も数多く存在する。たとえば、衣料メーカーのM社は、開城工業地区に続きベトナム、カンボジア、インドネシアにも現地工場を設立しており、アメリカ市場を開拓するためグアテマラでも工場を稼動している（開城工業地区所在のM社ホームページ）。

中国から開城工業地区へと工場を移転した企業の多くは、中国から完全には撤退していない。ほとんどの企業が、中国の工場を縮小しつつも一部を残したまま、開城工業地区への分散投資を行っている。一九八七年に設立された靴下専門メー

表4-6　開城工業地区入居企業に占める中国進出経験企業の割合

業種	中国進出経験のある企業数(%)	中国進出経験のない企業数(%)	合計（%）
繊維，縫製，衣服	15（26.3）	42　（73.7）	57（100.0）
革，カバン，靴	6（40.0）	9　（60.0）	15（100.0）
飲食類，その他製造業	3（11.1）	24　（88.9）	27（100.0）
電気，電子	7（41.2）	10　（58.8）	17（100.0）
機械，金属	3　（9.7）	28　（90.3）	31（100.0）
化学，ゴム，プラスチック	3（30.0）	7　（70.0）	10（100.0）
協同化工場	1　（1.8）	56　（98.2）	57（100.0）
商業	0　（0.0）	3（100.0）	3（100.0）
合計	38（17.5）	179　（82.5）	217（100.0）

出典）KITA 南北経済協力資料をもとに筆者作成．

カーのN社は、二〇〇四年には中国青島市に、二〇〇七年には開城工業地区に生産工場を設立し、現在、国内、青島、開城など三つの地域に生産拠点を設けている（開城工業地区所在のN社ホームページ）。中国への投資を存続しながら開城への投資を開始・拡大するこれらの企業も、やはりトランスナショナルな選択をしているのである。

5　おわりに

本章では、中国に進出した韓国の中小企業が、中国の政策基調と経営環境の変化に対応し、どのような戦略的選択を行っているかを分析してきた。その選択は、中国に残留するタイプと中国から離れて他の場所に移転するタイプに大別され、前者の例としては、内陸への移転と国内市場への進出があり、後者の例としては、韓国に復帰するUターン、東南アジア諸国など第三国に移動するPターン、開城工業地区に移転するKターンがある。

以下、五つのタイプについて要約しよう。


タイプ1は、中国内陸へ移転するケースである。これを選択する理由は、生産費の削減、安価な労働力、新たな生産拠点の確保、その地域が今後消費市場として発展する可能性などである。

タイプ2は、中国の国内市場への進出である。中国が消費市場として新たに台頭してきたことなどから、このような選択が行われるようになった。

タイプ3は、韓国へのUターンである。投資進出のスタート段階から韓国と中国両方に分散投資を行うトランスナショナルな選択をしていた企業の中には、Uターンをしながらも中国の事業所や支社を閉鎖せず、縮小・維持するケースも多かった。これらの企業は、母国との経済的連携のもとで海外投資を行う、一種のトランスナショナリズムを実践している。

タイプ4は、東南アジアなど第三国に移転するPターンである。Uターン企業同様、Pターン企業の多くも、中国からの完全撤退ではなく、会社の一部を中国に残したまま第三国にも投資する、トランスナショナルな選択をしている。

最後にタイプ5は、開城工業地区に移転するKターンである。このケースの企業も、開城が韓国と北朝鮮の政治経済的状況の変化から影響を受けやすいことを考慮しつつ、中国市場とのつながりを維持すべく、トランスナショナルな経済的選択をしている。

以上、中国における韓国企業の選択は、経済的なトランスナショナリズムの実践であることが確認できた。実際、対中投資を行った韓国企業は、中国の政治的・制度的リスクや経営環境の変化に対応すべく、中国やその他の地域に投資を分散していた。中国と第三国、中国と韓国といった分散投資を行っており、中国の中でも東部沿岸と内陸、輸出と内需への投資を並行させる戦略をとっていたのである。中国における韓国企業のさらなるトランスナショナルな活動については、今後の研究課題としたい。

注

＊　本章執筆にあたり、直接引用した文献やウェブサイト情報、新聞記事などのほかに、韓国輸出入銀行や韓国貿易協会南北経済協力情報センター、韓国輸出入銀行、統一部などのホームページを参照した。

(1)　二〇一五年に「外商投資産業指導目録」がもう一度改正されたが、本章ではそれ以前の変化を中心に議論を展開している。

(2)　この調査は、KOTRAの「中韓FTA協定に影響を及ぼしかねない要因に関する検討」プロジェクトの一環として、二〇一三年に、在中韓国企業一五〇社を対象に実施された。調査結果は一般に公開されていないが、本章執筆にあたって、KOTRAの特別なご厚意を得て、データが利用できることとなった。データ利用を認めてくださったKOTRAの中国ビジネス部に感謝したい。

第III部　日本

第5章　日本企業のチャイナ・リスク認識に見る三〇年

園田　茂人

1　はじめに

アメリカの戦略国際問題研究所と日本経済新聞社が共同で立ち上げた日経－CSISバーチャル・シンクタンクが二〇一三年一月に発表した調査結果は、実にショッキングなものだった。

調査は二〇一二年に中国で反日デモが発生した直後に行われ、日本の企業で働く二〇歳以上、課長以上のポストに就いている三三〇七名を調査対象としたものである。同調査の結果によれば、日本経済にとって中国市場がどれだけ重要かを質問したところ、「不可欠で、しかも重要性は増す」と回答した者は全体の二七・九％にすぎず、過半数にあたる五六・四％の回答者が「不可欠だが、その重要性は低下する」と回答したのである。また「不可欠とはいえないし、重要性も低下する」と回答した者は八・六%、「不可欠とはいえないが、重要性は増す」と回答した者は七・〇%だった。日本経済にとって生産拠点としての中国の重要性を評価してもらったところ、「重要だが、その重要性は低下するだろう」と回答した者が七六・八%と、全体の四分の三強を占め、「その重要性は維持されるだろう」と回答した者が一四・三%、「重要ではないし、将来とも重要にはならない」と回答した者が三・〇%だった。中国市場が必要不可欠だと認識している者が全体の八五%、生産拠点として中国が重要だと認識している者が全体の九〇%を占めているとはいえ、その多くは、市場や生産拠点としての中国に悲観的なまなざしを向けていることがわかる。(1)

似た傾向は、二〇一三年、日本国際協力銀行が発表した『わが国製造業企業の事業展開に関する調査報告』からも見て取ることができる。

同調査は、二〇一三年の七月から九月にかけて実施され、日本の製造業九九二社（うち有効回答数六二五社、有効回答率六三・〇%）を対象にしたものだが、「今後三年程度で、有望な事業展開先はどこか」との問いに対して、「中国」と回答した者が二〇一二年調査の六二・一%から三七・五%へと、二五ポイント近く低下。長く、この質問で最も多くの企業に選ばれてきたのが、急激にその評価を下げたのだから、その衝撃は推して知るべし、である（図5-1参照）。

これをどう解釈したらよいだろうか。上記の日本国際協力銀行のデータに言及し、戦略国際問題研究所のウェブサイトに掲げられたTanimoto（2014）の論評によれば、「二〇一二年時点で、『中国は有望

図5-1　日本企業にとっての中期的（今後3年程度）有望事業展開先国・地域の変遷：1992-2013年

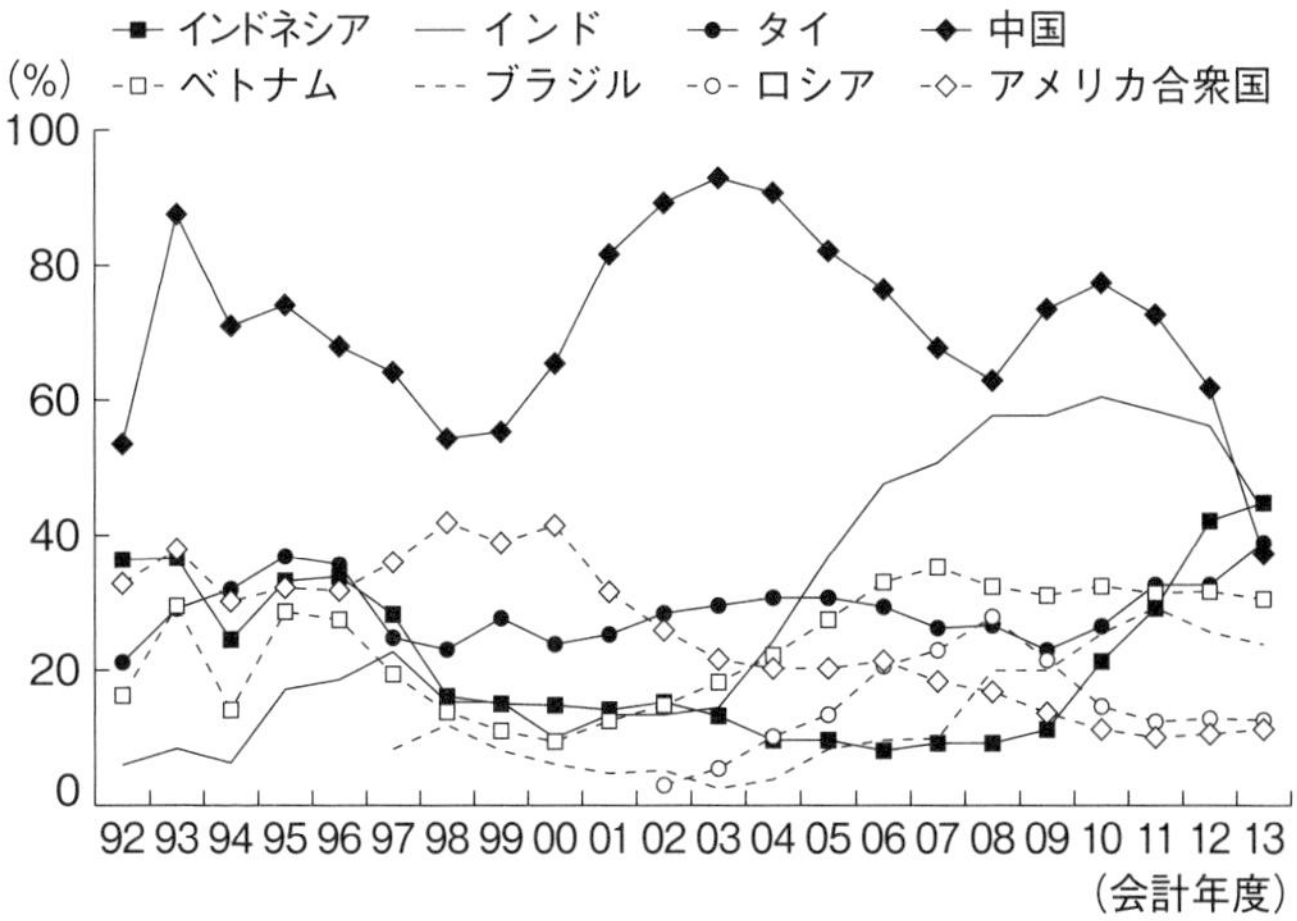

注：複数回答が可能なので，数値をすべて足し合わせると100%を超える．
出典）http://cogitasia.com/jbic-survey-china-is-no-longer-the-most-promising-destination-for-japanese-fdi/.

だ』と回答した者は全体の六二・一%。ところが、二〇一三年には、これが三七・五%へと、急激に評価を下げることになった。そのもっとも大きな理由が『賃金の上昇』（七七・一%）だが、『他国との激しい競争』（六二・〇%）や『不透明な法の執行』（五五・三%）、『知的財産権保護の脆弱さ』（四六・四%）といった理由がこれに続く。二〇一二年秋に日本政府が尖閣諸島を国有化したことに端を発する日本製品のボイコットが中国で起こったことを考えると、二〇一二年まで『安全上の／社会的不安定』が一〇%程度で安定していたのが、二〇一三年調査で三一・八%に上昇したことも理解できる」（傍点引用者）という。中国内の経営環境のみならず、日中関係、とりわけ尖閣諸島をめぐる安全保障上の問題が、日本企業の対中評価を下げる原因になった、というわけである。[2]

日中関係の緊張化といったマクロな環境は、日本企業にとって容易に変えることができないチャイナ・リスクとなる。進出先の地方政府からは腫れものに触るような扱いを受けることになるかもしれないし、日本企業で働く従業員は、みずからの勤務先を隠したいと思うかもしれない。何より、日本製品が国内市場で売れないとなれば、中国でのビジネスを継続することはむずかしくなる。

日中関係の緊張化は、皮肉なことに、日本企業とビジネス関係をもつ中国企業にとっても大きなリスクとなる。中国の環球世論調査センターが日本経済新聞、韓国の毎日経済新聞と二〇一三年一二月に共同で行った、三ヶ国の企業経営者を対象にした調査によると、日本企業の経営者の間で、北東アジアの政治対立が「経営に影響する」と考える者が二九％と、三ヶ国中もっとも多くなったものの、こうした状況の中でも七七・六％は「中国企業と協力できる」と回答している。ところが、中国企業経営者では五七％が「できるだけ協力は避ける」「絶対に協力はしない」と答え、「協力できる」との回答は一三％にとどまるなど、日本企業との連携に躊躇する傾向が強く見られる。[3]

振り返ってみれば、日本企業にとって日中関係そのものがリスクと認識されることは、以前にはなかった。筆者は長らく、日本企業を対象にした質問票調査や、中国で働く日本人ビジネスマンを対象にしたインタビュー調査を行ってきたが、日中関係そのものが中国でビジネスを行う上でのリスクだと認識されるようになったのは、比較的最近になってからのことである。

では、中国に進出した日本企業は、その時々の環境の中で、どのような現象／事象をリスクと考え、どのような対策を採ろうとしてきたのだろうか。そして、こうした認識は、どのように変化してきたのだろうか。

これらの問いに答えるためには、まず、日本から中国への直接投資がどのように変化してきたかを概観する必要がある。

2　日本の対中投資に見る歴史的変化

日本の対中投資には、大きく三つのブームがあった。

最初のブームは一九八四年から八五年にかけてで、中国が改革・開放を打ち出すことによって、このブームが生じている。一九七二年に日中国交正常化が達成され、中国ビジネスを期待して北京で事務所を構える日本企業は増えたものの、この時期のブームを迎えるまで、日本企業が中国で実際にビジネスを行うことはきわめてむずかしかった（服部・丸川 2012: 18）。この時期、日立製作所や松下電器、三洋電機、大塚製薬、サントリー、カネボウなど、いくつかの大企業が中国で合弁事業を立ち上げ、工場を操業するようになるが、こうした事業案件は総じて少なかった。経済産業省の公式統計によれば、一九九二年段階で中国に置かれた日本の現地子会社は一九二社で、同年の北米現地子会社数の一〇分の一にも達していない（図5-2参照）。ブームといっても、先駆的な投資事例が見られる程度で、日本経済の中国経済への依存度もさほど高くなく、駐在員も、中国事情に通じた「専門家」が派遣されるような状態だった。

図 5-2　日本企業の海外法人数の推移：1988-2012 年

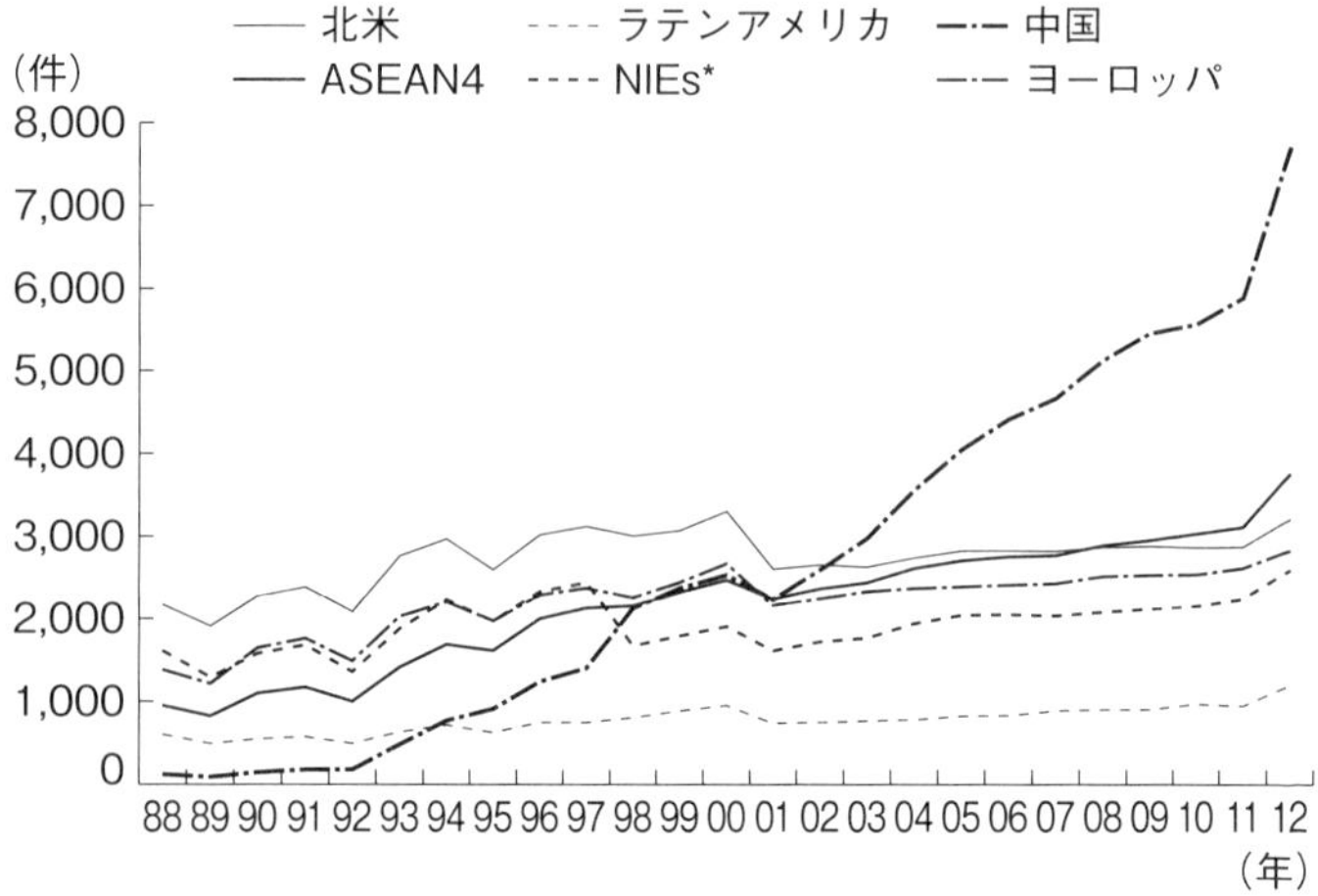

注：1997 年に香港が中国に返還されたことにより，NIEs の定義が 1997 年から変化している.

出典）http://www.jbic.go.jp/ja/about/press/2011/1202-01/PDF_120214.pdf の数値から筆者作成.

第二のブームは一九九二年から九三年にかけてで、「改革・開放の総設計師」と称される鄧小平が南巡講話を行い、大胆な改革・開放を進めるよう檄を飛ばすことで、このブームが生まれている。一九八九年に生じた六・四天安門事件により、西欧諸国は中国への経済制裁を行い、その結果、中国経済の成長が鈍化する。日本も西欧諸国に倣い、経済制裁に参加しつつも、早い段階で政府は経済制裁を解く方向に動いていた。他方、上述の合弁事業を立ち上げた企業の中には、経済制裁中にも今までと変わらず生産活動を行っていたものもあり、多くのリスクを背負いながら事業を継続していた。中国の地方政府の多くは、こうした日本企業の「英断」を高く評価し、第二のブームを加速化する役割を果たした。

図5-3　日本企業の海外法人による経常利益の変化：1988-2012年

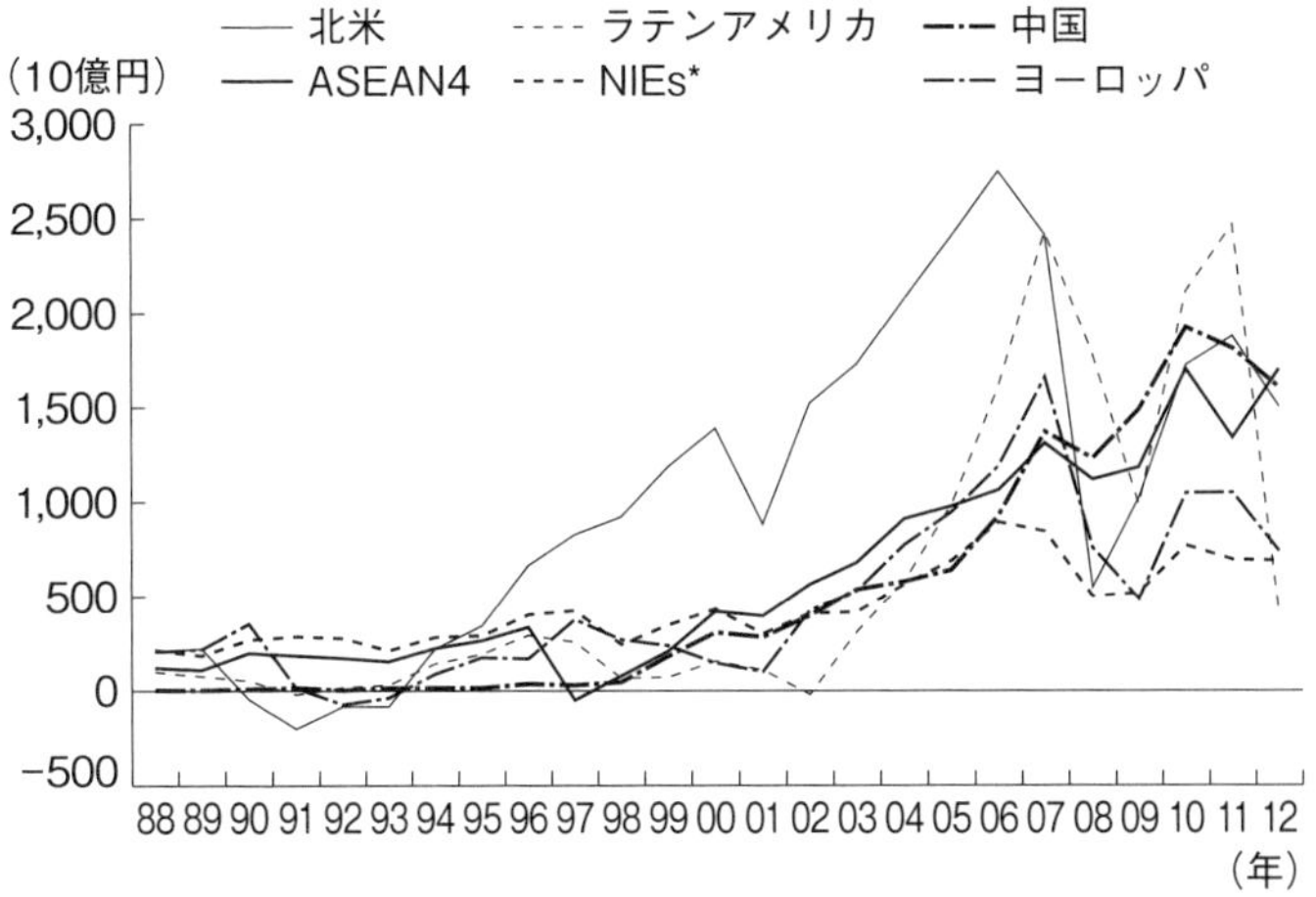

注：1997年に香港が中国に返還されたことにより，NIEsの定義が1997年から変化している．

出典）http://www.meti.go.jp/statistics/tyo/kaigaizi/result-2.html の数値から筆者作成．

国内的には、同時期バブル経済が崩壊し、多くの企業が、その販路を海外、とりわけ中国に求めていく流れが作られることになる。一九九二年から二〇〇一年までの一〇年間、多くの製造業は、「世界の工場」となりつつあった中国への投資を開始する。事実この間、中国における現地子会社の数は一〇倍以上となり、二〇〇一年時点で二二〇〇社に達している。

中国投資の第三のブームは、中国がWTOに加盟する二〇〇一年から〇二年にかけて生じている。

現地子会社の数でいえば、一九九二年から二〇〇一年までの一〇年間の伸びが大きいが、この時期、日本の本社では中国市場が利益獲得の場だとする認識は、まだ薄かった。具体的な数字で見ても、二〇〇一年時点での中国市場での日本企業の利益は三〇〇〇億円程度で、北米市場の三分の一程度にすぎなかった（図5-3参照）。ところが中国のWTO加盟は、こうした状況を一変させることになった。二〇〇二年から一〇年の間に、日本企業の中国現地子会社数は三倍になり、二〇〇三年には、アメリカにおける現地子会社数を凌駕するようになる。また、二〇一二年には、中国市場での日本企業の利益は、北米市場におけるそれを上回るようになった。中国市場が日本企業にとっての「稼ぎ頭」となったのである。

このように、日本の対中投資の三〇年は、日中の双方にとって、順調に進んでいったといえる。その時々に、日本企業のイメージダウンを引き起こしかねない事件や不祥事も発生したが、少なくても大規模な反日デモが起こる二〇一二年以前の段階で、これが日本からの対中投資を大きく抑制することはなかったのである。

こうした成功を支えたのは、「政経分離」ともいうべき理念であった。日本企業は、中国の政治的問題については言及せず、ひたすらビジネスに関わる領域で中国側と接触を持った。小泉政権下で日中関係が悪化した時などは、経済界のリーダーは、陰に陽に政府の姿勢を質し、中国における安定的な経営環境を維持するよう申し入れた。他方で中国側も、日本企業を意図的に操作する政治カードを切ることを控え、徐々に国内市場を開放していった。その結果、日本企業の中国投資は、産業別、投資類型別に見ても、きわめて多様になっていくことになる。

この点で、日本企業は韓国企業とは大きく異なっている。韓国企業の中国進出は一九九〇年代に始まり、二〇〇〇年代に投資が急速になっている、いわゆる「キャッチアップ型」であるため、進出形態と

図 5-4　対中進出日韓企業に見る進出時期と進出タイプの違い

（1）進出時期（単数回答）

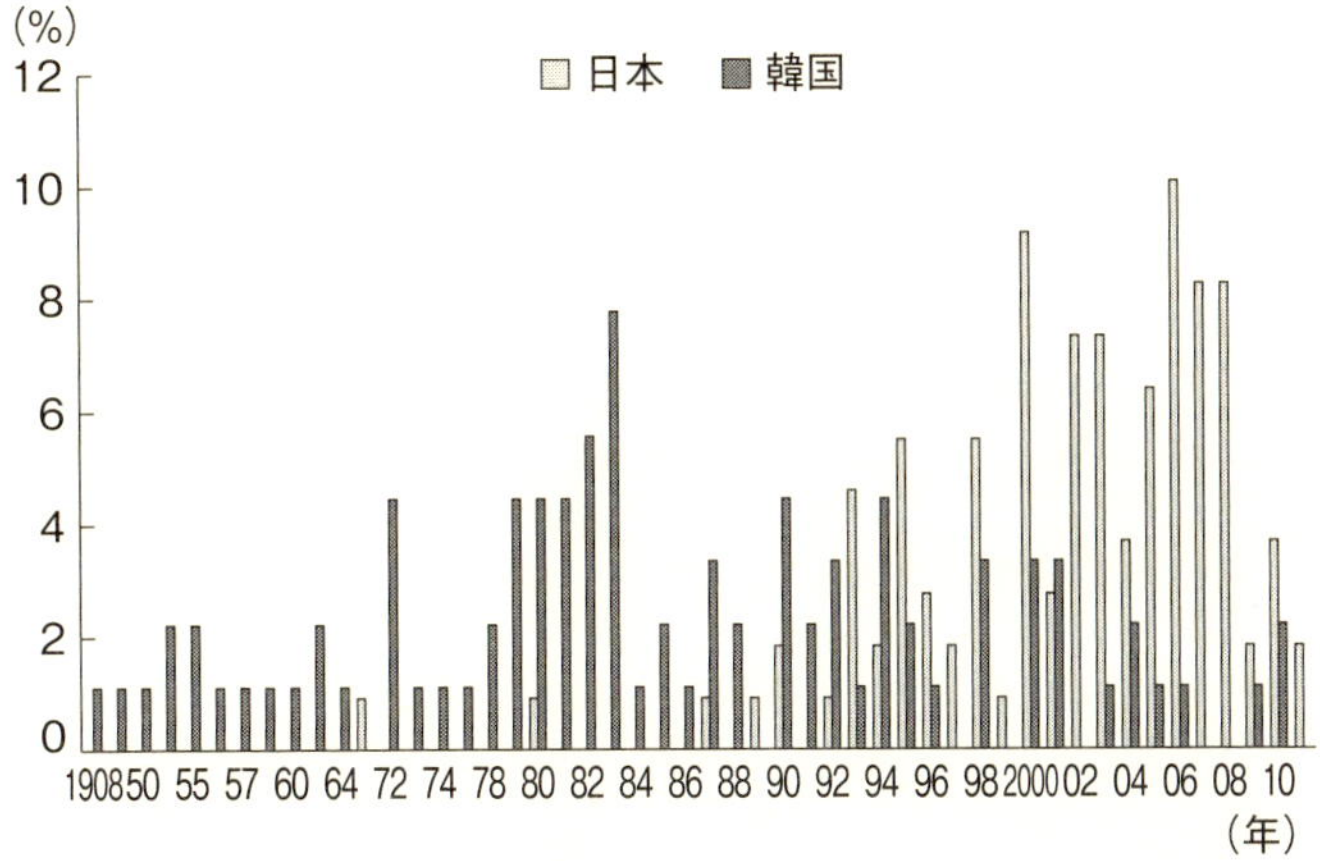

（2）進出タイプ（複数回答）

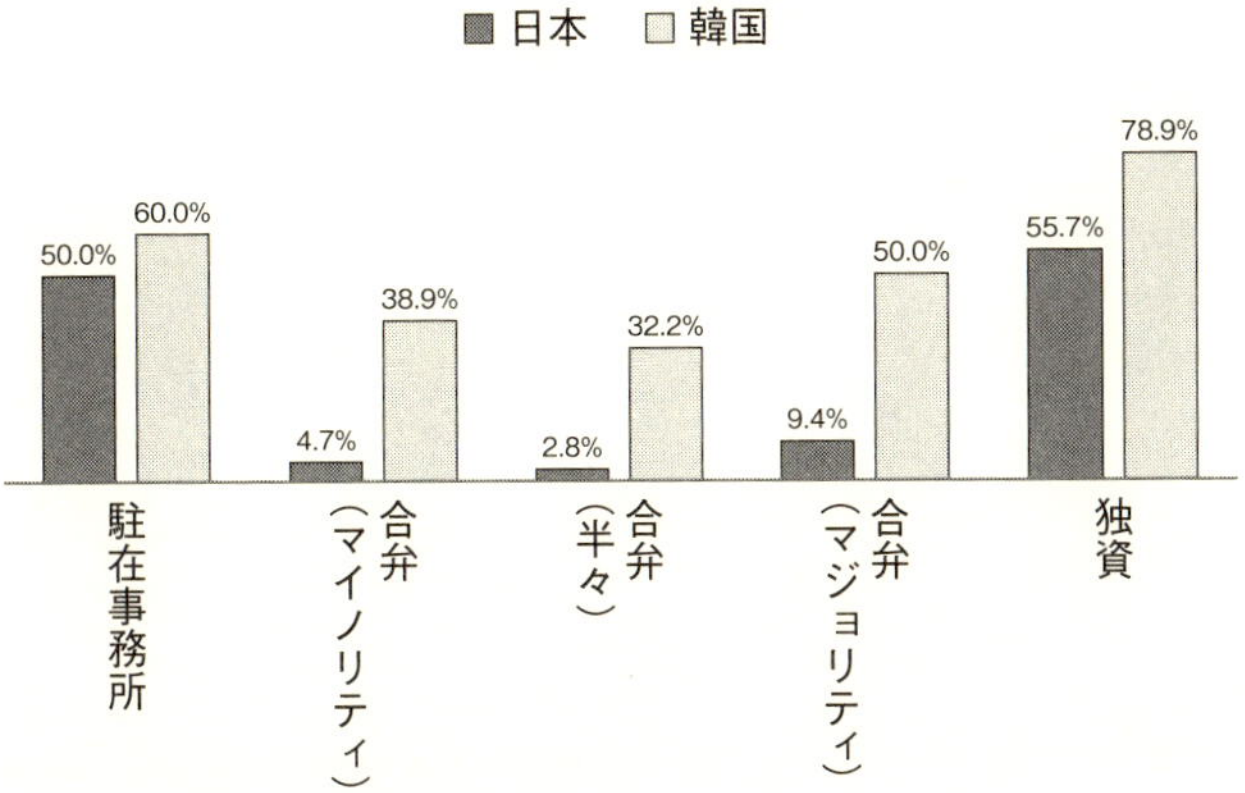

出典）日韓多国籍企業本社調査（2012年）．

しては単独出資が多く、それ以外の出資形態の進出が総じて少ないのに対して、日本企業の場合、二〇〇〇年代以降、単独出資が増えていくとはいえ、それ以前に合弁で進出した企業が同時に存在し、多様な直接投資が併存した形になっているのである。図5-4は、われわれの調査グループが二〇一二年に、日本と韓国の企業を対象に実施した質問票調査の結果を示したものだが[4]、これからも、進出時期が早いことが、韓国企業と異なる日本企業の特徴となっている点を確認することができる。

日本の対中投資に見られる変化

この三〇年の対中投資の歴史にあって、日本企業の姿勢は大きく変化してきた。

第一に、対中投資への動機が、より能動的になった。日本の対中認識をめぐって内閣府がやってきたような、信頼のおける時系列調査が行われていないため、推測の域を越えないのだが、図5-5にあるように、一九八〇年代に対中投資が始まった当初、企業を中国投資に押しやる動機は、純粋に経済的なものではなかった。一九八六年の調査データによれば、回答した企業の三二%は、その進出動機を「中国側からの強い要請による」と回答している。また第二の動機としては「中国市場の潜在性を評価して」だが、この両者とも、投資によってすぐに利益が得られないかもしれないことを、企業側が強く認識していることを示唆している。本書の冒頭で指摘したように、当時の日本企業の多くは、中国側の要請に応じて投資案件を考え、中国の変化に賭けて投資をしていたのである。

この調査が実施された八年後の一九九四年、第二次対中投資ブームが起こった時点の調査結果からは、

図5-5　日本企業の対中進出動機に見る変化：1986-1994年

(1) 1986年（複数回答）：日中経済協会調査

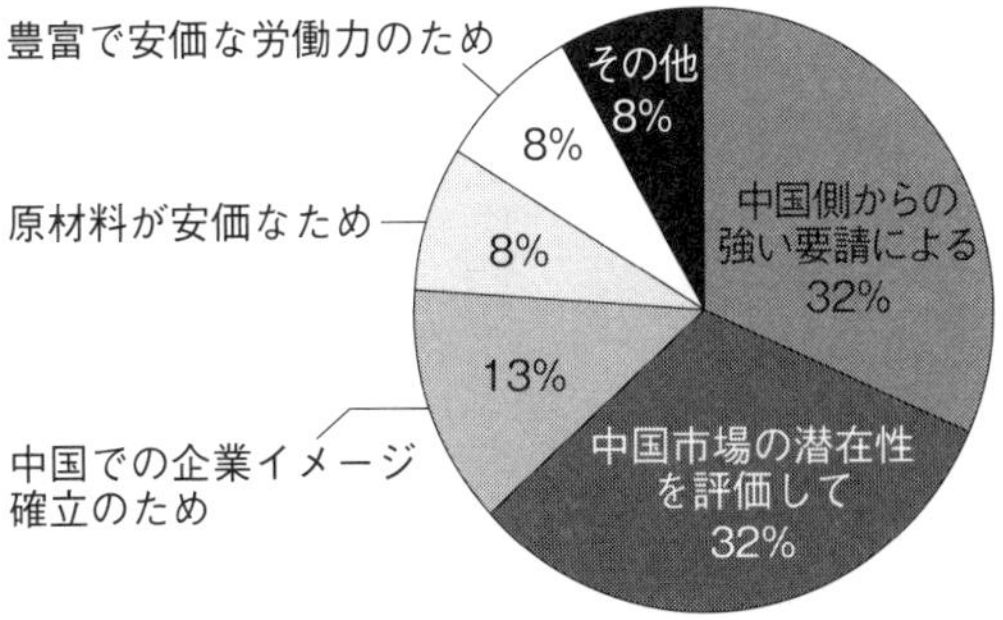

(2) 1990年（単数回答）：日中投資貿易促進協会調査

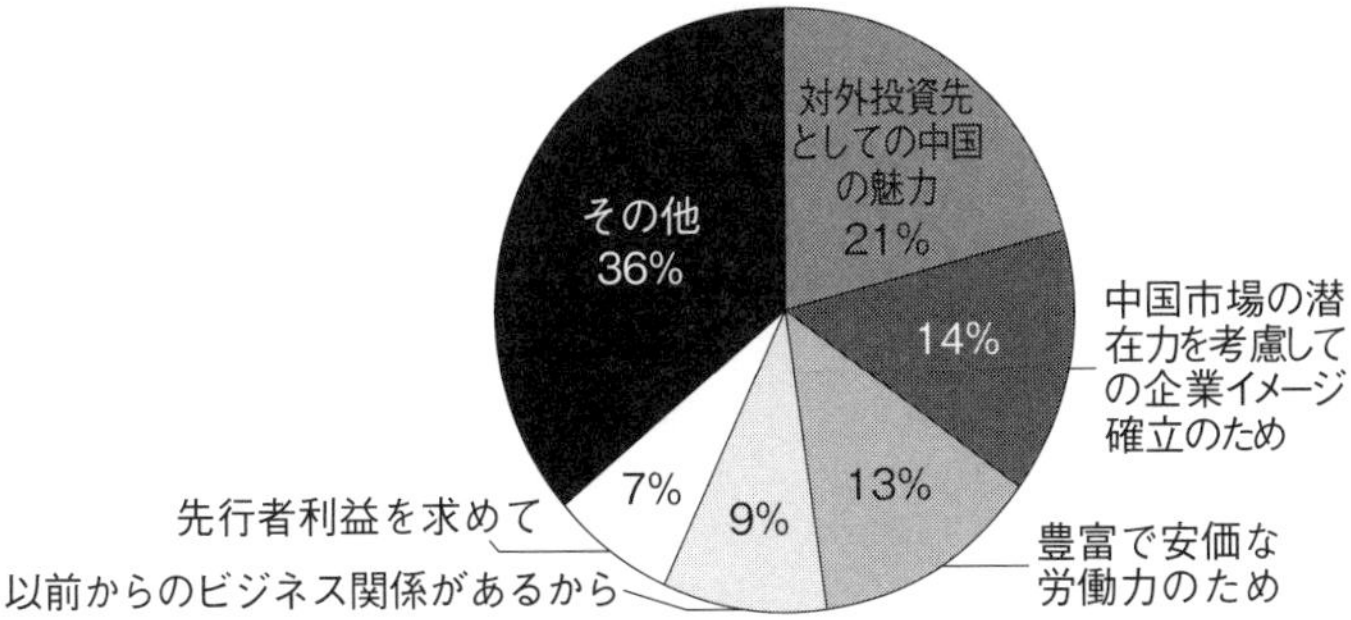

(3) 1994年（単数回答）：リクルートリサーチ調査

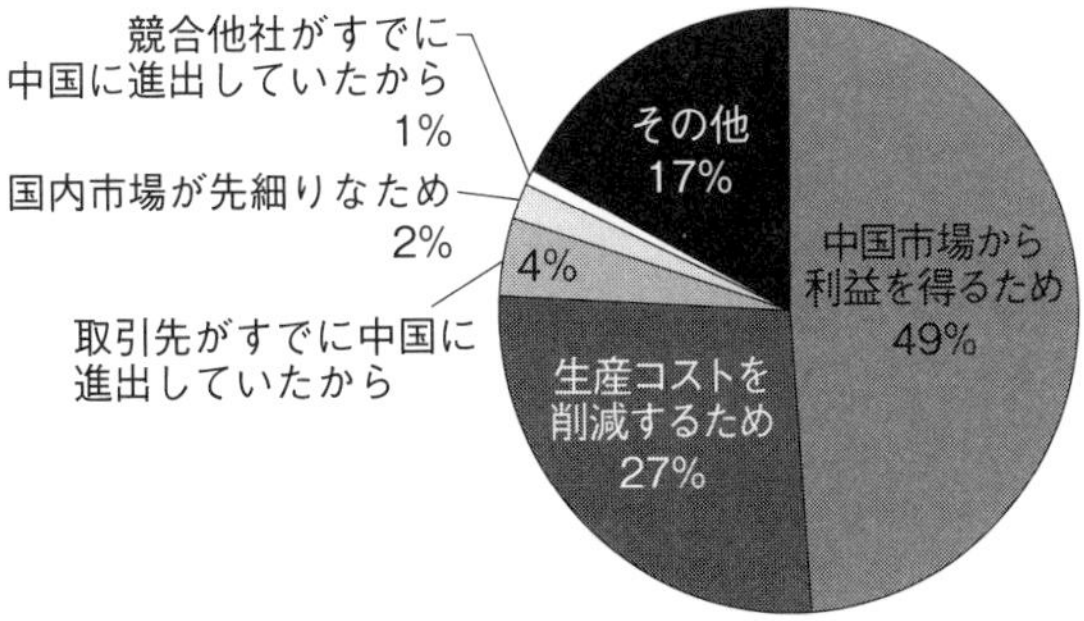

日本企業の異なる姿勢を見て取ることができる。回答企業のうち、四九%が「中国市場から利益を得るため」と回答しているのだが、このように日本企業は、対中投資から短期的な利益を求めるようになった。実際、中国経済も急速に成長し、世界の工場から世界の市場へと変貌していく中で、日本企業の対中投資も利益指向を強めていく。

変化したのは、投資姿勢ばかりではない。日本企業の中国市場に対する評価もまた、大きく変わっていった。

図5-1にあるように、一九九二年から二〇一二年にかけての二〇年あまりの間、中国は日本企業にとって最も魅力的な投資対象であり続けた。一九八〇年代に中国投資を始めた多くの企業は製造業で、その大きな目的は労働コストの削減であり、中国国内で出来上がった製品は、海外市場へと売られていった。一九九〇年代、香港と、その後背地たる広東省の間で「前店後廠（前に店を構え、後ろに工場を設置する）」といわれる協力形態が生まれるが、これも、世界市場への窓口としての香港と、工場としての機能を持つ広東省が経済連携を強化したからである。これはまた、外資が作った製品を国内市場に流通させず、国内産業を保護してきた――と同時に国内市場に競争原理を持ち込み、企業改革を断行することで国内産業の競争力を高めようとしてきた――中国政府の政策誘導の結果でもあった。

こうした中で中国でも、とりわけ二〇〇八年の労働契約法の制定以降、労働コストが急速に上昇し、労働集約型の投資案件にとって中国の魅力が低下する一方で、まさに労働コストが上がることで、中国の国内市場の魅力が高くなる。購買力をもった中国の消費者をターゲットとした小売や食品、各種サービス産業が中国の国内市場に参入するようになる。

長期的利益の追求から短期的利益の追求へ。合弁から単独出資へ。海外市場指向から国内市場指向へ。日本の対中投資に見られるこうした大きな変化は、後述するように、日本企業のチャイナ・リスク認識の変化と軌を一にしている。

では、日本企業は、その時々に中国のどのような点にリスクを感じてきたのだろうか。これはどのような力学から変化し、各時期のリスク認識にどのような特徴が見られるだろうか。以下では、いくつかの時期に分けて、そこに見られるリスク認識の特徴を分析していくことにしよう。分析にあたっては、筆者が一九九三年一月から二〇一五年九月まで、断続的に行ってきた中国の日本企業勤務経験者（あるいは実際に駐在している者）、合計一〇二名を対象にしたインタビューの記録(5)を活用し、その内容を紹介することにしたい。

本章では、そのうち一九七二年から一九九一年までの第一期、一九九二年から二〇〇一年までの第二期について紹介し、残りの時期については次章で扱うことにしたい。本章のタイトルが「日本企業のチャイナ・リスク認識に見る三〇年」とあるのは、この第一期、第二期に注目するという意図があることを確認しておきたい。

3　第一期（―一九九一年）――分離・対立する二つのシステム

「友好」というマジックワード

日本企業が中国への進出を始めた草創期において、「友好」というキーワードがさまざまな局面で利用された。対中投資を始める前の交渉や、交渉が終わり、実際にビジネスが始まる段階で「友好」という言葉が何度となく口にされる。日中国交正常化以前にも「友好商社」という名のエージェントが活躍していたが（西原 2012）、そこで作られたネットワークを利用して、この時期ビジネスを開始した会社もある。

ある木材加工を営む企業は、友好商社時代からのネットワークがどのように合弁事業に繫がったかを、筆者に以下のように詳細に説明してくれたことがある。

わが社と中国との付き合いは、合弁事業の開始以前からありました。一九六七年の、まだ中国との国交が開けていない時期、わが社の社長が友好商社を設立、中国との貿易を開始したのです。社長は……学徒動員で戦争に駆り出されました。そして二年間、ロシアに抑留されました。普通、抑留されると相手の国に対する憎悪感が強くなるのですが、社長の場合は逆で、むしろこれを懐かしむようなところがありました。抑留時代に教えられた社会主義に共感を覚えたのでしょう、帰国後、父親の家業を継ぎ、現在の会社を発展させました。同日に、日ソの友好協力などにも参加していました。ソ連とは木材取引を行っていましたが、ソ連側の仕事がいい加減で、納期が守られなかったり、品質がバラバラだったりと、なかなか商売になりませんでした。そこで中国との付き合いが始まることになります。知り合いの中に日中友好人士がおり、その人たちの協力を得て中国と交渉し、一九六七年に友好商社を設立するに至りました。……しかし最初のうち、中国側はわれわれのほしい品物を売ってくれず、一年半ほどは蜂蜜や自転車など、買ったところで日本でも売りさばけないような商品ばかりを買わされました。社長は「中国への協力」ということを考えていたからか、不満も言わずに、この買い取りを引き受け、知り合いの蜂蜜業者や自転車業者に協力を求めに行ったものです。そうこうするうちに、中国側もわれわれの望む品物を売り始めるようになりました。……最初のうちこそ加工する以前の段階で輸入していましたが、中国側は、ある時点から、これを加工したものでないと輸出しないと言い始めました。実際、加工された素材を見ても品質にむらがあり、こちらとしても再び加工しないと使い物にならないような状態でした。……一九八〇年、加工会社のある部門の責任者が日本に三ヶ月ほど滞在する機会がありました。当時、日本と中国の生産技術には三〇年ほどの差があったと思いますが、これには愕然としたようで、彼は私に「ぜひ中国に来て、生産技術の近代化に協力してくれ」と要請してきました。……一九八四年頃になって、外国からの出資を歓迎するというようなことを言われ、相手側から全面的に日本の設備を導入したいから協力してほしいといった要請を受けました。これには社長も乗り気で、この時点で合弁の話がまとまりました。……とはいえ、実際に営業許可が下りたのは翌年の八五年で、操業が始まった

のは一九八六年のことです。(一九九三年七月七日インタビュー)

以上、インタビュー記録を長く紹介したのは、そこに、当時の日中関係が凝縮されて表現しているからである。冷戦体制下における市場経済をめぐる日中での異なる理解と、近代化への協力を依頼する中国側のアプローチ、そして逡巡しつつも「友好」のために一肌脱ごうとする日本人経営者――こうした関係の中に日本企業側のチャイナ・リスク認識が埋め込まれていた。そしてそこには、日本側の中国への贖罪意識も見え隠れしていた。

以下の発言は、一九八八年に上海で操業を開始した電機関連企業の駐在経験者によるものだが、こうした感情は、当時の対中投資を決定した財界人に比較的広く見られている。

もともとわが社の社長は戦中派で、中国に対する恩義を感じていました。そして、自分たちの利益だけではなく、中国のためになりたいという気持ちをずいぶんと強く抱いていたようでした。(一九九三年八月一三日インタビュー)

計画経済の残滓が多く残り、従業員ばかりか経営者や役人にも市場経済が理解されていない中で、彼らをパートナーにしなければ合弁事業ができない現実は、リスク以外の何物でもない。しかし投資を決断した日本人ビジネスマンは、こうしたリスクを強く意識しつつも、これを打ち消す理論武装をしていた。中国への贖罪であり、近代化への貢献が、これである。

強い警戒感と長びく交渉

もちろん、こうした理論武装だけで企業が中国投資を決定するわけではない。実際の交渉の際、日本企業はみずからの要求を出し、現地での経営環境が保証されるかどうかを吟味しようとする。他方で、市場経済に慣れていないどころか、長く資本主義体制を敵視してきた中国側も、果たして日本企業と組むことがよいことなのか、パートナーシップを組むことで不利益にならないか確認しないといけない。日中双方が疑心暗鬼な中で接触することになれば、自然と合弁交渉も長引くことになる。

一九八九年に天津で化学品の生産を開始する、ある日本企業の駐在経験者は、中国側との交渉に時間がかかったとして、次のように証言している。

> 私が最初に中国に派遣されたのは一九八四年のことです。技術輸出をめぐる交渉を行うために派遣されたのですが、ほぼ三年の月日をかけて交渉したものの、結局は失敗に終わりました。というのも、相手の言い値とこちらの言い値との間に相当な開きがあって、これを埋めることができなかったからです。この最初の窓口になったのが北京市でしたが、北京市だけでは話がまとまらないというので、国務院の商業部を相手に交渉を進めました。最初のうちこそ、「予算があるから大丈夫」と言っていたものの、為替の変動が激しい時期でしたから、なかなか妥協点を見出すことができま

せんでした。……交渉が決裂すると、今度は商業部の方から「別の工場との合弁事業を考えてみませんか」と打診されました。今までは北京市が交渉の相手でしたが、今度の交渉相手は天津市でした。……この合弁のための準備工作が始まったのは一九八七年のことで、正式に合弁が成立したのが一九八九年の一二月のことですから、今度は二年程度で契約が成立したことになります。（一九九三年八月二四日インタビュー）

また、すでに紹介した上海の電機関連の日本企業関係者によれば、

わが社が……上海で合弁事業に着手したのが一九八八年六月のことです。ある日のこと、当時パートナーとなる工場長（現在の副総経理）がF／Sの最終的な詰めのためもあって、日本の本社にやってきました。彼は、どうも日本からの「お土産」を周囲から期待されていたようで、これが交渉の過程で見え隠れしていました。しかし四日目となり、経営のイニシアチブをめぐって交渉は決裂し、一時ホテルに戻ってもらうことにしました。後でわかったことですが、ホテルから上海に向けて長電話をしていたようです。そして最終的には「日本側の好きなように経営をさせてみろ」との指令を受けたようです。合弁契約のサインを終わった後に、中国側からこの事実が開陳されたのだから、多分そうでしょう。（一九九三年八月一三日インタビュー）

このように、交渉が長びくケースは数多く存在する。交渉を通じて、すべてのリスクを回避できたわけではないし、リスクを強く意識した企業は、そもそも中国側との合弁交渉には乗ってこなかったはずである。中国が抱えるリスクを強く意識しつつも、どうにか中国でのビジネスを始めたいと考える企業は、このように長い時間をかけつつ、問題点を洗い出す作業をしていた。

興味深いことに、交渉の場面では、歴史認識をめぐる問題が議論されることは、ほとんどなかったようである。第一次教科書問題は一九八〇年代初めに起こっているが（高原・服部 2012）、これが日中間のビジネスをめぐる交渉に支障になったという事例は、この時期の進出を対象にしたインタビュー記録には存在していない。

思うようにならないという「常態」

長い時間をかけて合弁事業が始まったとしても、実際のマネジメントは思うようにいかない。交渉ばかりか、実際の合弁事業での意思決定プロセスにも恐ろしく手間と時間がかかり、日中間の共同作業は、なかなか日本企業の思う通りに進まない。

一九八一年という、相当に早い時期に福州に進出した日本の家電メーカーによれば、進出したらしたで、日本側にとって不自由なことだらけだったという。

私たちの合弁に対する基本的な考え方は、経営は中国側に任せて、日本側は技術指導に徹するというものでした。というのも、われわれが前面に立つよりも、中国側が前面に立った方がよいと思ったからです。……そもそも中国には、日本人が理解できるような法体系が整備されていないため、ほとんどの事柄を交渉で決めなければならないといった事情がありました。しかも、法律で決めてあっても、中国側と相談しないと実施がむずかしい事項があったりして、結局中国人が出てこないことには経営が成り立たないのです。……このような方法によって一つ一つ事柄を解決していくのですから、プロジェクトを進めるのにも恐ろしく時間がかかります。日本だと平均して一年で完成するプロジェクトも、中国だと、その三倍はかかると思った方がよいですね。（一九九三年六月八日インタビュー）

一九八六年に北京で高級家具の製造・販売を行う合弁事業に参加した、日本の百貨店からの派遣駐在員によれば、

私が中国との合弁事業を開始した一九八六年当時、合弁期間は一〇年ということで、一定の枠にはめられていました。そして今となって気づくのは、私たちには自由が与えられていなかったということです。従業員の採用から結婚、異動など、何一つ行うにも許可書が必要とされ、これによって縛られていました。また親会社との関係もあって、従業員はなかなか独立した行動がとれないといった問題がありました。北京市などからは、日本的経営を積極的に導入してくれと要請されてい

ましたが、結構、以上のような状況を考えてみると、実際にはやりにくいところがありました。また従業員も、特に創業当時は最低水準の待遇に甘んじていたようなところがあり、なかなかこちらからの施策に反応してくれませんでした。（一九九三年五月七日インタビュー）

こうした困難さの多くは、当時の中国で企業への政府による管理が厳しく、企業自体に大きな裁量が与えられていなかったことに原因がある。

たとえば、福建省のある合弁企業で、一九八〇年代の半ばから働いた経験をもつ日本人エンジニアは、合弁企業が「閉じていなかった」として、次のように述べている。

会社の総経理（社長に相当）の上には、市政府、省政府、中央政府があって、会社内部が閉じていません。ですから会社のトップがある決定を下しても、上級機関に報告するうちに、話がひっくり返される可能性があります。……現地工場の総経理が、省政府の役人が発言する以上のことを決して口外しないのは、多分こうした理由によるのでしょう。（一九九三年六月八日インタビュー）

企業が「閉じていない」とすれば、企業の自律性は弱まってしまう。絶えず、管轄機関の役人の顔をうかがっていなければならないから、企業も責任ある意思決定を下せない。

改革・開放が始まったとはいえ、まだまだ社会主義の制度的制約が残る中での合弁事業は、日本企業ばかりか中国側にとっても、ストレスフルなものだった。日本側も管轄できる領域が限られていたこともあり、中国の政治体制がもつさまざまなリスクを強く意識することはなかった。出資元となる中国企業がもつ組織運営の方法（意思決定の方法や情報共有の仕方など）は、必ずしも日本側に強く認識されておらず、経営行動が拘束されていたため、経営権を強化することを夢見ることはあっても、合弁事業をめぐって日中双方のシステムが対立していたため、実際の取引コストはさほど大きくなかったのである。

一九八九年の六・四天安門事件、及びその後の対中経済制裁にあって、日本の対中投資は一時低迷する。しかし多くの日本企業は、こうした環境をリスクとは考えていなかった。それどころか、こうした逆風にあっても中国での業務を続け、中国の地方政府や従業員から感謝されるような事態も多々起こっている。これも日中間の「友好」関係を傍証するといった、そんな時代だった(6)。

4　第二期（一九九二―二〇〇一年）――融合・交渉する二つのシステム

これが第二期になると、日本からの進出企業が増加し、日本企業も合弁事業の実質的な経営に関わるようになる。企業の自主権も拡大し、従業員も移動の自由を徐々に獲得していく。管轄官庁の直接的な管理は背後に退き、一見すると日本と似た経営環境が準備されるようになるが、実際にはそうではなかった。そのため、この時期の駐在経験者は予想しなかった現実に直面し、右往左往している。

要求の多い現地従業員

この時期の日本人駐在員が異口同音にこぼしているのが、現地従業員からの要求の多さである。自分たちだったらここまで要求しないと思うことを、平気で要求してくるというのである。

たとえば、われわれが聞いた話の中でもっとも秀逸だったのが、ベア要求五〇%という、次のようなエピソードである。

今年［一九九三年］の三月、北京で董事会《とうじ》〔取締役会に相当〕が開かれて、今年度の給与改定について意見交換を行いました。その際中国側は、入手したさまざまな資料を提出しましたが、その資料から、似た業種の日中合弁会社に比べて、わが社の場合、給与ベースが若干低いことがわかりました。そこで、各部門の経理担当者を集め、「どのくらいのベースアップをすれば従業員が満足するか報告するように」と指示しました。その際、日本で賃金改定が行われる際には労働組合の代表と経営者の代表が労使交渉を行うこと、各部門の経理担当者は経営者の代表に加わるのであって、会社全体を見渡した上で、どの程度のベースアップが妥当であるかを客観的に評価しなければならないことを、十分に説明したつもりでした。ところが、彼らから返ってきた答えは、何と「ベースアップ五〇%」でした。……私自身、会社全体の経営状況を考えても、五〇%というのはいかにも高いと思い、経理担当者にその根拠を質してみました。すると彼らは、「日本でも高度成長期には一〇～一五%のベースアップがあった」「日本では、高度成長以前の段階である程度の基盤が整備されていたが、中国の場合、この段階を越えて急速に経済発展をしなければならないのだから、これくらい支給されてもおかしくない」と言うではありませんか。どうも彼らは、日本の企業が倒産しないことを見越して、このような発言をしているようで、本来ならば自分たちが負わなければならない責任を意識していないようでした。（一九九三年四月七日インタビュー）

もちろん、このケースは少しばかり極端だが、できるだけよい労働条件を引き出そうと、従業員がさまざまな要求を出してくる点では、程度の差こそあれ、どこの企業でも共通している。次のケースは、広東省の東莞市に生産拠点をもつ、ある日系メーカーでのエピソードである。

東莞市に位置する生産拠点には、三〇名近くの日本人技術者が貼りついていますが、彼らはあくまで一時的に応援しにきているにすぎず、実質的なマネジメントは、すべて香港人が取り仕切っています。香港人マネジャーは週に二度、現地を訪れ、問題がないかをチェックしてきましたが、これが現地で思わぬ反応を引き起こすことになりました。「同じ中国人なのに、なぜ彼らの方がこれほどまでによい待遇を受けているのか」といった反発を受けたのです。私にとって、これはまさに寝耳に水の議論でした。というのも、国も経済も違い、職務能力も違うのに、こうした要求が出てきたことが理解できなかったからです。しかも、現地の相場からすれば、給与は「中の上」でした。まあ、中国という国が、働くことがどういうことかを理解していないことを考えると、それも仕方

のないことかもしれませんが。(一九九六年一一月二七日インタビュー)

規則は自分以外の人間が守るべきもの?

この時期の日本人駐在員を悩ませたのは、強い自己主張ばかりではない。それ以上に悩ましかったのが、規則の軽視であり、職場規律の欠如である。

まずは、上海で駐在経験をもつ、ある日本人ビジネスマンの発言に耳を傾けてみよう。

とにかく、現地の人の規則軽視は尋常ではありませんでした。就業規則についても、「自分以外の人間が守るルール」とでも解釈しているようなケースさえありました。たとえば、工場内における服装について就業規則で決められているにもかかわらず、つっかけを履いている者がいたり、夏の暑い時には帽子をかぶらない者も少なくありませんでした。これを咎めようものなら、「確かにそうかもしれないが、三七度の猛暑で帽子をかぶって体調を崩したら、会社が面倒を見てくれるのか」と言われるのが関の山でした。また、今年になって、工場内ではタバコを禁止し、これに違反した場合には五〇元の罰金を科すことにしました。すると、休み時間になって工場の前でタバコをふかし、これを投げ捨てる者が後を絶たなくなりました。運転手などは、車の半分を門の入口から出しておき、前の座席にすわってタバコをふかす——そうすれば規則違反にならないからです——など、とにかく自分勝手な解釈を加えて、タバコを吸っていましたね。(一九九三年四月一三日インタ

ビュー）

ここに見られるのは、規則の無知ではなく、自分勝手に規則を解釈し直してしまうしたたかさである。こうした「扱いにくい」従業員が多いために、中国人の管理者は懲罰的な行動を好む傾向がある。日本人管理者には「そこまでする必要はないのではないか」と思われることまでする。そうしないことには職場の規律を維持することができない、というのである。

多くの日本人駐在員は、こうした中国的な管理手法を「性悪説的」と表現している。従業員の自発性や従順さを信じておらず、会社のルールを守らせるためには徹底した見せしめをする。こうした管理手法は「扱いにくい」従業員が多いためでもある。

中国人管理者が、日本人駐在員の威光を借りて、徹底的な管理に乗り出そうとするケースも見られるが、以下のエピソードは、江蘇省連雲港でのものである。

工場の管理を行うのには、相当な労力が必要とされました。たとえば最初のうち、製品の品質もさることながら、在庫管理がひどい状態でした。一日の生産量から市場に出回った量を引いた値と、実際に在庫されている量とが食い違うことが多く、どうも盗難が発生しているようでした。……そこで、中国側のトップと一計を案じ、突然の抜き打ち検査をすることにしました。帰宅時に門で持ち物検査をしたのですが、最初の数名が製品を隠し持っているのが判明した時点で、誰かが大声で

「検査をしているぞ」と叫んだので、後から来る者が製品をどこかに隠してしまい、その場は終わることになりました。翌日ロッカー検査をすると、出るわ、出るわ。結局、数箱分の製品が押収され、これを全体の集会で公開しました。私は、あまり見せしめ的な効果は狙わない方がよいと忠告し、実際軽い処分にした記憶があるのですが、はっきり覚えていません。……私は中国に来る前、「性善説」を信じ、できるだけ従業員を信じようと思ったのですが、このような事件もあって、この信念も相当にぐらつきました。……私の経営上のパートナーである副総経理は、「従業員は監視の行き届かないところでは働いていない。工場内に隠しカメラを設置したらどうか」と提案してきたことがありますが、さすがにこれには同意できませんでしたね。（一九九三年六月二日インタビュー）

組織化されない職場

欧米の研究者の間では、日本と中国を同じ「集団主義」の社会だと形容する議論が支配的である。人間関係の重視や集団規律の優越など、個人主義の西洋とは異なる考え方が見られるから、というのがその根拠である。

確かに、日本人と中国人の行動様式で似ている部分もある。しかし、それ以上に両者の違いが目につく。特に職場における組織化をめぐっては、ずいぶんと異なっており、これが同じ「集団主義」の社会なのかと首を傾げざるをえないケースがしばしばだ。

たとえば、遼寧省大連での駐在経験をもつ、ある経験者が指摘するには、一般従業員の働きぶりをみていると、さまざまなところに日本と中国の違いが見えてきました。たとえば日本の場合だと、工場の現場でチームを作っているのが四〇歳程度のおばさんたちですが、彼女らは自発的にリーダーを決め、そのリーダーを中心に仕事の分担をした上で作業にとりかかります。ところが中国の現場を見ていると、こうしたリーダー格の人がいません。各自がバラバラに作業をしているだけです。個人として見ると一生懸命仕事をしているのですが、とにかく組織だっていないのです。（一九九六年一二月一八日インタビュー）

こうした現象が見られるのは、「関係」の卓越と「面子」の強さという、中国人の基本的な行動原理による（園田 2001a）。お互いが「関係」をもたないところで、なかなか自発的な組織化は生じにくい。それどころか、職場を同じくしているだけでは、それぞれが「面子」を競いあって、ゼロサム的な状況が生まれやすい。協働ではなく競争の意識が、どうしても強く働いてしまうのである。

職場の組織化がむずかしいところでは、セクションを越えた横の連携もとりにくい。こうした現象は、中国における官僚制の弊害として説明されることが多いが、それだけではない。現地従業員同士が、企業内で敵対的な心情を抱いているがゆえに、情報が横に流れないのである。これは、密告や直訴の頻発や、秘匿主義的な環境、技術の個人所有化といったさまざまな要素と密接に関わっている。

もちろん、横の連携が弱いのは、社会主義体制の中で徹底した「個人による管理」がなされてきたという体制上・歴史的な原因もある。言い逃れや失敗の秘匿が横行しているのも、今までの「個人の管理」に慣れている従業員が、その懲罰を避けようとするからである。一九九四年から調査時点まで深圳に滞在していた日本人エンジニアは、こうした慣行や心理の存在を、以下のように表現している。

中国人は、自分の仕事に他人が干渉してくることをものすごく嫌います。われわれ日本人から見ると、たいした問題ではないのですが、そういうことに関して非常にセンシティブですね。与えられた仕事はするのですが、それをどのように工夫するかというのが、その社員が優秀かどうかをはかる基準にもなるわけですが、そういう工夫をしている人には安心して仕事を任せることができますよね。しかし、なかなかそのような工夫のできる社員は少ないのです。（一九九八年三月一〇日インタビュー）

個人重視の文化風土？

こうした状況にあって、会社の中でローテーションを組み、ＯＪＴを通じてゼネラリストを作るといった日本的手法も通じにくい。そればかりか、どうしてローテーションを組まなければならないのか、そうすることが会社にとって、あるいは従業員個人にとってどのような意味があるのかを説明しないことには、従業員の不安が増大してしまう。今までの職場をはずされれば、「自分のどこが悪かったのだろう」と考えるのが自然だし、それ以上に、「関係」が支配する中国の風土にあっては、異動は特定の既得権益が生じないようにするための制度的な工夫くらいの意味合いしかなかったから、異動が積極的に評価されることはなかった。

実際、筆者の研究グループが一九九二年と二〇〇七年の二つの時点で行った、日本企業で働く中国人中間管理職を対象にした質問票調査の結果によると、日本的経営のうち、最も人気がなかったのは二つの時点ともに「ジョブ・ローテーション」であった。

会社の命令に忠実な日本人駐在員からすれば、こうした中国人従業員の姿勢に個人優先の「文化風土」を見出すことになりやすい。タイでの勤務経験をもつ、ある日本人技術者は、広東省広州市における合弁工場でのみずからの経験を、以下のように総括している。

> 日本人は、良いか悪いかは別にして、特徴として、会社を優先して、個人を犠牲にする傾向があると思うのです。ところが中国では、個人を優先して会社は後ろへ回すのです。そういう文化風土の違いがあります。だから、会社の経営が厳しいときに、個人は少し我慢して会社を優先しましょうといったやりとりをするときに、違和感があります。これはもう、いい悪いといった話ではないです。文化風土の違いですね。（一九九八年三月一三日インタビュー）

「関係」の発見と「友好」の後退

当時の日本人駐在員が中国でのビジネスを行う際に、最も強く意識していたのが個人的関係のもつ威力である。「礼物（つけ届け）」という心遣いがビジネスを円滑にし、円滑な人間関係が得にくい情報へのアクセスを飛躍的に高めるのである。また時に、こうした物質的な関係作りが、相手に対する個人的信頼を高め、互いに融通を利かせあう特別な関係を構築することに貢献した。第一期ではあまり見られなかった――それどころか社会主義的なルールと抵触するとして忌避されてきた――物質的インセンティブは、この時期になって一気に効果を強めていく。

一九九二年時点で浙江省杭州市での合弁事業に従事していた、ある日本人ビジネスマンによれば、

> 中国で仕事をするには、必ず「手土産」が必要とされ、最近ではこのコストもばかにならなくなりつつあります。時にタバコ一本で十分に事が処理される場合もありますが、そうでないケースも増えているのですね。……会社で手土産を渡す時には「サンプル」という名称を使うことにし、「サンプル」を配る際には、必ず私のサインを貰うようなシステムをとっていました。わざわざそうするのも面倒だと思いましたが、あまりに支出が甚だしくなるのをチェックしようとして、このようなシステムを取り入れました。（一九九三年七月一日インタビュー）

また北京や南京での駐在経験をもつ日本人商社マンによれば、

南京には科学関係や繊維関係の企業が多く集まっていますが、そういうところで働いている「旧い友人」たちが流してくれる情報が、もっとも信頼性が高かったですね。たとえば「この会社には金がないから、金が振り込まれない」とか、「あそこでは人事異動が起こっていて、対応している人は権力を失いつつある」とか、「今までの担当が変わって、今度担当する人は日本に対して敵対的な感情を抱いている」といった情報が流れてきました。この「旧い友人」とは、昔プロジェクトで一緒に働いて仲良くなった人で、彼らが日本に来た時に行きたいところに連れて行ったとか、贈り物をしたとか、親戚の子供が日本に来るので面倒を見てやったとか、日本でいろいろな企業を紹介したとか、要するに個人的な縁故関係がある人ですね。本当は個人的なところで動いていながら、表面では決してそうでないように見える。これが中国の社会でしたね。（二〇〇〇年一月一五日インタビュー）

皮肉なことに、こうした変化の波にあって、「友好」をもとに作られたビジネス関係は変容を余儀なくされていった。ある情報提供者は、競合他社の増加と経営環境の悪化の中に、また別の情報提供者は他社に負けない技術なくして生き残れない環境に、従来と異なる状況を意識していた。日本側が「友好」の重要性を持ち出し、中国側が日本企業に特別待遇をするといった関係は、この時期、急速に後退していくのである。

5　おわりに

このように、日中国交正常化以降の三〇年にわたる日本の対中投資が抱えていたリスクを、日本人ビジネスマンの視点から歴史的に眺めてみると、その多くが短期間のうちに性格を変えてきたことがわかる（園田 2005）。

改革・開放へと舵を切り、外資としての日本企業の投資を受け入れるようになったとはいえ、中国自身が市場経済に対して警戒的で、限定的にしか経営権や市場を開放していなかった。日本企業のコミットメントも自然、限定的にならざるをえず、中国内部の政治的リスクを意識する機会が少なかった。それどころか、中国事情に通じたビジネスマンが「友好」を媒介にした関係を取り結ぶことで、リスクが回避されていた。

ところが、鄧小平の南巡講話以降、韓国や台湾を含む多くの外国投資が中国になだれ込む中で、従来の「友好」を媒介にしたビジネス関係は変容を余儀なくされ、ビジネスマンがもつ個別な「関係」が威力を発揮するようになる。企業の外部に存在する管轄官庁や取引先、企業の内部に存在する従業員も、みな物質的インセンティブに敏感に反応するようになり、中国という「異文化」をマネジメントする力が日本側に必要になってくる。資金力や技術、ブランド力など、日本企業の比較優位を生かした経営が求められるようになり、競争的な市場が立ち上がっていく中で、日本とは異なる組織運営や従業員の行動様式に右往左往しながらも、日本的な経営手法を根づかせようとしていく。

第一期、第二期とも、中国における反日感情がビジネスに持ち込まれることはさほどなかった。第二期の後半にあたる二〇〇〇年には東芝のノートパソコンに見られる不具合への非難が起こり、二〇〇一年には日本航空の中国人乗客に対する「差別的対応」がニュース記事になったが（青樹 2003）、総じて日本企業のブランドに対する信頼は厚かった。

合弁事業の中国側のパートナーも、日本側とのつき合いはきわめて抑制的で、日本が「教え」、中国が「学ぶ」という構図も大きく変化していない。日本企業による現地化の試みが不十分だといった指摘は徐々に行われるようになり、日本側もこれに対応するようになるが、日本企業の経営そのものが激しく批判されることはなかった。

第二期になり、中国の企業で「三角債（複数の企業間における債務の焦げ付き）」が深刻化し、そのリスクをどう回避するかといった話題が世上を賑わせたこともあった。資材の調達がむずかしかったり、税制がコロコロ変わったり、といった問題もあった。中国の市場経済が発展する中で、日本企業の製品スペックを模倣するケースも増え、知的財産権保護の問題も生じるようになったが、これも中国企業が力をつけるようになった第二期になってからのことである。

中国ビジネス本が日本の書店を賑わすようになったのも、第二期の大きな特徴である（梶田・園田 1996）。多くの中国ビジネス本は、進出先でいかに苦労が多いかを強調する内容が多かったが、それでも同種の本が出版され、売れていたのは、それだけ中国への進出を考える日本企業が多かったからである。

二一世紀を迎え、中国がＷＴＯに加盟する段階になると、多くの対中投資が前提としていた条件や前提が大きく変わることになる。そして、その結果、日本企業が認知するリスクの性質や深刻さも、再び大きく変化することになるが、その分析に関しては、次章に委ねられることになる。

注

＊　本章は、筆者による別の論文（Sonoda 2014a）をもとに、大幅にリライトしたものである。

（1）「中国の重要性、著しく低下　日経・ＣＳＩＳ企業人調査」『日本経済新聞電子版』二〇一三年一月一三日付（http://www.nikkei.com/article/DGXNASGH0900C_W3A110C1EA1000/?dg=1）参照のこと。

（2）日本国際協力銀行の報告については、以下のＵＲＬを参照されたい。
http://www.jbic.go.jp/wp-content/uploads/press_en/2013/11/15929/FY2013_Survey2.pdf

（3）「日本企業の七割超が『中国企業と協力できる』、中国企業は『できない』が過半数―調査」（http://www.xinhua.jp/socioeconomy/economy/370686/）。

（4）この調査の実施過程については、本書第7章の3を参照のこと。

（5）従来行ってきたインタビューの記録は、園田（1993、1998a、2000、2011）などのインタビュー集としてまとめられている。本章及び次章におけるインタビュー事例は、これらの記録集から抜粋したものである。また、具体的な記述にあたっては、従来の研究成果（園田 1998b、2001b、2005）などを参考にした。

（6）この時期中国に進出した日本企業の状況を知るには、今井理之（1990）のケーススタディを参照されたい。

第6章　反日デモはチャイナ・リスク認識に影響を与えたか
——二一世紀以降のビジネスリスクと駐在員の役割変化

園田茂人・岸　保行・内村幸司

1　はじめに

日本と中国の経済活動は、政治に翻弄される形で開始された。日中ビジネスに携わる関係者は、政治や通商政策によって損失を被るリスク、法制・税制の解釈・運用の違い、商慣行・マナーの違いを痛感し、中国におけるビジネスをまったく異質なものとして捉えていた。

日本とは環境の異なる国で廉価な労働力を活用し、日本と同じものを作り、製品を輸出する。あるいは中国の富裕層向け、中国に進出した日本企業向けに日本と同じ品質の製品やサービスを中国国内で提供する――これが当時における経済活動の中核であった。日本と異なる国で、いかに日本と同じ事業を展開するかが最大の課題で、そのために当時、中国で求められた駐在員の要件は、中国の文化や言語に精通し、日本的な経営手法を中国に伝え、浸透・定着させることができる中国通であった。

二一世紀に入っても、中国におけるビジネス慣行の違いは依然として存在していた。ところが、中国国内では格差拡大や腐敗の深刻化、環境問題の悪化など、急成長のひずみがガバナンスのむずかしさに繋がる政治的リスクが顕在化する。

また、社会主義的理念でみずからの正統性を主張することができないと判断した中国共産党のもとで愛国主義教育が強化されるようになり、中国における日本イメージは悪化する。二〇〇五年以降発生するようになり、二〇一二年には大規模化した反日デモは、こうした文脈から理解することができるが、これに呼応するように、日本の中国イメージも悪化の一途をたどり、内閣府「外交に関する世論調査」の結果、「中国に対して親しみを感じる」と回答する者の割合が、二〇〇〇年以降大幅に減少する。

また二一世紀に入り、中国進出の前提が大きく変化する。人件費の高騰である。表6-1にある通り、二〇〇〇年代に入って各地の最低賃金は急激に上昇し、廉価な人件費を目的とした対中ビジネスの前提が大きく変化することになる。第1章や第4章が指摘している台湾や韓国の製造業同様、日本企業も人件費高騰に頭を悩ませるようになり、みずからのビジネスモデルを再考しなければならなくなる。

とはいえ、日中ビジネスは二〇〇〇年代以降、拡大の一途をたどる。中国は日本にとっての最大の貿

表6-1　主要都市における賃金上昇の状況：1998-2013年（単位：元）

都市	1998年	2005年	2008年	2010年	2013年	1998年：2013年倍率
上海	325	690	960	1,120	1,620	5
北京	310	580	800	960	1,400	4.5
天津	290	590	820	920	1,500	5.2
青島	180	530	760	920	1,380	7.7
大連	300	500	700	900	1,300	4.3
広州	380	684	860	1,100	1,550	4
深圳	430	690	1,000	1,100	1,600	3.7
蘇州	280	690	850	960	1,480	5.3

出典）各都市における人力資源社会保障局発表資料より筆者作成.

図6-1　日本企業の在外現地法人数に見る推移：2000-2013年

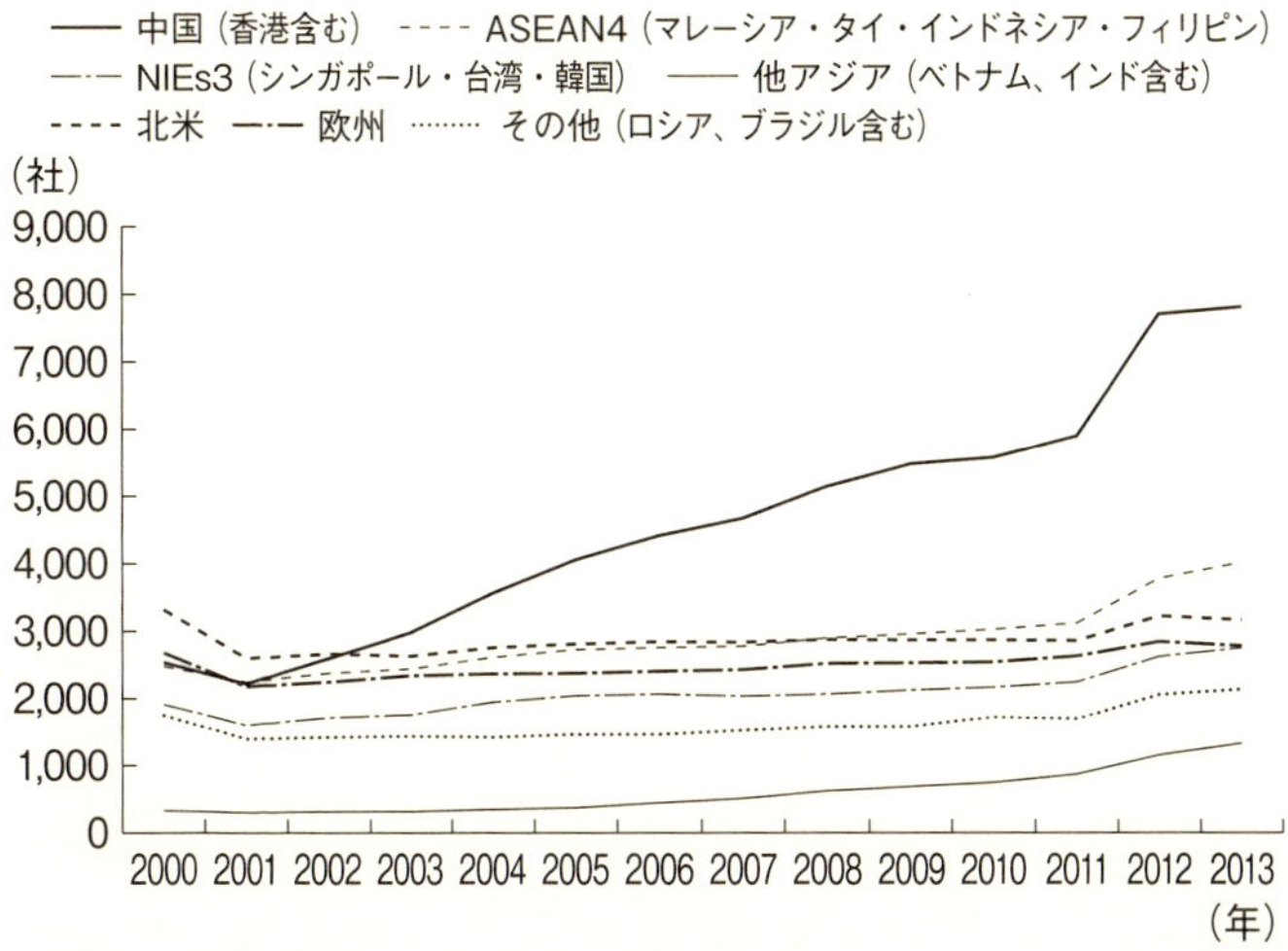

出典）http://www.meti.go.jp/statistics/tyo/kaigaizi/result-2.html の数値から筆者作成.

易相手国となり、北米を抜き日本企業の最大の進出先国となっていく（図6-1参照）。

本章では、この一見矛盾した状況において、日本企業や日本人駐在員が中国をどのように捉え、中国ビジネスにどう対応していったのか／対応することを求められたのか、その歴史的変遷をたどってみたい。そして、その中から日本企業や日本人駐在員がもつ対中ビジネス認識の特徴を考察しつつ、二〇一二年の反日デモがチャイナ・リスク認識に影響を与えたかどうかを、考えてみることにしたい。

2　第三期（二〇〇二―二〇一一年）――「政冷経熱」という新たな時代

中国のWTO加盟以降、中国は日本にとっての最大の貿易相手国になる。この「経熱」の中で、政治的な関係や対中・対日感情は徐々に悪化し、一九九〇年代の後半から顕著になりつつあった「政冷」が続いていく。それればかりか、都市と農村の社会保障をめぐる格差に起因する労使紛争や人件費高騰といったリスクが顕在化することになる。

中国総工会の支配下にある通常の工会（労働組合）では労使紛争が起こりにくい。それどころか、多くの日本企業にあって、工会は長く労使紛争を抑止する機能を果たしてきた。労働者の利益代表という以上に、労使間の合意形成・意思疎通を大きなミッションとしていたからである。

ところが二一世紀になって、労使紛争が頻発することになるが（図6-2参照）、日本企業もこれとは無縁でなかった。工会の保護下に置かれていなかった農民工（農村からの出稼ぎ労働者）がみずからの権利主張を行うようになったからである。

図6-2　中国における労働争議受理案件数に見る推移：1996-2010年

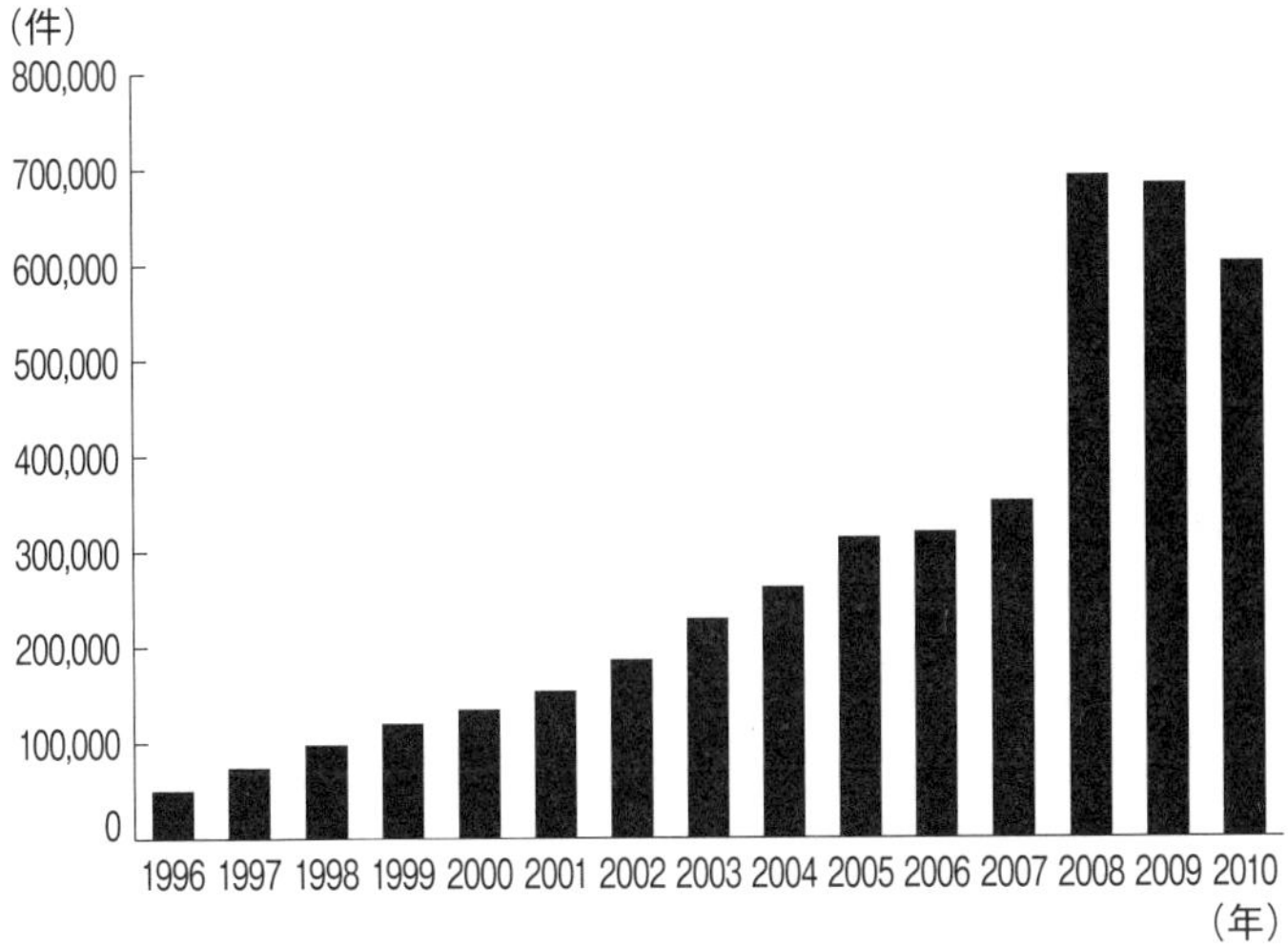

出典）独立行政法人　労働政策研究・研修機構HP「基礎情報：中国（2013年）6. 労使関係」http://www.jil.go.jp/foreign/basic_information/china/2013/chn-6.html.

中国を「世界の工場」に導いた立役者は農民工である。この農民工を都市部で雇用するには、（1）都市戸籍を取得させる、（2）居住証を取得させる、（3）暫定居住証を取得させるといった方法があるものの、戸籍や居住証の取得には大学卒・専門技術学校卒以上の学歴、一定の定住期間、技能取得、社会貢献などが求められるため、農民工のほとんどは暫定居住証による就業になっていた。ところが暫定居住証の場合、享受できる公共サービス（医療、児童の就学、社保、住宅積立金参加、自動車免許取得など）が制限されていた。もちろん、一定の料金を支払えば公共サービスを享受することはできる。しかし、その金額を負担できる農民工は多くない。特に医療や子女教育に関する公共サービスの制限は、農民工にとって大きな経済的な負担になっていた。

図 6-3　日本と中国（広東省）基本給水準比較：2009 年

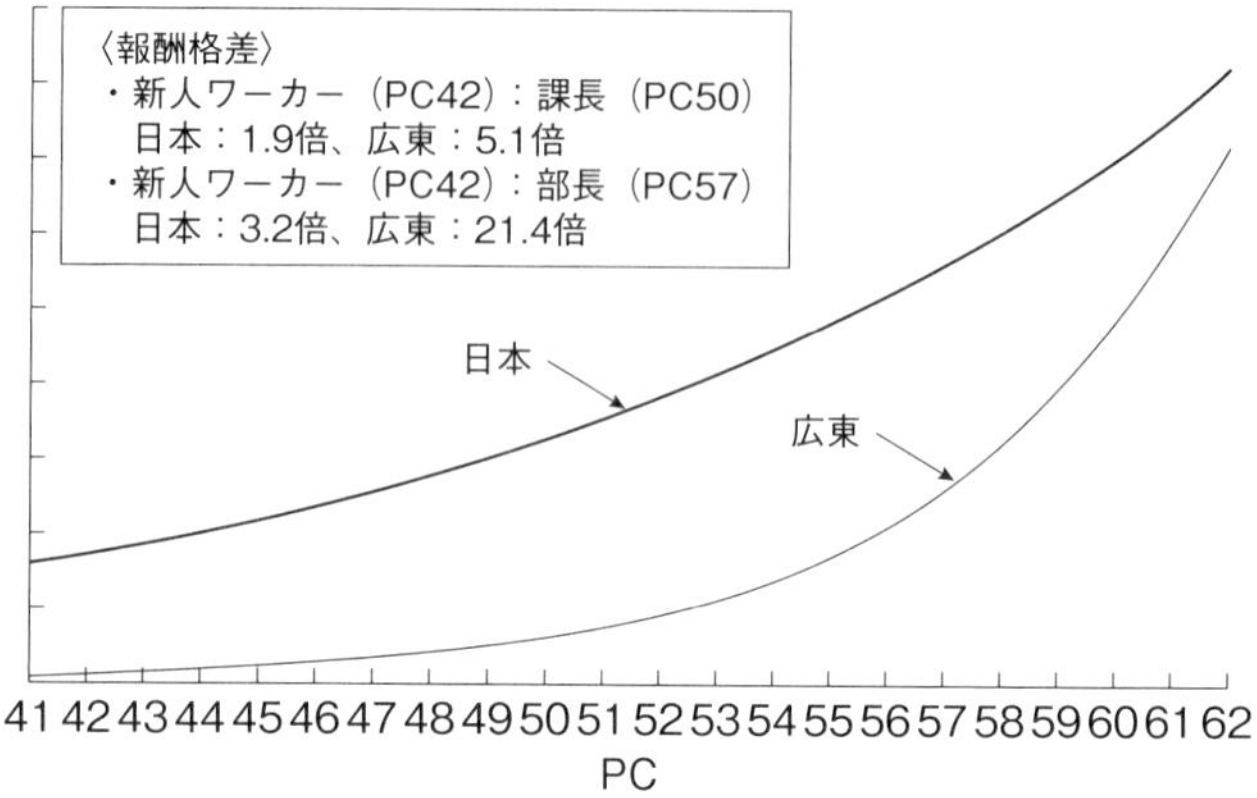

注：横軸の数値は職階の位置を，縦軸の数値は給与額を示す（ただしプライバシー保護のため，縦軸の単位は明示しない）.

出典）Mercer Total Remuneration Survey 2009.

中国では、職位による賃金格差が相対的に大きい（図6－3参照）。経済成長の果実を享受するには、働いている企業で昇進・昇格することが不可欠となる。しかし、中国は学歴社会で、昇進・昇格の機会を得るには高学歴が必要とされる。以前の中国であれば、優秀でありさえすれば大学に通うこともできた。ところが一九九〇年代後半から中国の大学も学費を徴収するようになり、経済力がないと高学歴が取得できない構造が出来上がっていった（園田・新保 2010）。

高学歴でなくても公共サービスへのアクセスに制限がなく、一定水準の生活ができれば、不満は生まれないかもしれない。ところが、優秀であっても経済力を高める術がなく、高学歴が取得できない状況にあって、農民工は労働争議にみずからの生存権を求めざるをえなくなっていた。

格差是正策が人件費の高騰を生む

二〇〇八年に施行された労働契約法や労働紛争調停仲裁法を契機に高まったといわれている労働者の権利意識も、労働争議を増加させる要因となった(1)。このように、労働争議の増加は農民工を取り巻く政治・社会・経済の環境が複雑に作用しあって生じたものである。

この時期の中国は、経済発展の代償として格差拡大という火種を抱え込むことになり、日本企業はその火種と常に隣り合わせになっていた。そして、その火種が労働争議というリスクとして顕在化してきたのである。

こうした状況にあって、「和諧（調和ある）社会」の実現を目標に掲げる中国政府は、拡大する所得格差を是正すべく、二〇一〇年にすべての省・自治区・直轄市で法定最低賃金の引き上げを実施した。全国平均で二二・三%の引き上げとなり、二〇一〇年以降も各都市で最低賃金の引き上げが継続的に行われてきた（表6-1参照）。

最低賃金上昇の動きに加え、労働争議問題直後に当局による団体交渉に関するガイドラインや意見表明が相次いでいる(2)。中国において工会の自律性や機能が強化され、各地方における人力資源・社会保障局が賃金ガイドラインを公表し、体系的かつ定期的な賃上げが行われるようになっている。格差問題の解消を目指す中国政府が、最低賃金や体系的な賃上げを後押しする傾向は今後とも継続するものと考えられるが、いずれにせよ廉価な人件費を目的とした中国進出には限界が訪れようとしていた。

マクロ環境としての「政冷」

二〇〇〇年代に入ると日中の政治関係が悪化し、さまざまなリスクが顕在化する。

二〇〇一年に小泉純一郎が首相に就任し、靖国神社への公式参拝を行うことで、日中の政治関係が悪化し、中国国内で反日感情が高まることになった。また、歴史教科書問題（二〇〇一年）、李登輝前台湾総統へのビザ発給（二〇〇一年）、日本人団体客による珠海集団売春報道（二〇〇三年）、西安の西北大学における日本人留学生による寸劇に端を発した暴動（二〇〇三年）などによって、中国の日本に対するイメージは悪化する。

こうした対日感情の悪化に関係していたのが、中国における愛国主義教育の拡がりである。格差が拡大し、資本家でも中国共産党に入党できる現状にあって、旧来の社会主義イデオロギーでみずからの統治を正当化することが、徐々にむずかしくなっていく中、中国ではナショナリズムが統治のためのイデオロギーとして利用されるようになる。反日デモといった極端な形でなくても、日本製品や日本企業への厳しい目が徐々に生まれていくようになり、日本企業はこうした逆境の中での経営を余儀なくされるようになる。これにはまた、インターネットの普及や消費者意識の強まりといった、別の要素も絡んでいた（渡辺 2003）。

二〇〇一年から〇二年にかけての日中の政治関係を分析している加茂具樹（2012: 405）は、日中双方がナショナリズムに揺り動かされる「新しい問題」の誕生を指摘しているが、実際、それ以降、瀋陽日本領事館事件における中国の高圧的態度（二〇〇二年）、中国人留学生による福岡一家殺人事件（二〇〇三年）、重慶で開催されたアジアカップでの反日暴動（二〇〇四年）などが引き金となり、日本における対中イメージが悪化していった。

二〇〇五年には日本の国連安保理常任理事国入りに対する反対署名活動に端を発して、中国の大都市で大規模な反日デモが展開されることになった。四川省のスーパー、イトーヨーカ堂成都店（成都伊藤洋華堂）では、反日デモ隊が暴徒化し、店舗のガラスなどを破壊した。しかし、日本企業はこの反日デモを冷静に捉え、このデモを理由に中国から撤退するといった動きは見られなかった。それどころか図6-1にあるように、中国への進出は拡大していった。

当時中国に進出していた日本企業は、デモに近寄らない、ネクタイをしない、目立つ行動や大騒ぎをしない、一人での夜間の外出や繁華街への立ち入りを自粛させる、社用車以外は使用させない、といった安全に関わる指示を出すことに終始していた。また、自社に勤める中国人従業員や取引先に無用な攻撃が加えられないように、対日感情がよくない遼寧、吉林、黒龍江、山東などの地域と、デモ発生地区である北京、南京、成都、広州への出張を自粛させ、非常事態の連絡体制を構築しながら、冷静な対応をとった日本企業が大多数であった。中国ビジネス関係者のデモに対する見方も、「一部の学生しか参加していなかった」「何か裏で操られているのではないか」「日本のマスコミは騒ぎすぎだ」「今回のデモは社会不安のガス抜きに使われているのではないか」といったものが主流で、事態を客観的に捉えられていた。

このように、多くの日本企業は冷静な対応をしつつも、報道などで暴動を目の当たりにした中国ビジネス関係者の心理的なダメージは少なくなかった。「反日デモ」という具体的なリスクの顕在化、日中関係の感情的な冷え込みを受け、他国への投資も検討されるようになった。「チャイナ・プラスワン」戦略が議論されるようになったのも、この時期からである。

帝国データバンクが二〇〇五年四月に中国進出を計画している日本企業八四八社を対象に行った調査では、三四・六％の企業が「様子を見る（延期を含む）」と回答し、「中止をする」と回答した〇・九％の企業と合わせると、三五・五％の企業が「計画を見直す」と回答している。(3)

パラドクスとしての「経熱」

このように二一世紀に入り、日中双方の感情は悪化していくものの、「政冷経熱」という言葉が示唆するように、経済活動はむしろ拡大することになる。

中国WTO加盟の前後に法律などのビジネス上のインフラ環境が整備されたこともあり、日本企業を含め、数多くの外資系企業が対中投資を拡大させる。そしてその結果、二〇〇〇年代の中盤になると、中国は「世界の工場」としての地位を確立することになる。対中進出・貿易の規模拡大を背景に、中国が一大輸出基地としてその存在感を示すようになったのである。

「財務省貿易統計」によると、二〇〇六年における日本の対中貿易総額は約二五・四兆円で、初めて対米貿易総額を上回ることになった（表6-2参照）。そしてそれ以降、中国が一貫して日本の最大の貿易相手国となる。

表6-2 貿易相手国上位3ヶ国の推移（輸出入総額：年度ベース）

	2000年度	2001年度	2002年度	2003年度	2004年度	2005年度	2006年度	2007年度
1	米国 23.5兆円	米国 22兆円	米国 21.5兆円	米国 20.1兆円	米国 20.6兆円	米国 22.8兆円	中国 25.4兆円	中国 28兆円
2	中国 9.7兆円	中国 11兆円	中国 13.3兆円	中国 15.9兆円	中国 18.7兆円	中国 21.8兆円	米国 25.1兆円	米国 24.9兆円
3	台湾 5.7兆円	韓国 5兆円	韓国 5.7兆円	韓国 6.3兆円	韓国 7.2兆円	韓国 8.2兆円	韓国 9.1兆円	韓国 9.6兆円

	2008年度	2009年度	2010年度	2011年度	2012年度	2013年度	2014年度
1	中国 25.7兆円	中国 23.1兆円	中国 27.2兆円	中国 27.2兆円	中国 26.6兆円	中国 31.5兆円	中国 32.6兆円
2	米国 19.4兆円	米国 14.9兆円	米国 16.2兆円	米国 16.3兆円	米国 17.5兆円	米国 20.3兆円	米国 21.8兆円
3	韓国 8.2兆円	韓国 6.9兆円	韓国 8.1兆円	韓国 8.4兆円	韓国 8.2兆円	韓国 9兆円	韓国 8.9兆円

出典）「財務省貿易統計」.

一方で、労働争議や人件費高騰により中国の「世界の工場」としての魅力は薄らぐものの、「世界の市場」としての魅力が強く認識されるようになる。

中国は、二〇〇〇年代の飛躍的な経済成長を経て、二〇一〇年にGDPで日本を抜き、世界第二の経済大国となる。ジェトロ「平成二一年度日本企業の海外事業展開に関するアンケート調査」の結果によれば、当時中国の既存ビジネスの拡充・新規ビジネスを検討している企業が事業拡大を図る具体的な内容として回答していた項目の中で、「輸出を図る」がもっとも高く、次いで「販売拠点を新設・拡充する」が四割を超えていた（図6-4参照）。つまり、市場としての中国の規模や成長性が高く評価されるようになったのである。

国際協力銀行が行った「二〇一〇年度 わが国製造企業の海外事業展開に関する調査報告——海外直接投資アンケート結果（第二二回）」の結果においても、中国を有望国として挙げた企業は、市場の規模・成長性を高く評

図6-4　対中ビジネスの拡充，新規ビジネスを検討している企業の事業拡大の具体的内容（複数回答，N=567）

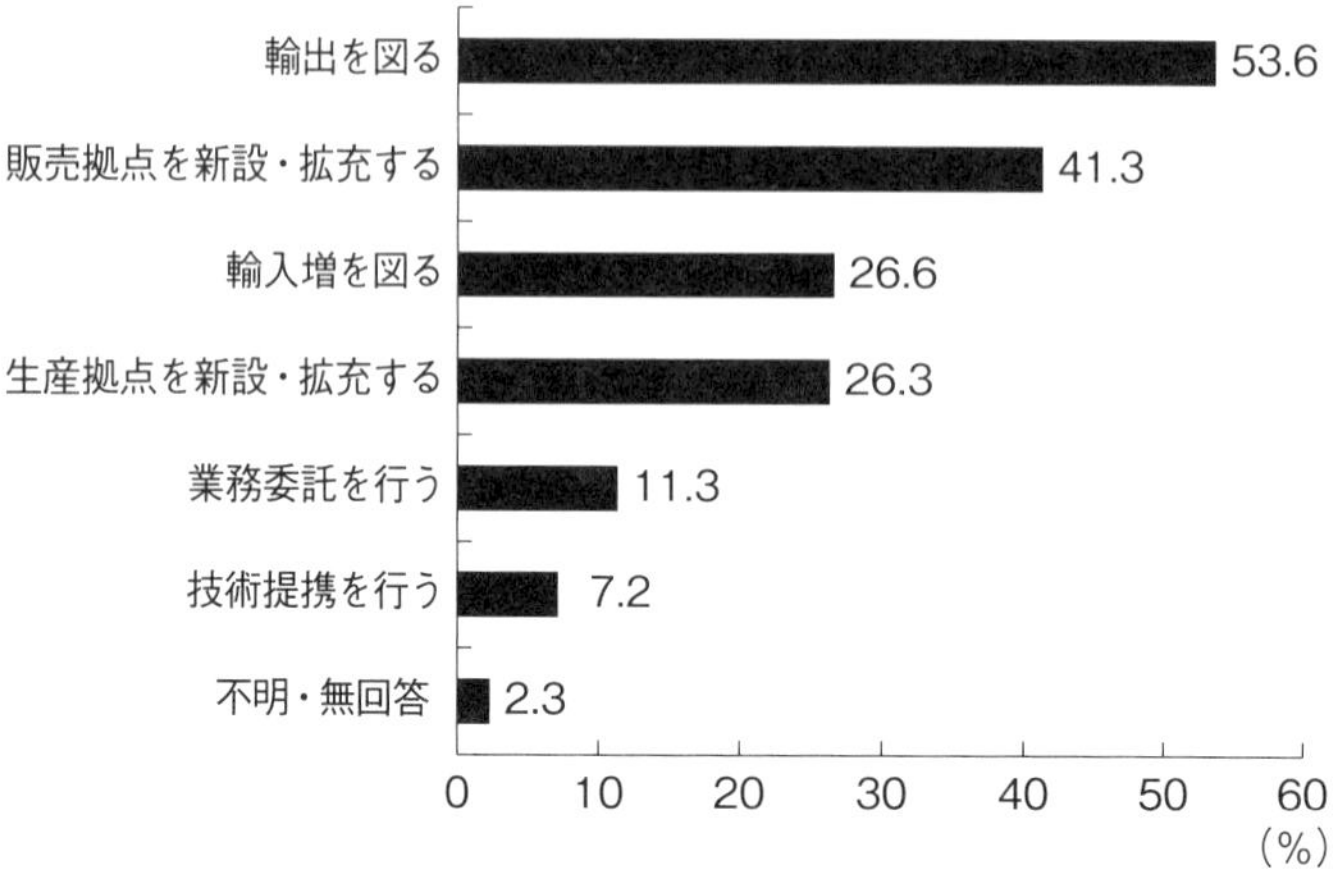

出典）https://www.jetro.go.jp/ext_images/jfile/report/07000205/kaigai_jigyou_tenkai.pdf, 11 ページ.

価している。[4] 国内市場の規模が横這い、ないし縮小していく日本企業にとって、経済発展を通じて可処分所得が増加し、大量かつ広範囲に中間層が生まれている中国市場への取組みは、所与の条件となっていった。

労働争議の増加や人件費の高騰といった新たなリスクが顕在化しながらも、日本企業は「世界の市場」攻略に向けて、「地産地消」としてのものづくりも含め、引き続き中国ビジネスを活発に展開することになる。

優秀な中国人従業員をめぐる競争の激化

中国における事業規模が拡大し、中国拠点の重要性が高まる中で、この時期の日本企業の課題は、組織規模の拡大に対応し、本社から求められる役割を迅速に果たせるよう、組織体制を強化することにシフトしていく。その結果、中国人従業員を廉価な労働力と見なし、日本語が話せることを条件としたアシスタントとして活用する従来のやり方は変更を余儀なくされる。一定規模の組織を運営するために、中国人管理職が必要になってきたのである。そして、日本企業は中国でいかに優秀な人材を確保・活用し、引き留めるかといった課題解決に腐心するようになる。

組織体制の強化が求められ、管理職として中国人従業員を活用せざるをえない状況において、日本人駐在員の認識にも変化が現れる。

非常に優秀な人を雇ってきているのですね。しかし、結局は辞めていってしまう。日本人が使いこなせないのですね。結局は日本的なやり方を求めるからなのですが、結局現地人の方が、嫌気がさしてしまって辞めていってしまう。（二〇〇〇年一月一五日インタビュー）

また、優秀な中国人従業員を確保・活用し、引き留めるために、中国人従業員の動機づけ要因に着目し、適切な人事管理が求められるようになった。実際、よい条件を求めて中国人従業員は企業を渡り歩くようになり、彼らを企業に留めるための工夫をしなければならない状況に置かれるようになる。(5)

離職率が高いので、特に中国国内での機密管理がむずかしいですね。日本ではありえないのですが、製紙会社の技術資料をもっている人たちが、技術をもって製紙会社間で転職するということがあります。どうしても人材を確保したい場合、中国ではボーナスで社員に家を買ってあげることさえあるみたいです。今中国では新しく労働に関する法律ができて、社員を辞めさせるのがむずかしくなっています。メーカーは人材を確保できないし、逆にできが悪いのを辞めさせることもできないから大変です。（二〇一一年一月七日インタビュー）

メーカーでよくできる人を雇って教えると、その人は能力をつけていきます。そうなると会社を辞めて、ステップアップして他の会社に移ります。商社なんかはそんなことないのではないかと思われるかもしれませんが、意外とそうでもありません。せっかく育てても、他のところに転職してしまうことが多いのです。特に年単位の長期の海外研修に行かせると、その後すぐにやめてしまうことが多いです。（二〇一〇年一二月九日インタビュー）

報奨人事制度の導入という「応戦」

第5章でも指摘されているように、上記のほかに、中国人従業員は「個人主義」で「チームワークが苦手」だといった認識をもつ日本人駐在員も多く(6)、組織運営においてその異質性を乗り越えて人材を確保・活用し、引き留め、方向づけ・動機づけすることのむずかしさを痛感していた。そこで、日本と中国の違いを乗り越えるための方法として、逆説的に「誰でも同じ」要素に着目した人事制度を活用し、中国人従業員を確保・活用し、引き留めることを考えるようになった。日本の長期雇用とは異なる流動性の高い労働市場において適用しやすい「職務基準」や、日本の人事制度（特に年功序列・職能基準といった要素）と異なる国でも説明が可能な「成果に応じてメリハリがつく報酬制度」が、中国において有効な制度であると認識されるようになる。

たとえば、中国の花王では、組織の活性化・人材獲得を目的として、二〇〇〇年に職務を基準に報酬水準が策定される人事制度を導入している（『日本経済新聞』二〇〇〇年七月一六日付）。ダイキンは優秀な人材の引き抜きを防ぐため、仕事上の成果に応じて格差が生じる報酬制度を二〇〇四年に導入している（『日本経済新聞』二〇〇四年一月二六日付）。松下電器も社員の士気を高めるために、二〇〇四年から成果に応じて差が生じる人事・報酬制度を中国に導入している（『日本経済新聞』二〇〇四年一月二六日付）。

市場としての魅力が高まったとしても、中国市場の攻略は容易ではない。中国各省で購買力が高まり、市場が地理的に拡がってきている。また、ボリュームゾーンの購買力も底上げされており、顧客となりうる層が育ってきている。こうした中で市場ニーズを洞察し、これを製品開発やセールスプロモーションに反映させる必要があった。また、中国独自の商習慣を踏まえつつ、自社の販売ポリシーに折り合いをつけながら価格を設定し、販売チャネルを整備・拡大しなければならない。市場分析の複雑性が高まる中、高度なマーケティング機能が必要とされ、中国市場でも自律的に戦略を立案し、実行する必要性が高まっていった。

加えて廉価な労働コストに依存したものづくりは限界を迎え、付加価値の高いものづくりが求められるようになった。製品設計プロセスと工程設計プロセスを同期化する、多品種大量生産に向けたラインの対応力を強化する、不具合による損失を削減するために生産ラインである程度の不良品の検出ができる、といったものづくりがこれである。

刻一刻と変わる多彩なニーズに対応した生産方法は、簡単なマニュアルでは規定できない。しかも人件費は高騰しており、限られた人員で対応しなければならない。複雑な設計の製品も、簡素な設計の製品も同時に開発し、品質を向上させながら生産し、販売し、サービスを提供する必要がある。こうした課題に取り組むために、従業員には生産ライン設計や製品設計を提案する力や、自社内各部門と調整する能力などが求められるようになっていった。

高度な事業活動に対応するには、日本人駐在員を派遣するだけでは量・質ともに不十分で、中国社員による自律的で高度な事業活動が不可欠だと考えられるようになり、本格的に現地化の必要性が議論されるようになる。(7)

3　第四期（二〇一二年―）――「チャイナ・プラスワン」戦略の台頭?

「政冷経冷」の時代へ

二〇一二年九月一〇日、日本政府が尖閣諸島を民間から買い上げ、国有化することを閣議決定したこともあり、九月一五日には、日中国交正常化以降最大規模となる反日デモが中国各地で発生し、日本企業への大規模な襲撃が引き起こされる事態が生じた。日本企業の工場や自動車会社の販売店などは徹底的に破壊され、その後の操業が困難となった。また、中国人が経営する日本料理店や中国人所有の日本車も破壊された。このため、日本料理店や日本車所有者は被害を避けるため、閉店した上で店頭に五星紅旗を掲げたり、尖閣諸島の中国領有を主張するステッカーを張ったりするなどの自衛策に追われることになった。

二〇〇〇年以降、日中関係は「政冷」ではあったとはいえ、二〇〇二年には日中国交正常化三〇周年の記念式典が通常通り執り行われた。ところが、二〇一二年の日中国交正常化四〇周年に関する公式イベントの多くはキャンセルされ、これまでもっとも関係が悪化することとなった。

この時期、東南アジアが中国に代わる投資先として台頭するようになる。タイ、マレーシア、フィリピン、シンガポールといったASEANの主要国だけでなく、ベトナム、インドといった新興国にも注目が集まるようになり、投資を中国以外に分散させることが本格的に検討されるようになる。「チャイナ・プラスワン」戦略の台頭である。実際、図6-1（前掲）からも読み取れるように、二〇〇八年にはASEAN4にある現地法人の数が北米の数を凌駕するようになる。また、ベトナムやインドの現地法人数は、ここ一〇年間で、約四倍と三倍に、それぞれ増加している。

他方で中国の成長率の低下が取り沙汰されるようになる。その結果、二〇〇五年以来検討されてきた「チャイナ・プラスワン」戦略が現実味を帯びて議論されるようになり、新規投資先は中国以外へシフトするようになる。

ジェトロが二〇一四年度に実施した「在アジア・オセアニア日系企業活動実態調査」によると、二〇一一年まで六〇％以上の中国進出企業が「今後一～二年で事業を拡大する」と回答していたのが、二〇

図6-5 「今後1〜2年で事業を拡大する」と回答した企業の割合

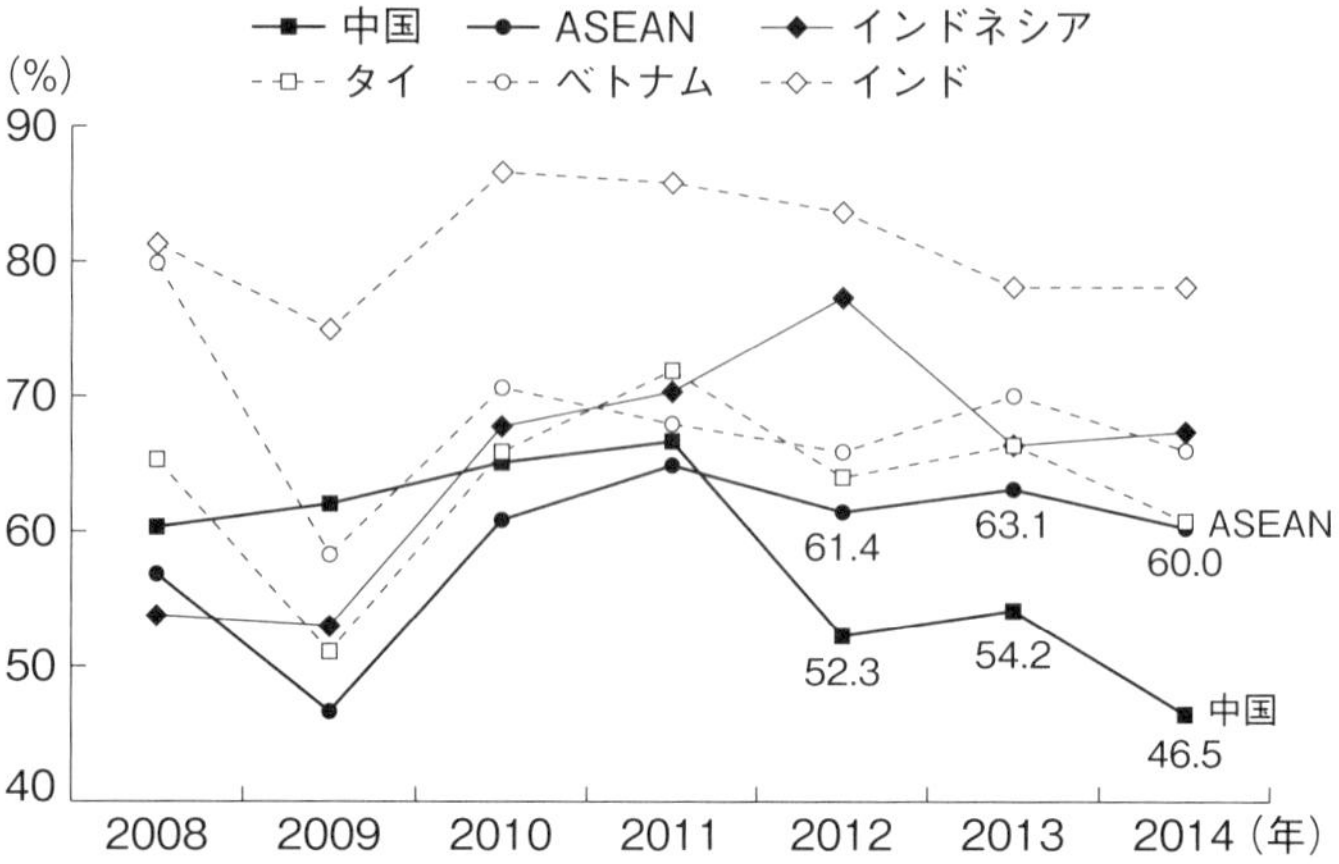

注：ASEANはブルネイを除く9ヶ国の平均値．またカンボジア，ラオスはそれぞれ2011年以降から，ASEANの平均値に含まれるようになった．

出典）https://www.jetro.go.jp/ext_images/jfile/report/07001901/07001901_01a.pdf, 20ページ．

一二年を境に数値が急落し、二〇一四年には、ASEANや他のアジア地域よりも「今後一〜二年で事業を拡大する」と回答した企業の割合が低くなってしまった（図6-5参照）。第5章の冒頭で紹介したように、二〇一二年の反日デモは一般のビジネスマンに大きなインパクトを与えたが、これは中国への進出を果たした企業にとっても同様であった。

こうした情勢を反映してだろう、従来は「苦しいが、こうして中国での経営をすべきだ」といった論調の中国ビジネス本が多かったのが、二〇一二年以降には進出そのものにリスクがあるといった論調の出版物が多くなっている。

表6-3　日本企業の進出地域別撤退比率の推移（単位：%）

	2008年度	2009年度	2010年度	2011年度	2012年度	2013年度
全地域	2.6	3.5	3.2	2.9	2.1	2.3
北米	2.7	4.6	3.8	3.7	1.9	2.3
中国	2.9	3.5	3.2	2.7	2.4	2.6
ASEAN4	2.5	3.0	2.2	2.0	1.4	1.7
NIEs3	3.0	3.1	3.3	3.1	2.3	2.8
欧州	2.2	3.4	4.0	3.8	3.2	2.7

出典）http://www.meti.go.jp/statistics/tyo/kaigaizi/result/result_44.html の数値から筆者作成.

国境を越える現地従業員

「政冷経冷」の時代を迎えたとはいえ、日本企業の多くは依然として中国を重要な国と捉えている。中国は依然として日本にとっての最大の貿易相手国であり、最大の進出先国である。中国ビジネスが縮小しているわけでなく、撤退比率が特別に高いというわけでもない（表6-3参照）。

また、中国との関係をめぐり、「日中関係は重要だ」と考える者の割合も、依然として多くいる。言論NPOが毎年実施している日中での世論調査によれば、「日中関係は重要だ」と判断している者の割合は、二〇一〇年以降漸減傾向が見られるとはいえ、二〇一四年時点で、日本で七〇・六%、中国で六五%の回答者が「日中関係は重要だ」と回答している(8)。

日本企業もまた、中国事業の高度化や現地化促進に向けて中国人従業員を育成し、日本人駐在員の中国への派遣も継続して行っている。二〇一三年における経済産業省「海外事業活動基本調査」によると、日本企業が海外で雇用している社員は五五二万人弱にのぼり、その中でも中国は一七一万人強で最多である。

最近では、これら中国における自社の社員をグループ全体としての人的資源として捉え、他の新興国に派遣する動きもでてくるようになってきている。

中国人従業員の海外派遣は、中国人幹部候補生の育成という観点からも重要な取り組みとなっており、彼らが第三国で活躍し、国境を跨いでキャリアアップを目指している姿も散見されるようになってきた。

このように中国の現地従業員をチャイナ・リスクへの対応要員としてだけでなく、企業グループにおける貴重な経営資源として捉えているのが、現在の日本企業の姿である。日中は政治的に多くの課題を抱えているものの、中国の日本企業が育てた人材が世界へ雄飛しつつあるといった「矛盾」は、二〇一二年の反日デモの後遺症が癒えていない現在でも、存在し続けている。資本が中国から第三国に渡りつつあるように、人材も中国を超えて流動するようになっているのである。

日本企業への評価の低下と本社における駐在員候補の「枯渇」

もっとも、これには日本企業側の切羽詰まった状況も関係している。

第一に、チャイナ・リスクを意識する日本を尻目に、多くの欧米企業が次々と中国市場へと進出し、魅力的な労働条件で多くの優秀な人材を奪っていくこともあって、現地従業員は、多くの点で欧米企業の方が優れていると評価するようになっている。図6-6は、筆者たちの研究グループが一九九二年と二〇〇七年に、それぞれ中国の日本企業で働く現地従業員を対象に、六つの労働条件を軸に日本企業と欧米企業を比較してもらった結果を示したものだが、これが現実を反映しているかどうかは別にして、この図から、雇用の安定性を除き、日本企業より欧米企業の方が優れているという意識が強くなっていることがわかる。こうした状況にあって、日本企業としても優秀な従業員の登用を意識せざるをえず、

図6-6　中国の日本企業現地従業員による労働条件をめぐる日欧企業比較：1992-2007年

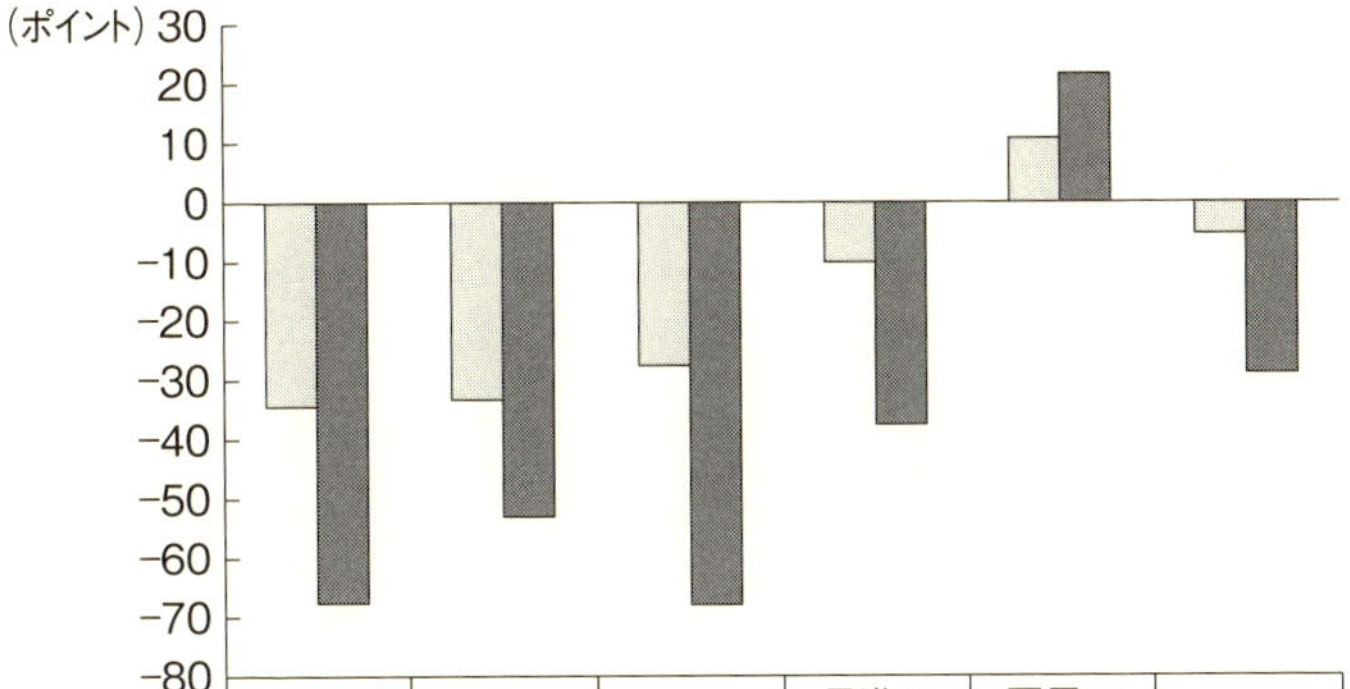

	給与の額	有給休暇	福利厚生	昇進の可能性	雇用の安定性	労使協調
□ 1992年	−34.0	−32.9	−27.1	−9.7	10.1	−5.1
■ 2007年	−67.7	−53.0	−68.2	−37.6	21.4	−29.0

注）数値は日本企業の方が優れていると回答したパーセントから，欧米企業の方が優れていると回答したパーセントを引いた値．

出典）園田・岸（2013:9）．

彼らの「有効活用」が重要な課題となっていた。

第二に、日本の本社で駐在員候補の選抜・育成が追いつかない状況に置かれていた。図6-7と図6-8は、筆者たちの研究グループが中国に進出している日本企業と韓国企業の本社を対象にして行った調査の結果を示したものだが（その詳細については、第7章の3を参照）、在中国駐在員候補への評価で「量、質ともに不十分である」と回答した日本企業は五五・七％だったのが、韓国企業はほぼ二〇ポイント少ない三五・八％だった。また、在中国駐在員候補の選抜・育成についての評価をめぐっても、「社員の中に候補となりうる者が少ない」と回答した日本企業は五五・八％と、韓国企業の三一・四％を二四ポイント以上上回

図 6-7　本社における在中国駐在員候補への評価：日韓比較

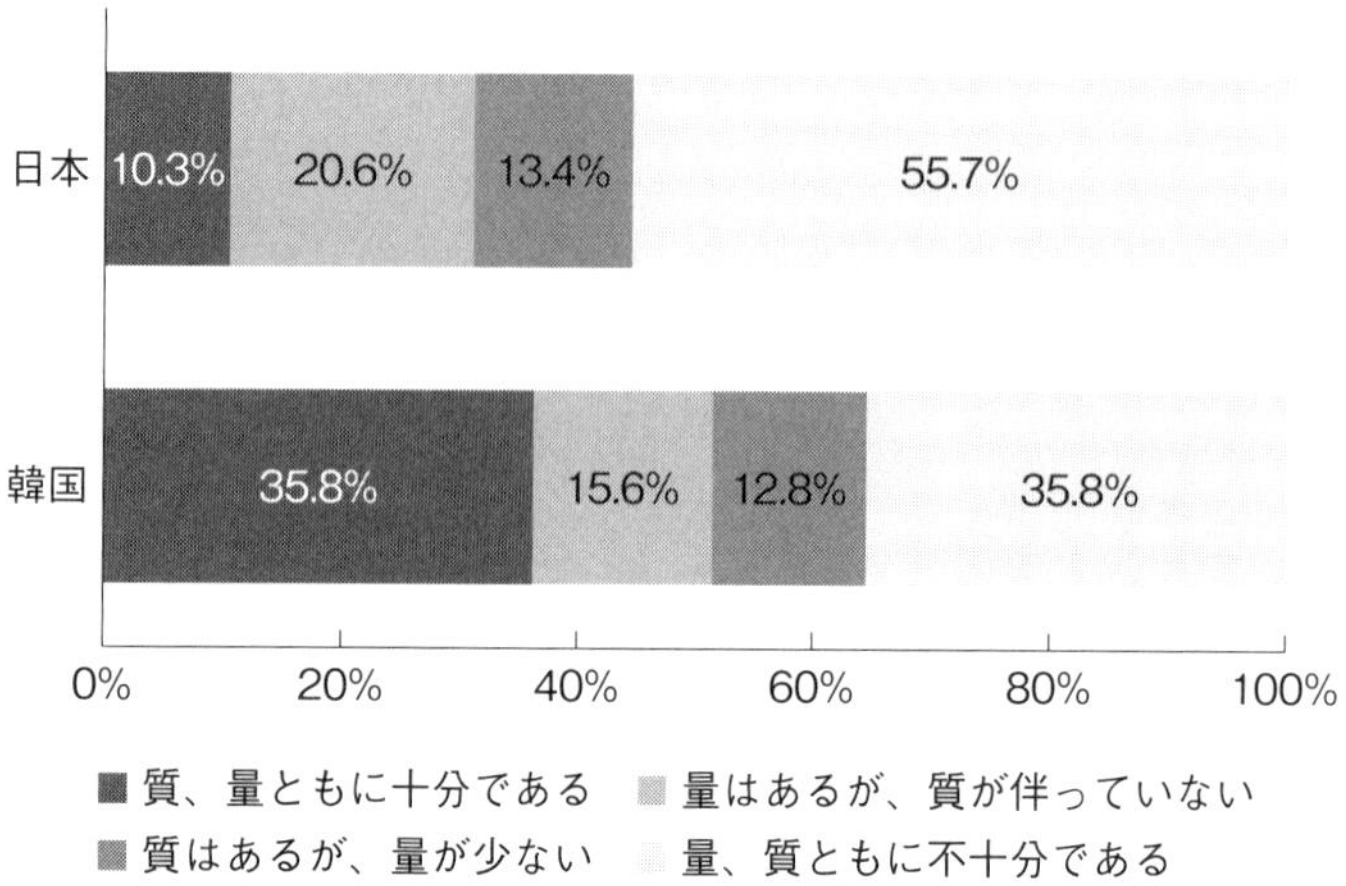

出典）「日韓多国籍企業本社調査」（2012 年）.

図 6-8　在中国駐在員候補の選抜・育成についての評価：日韓比較

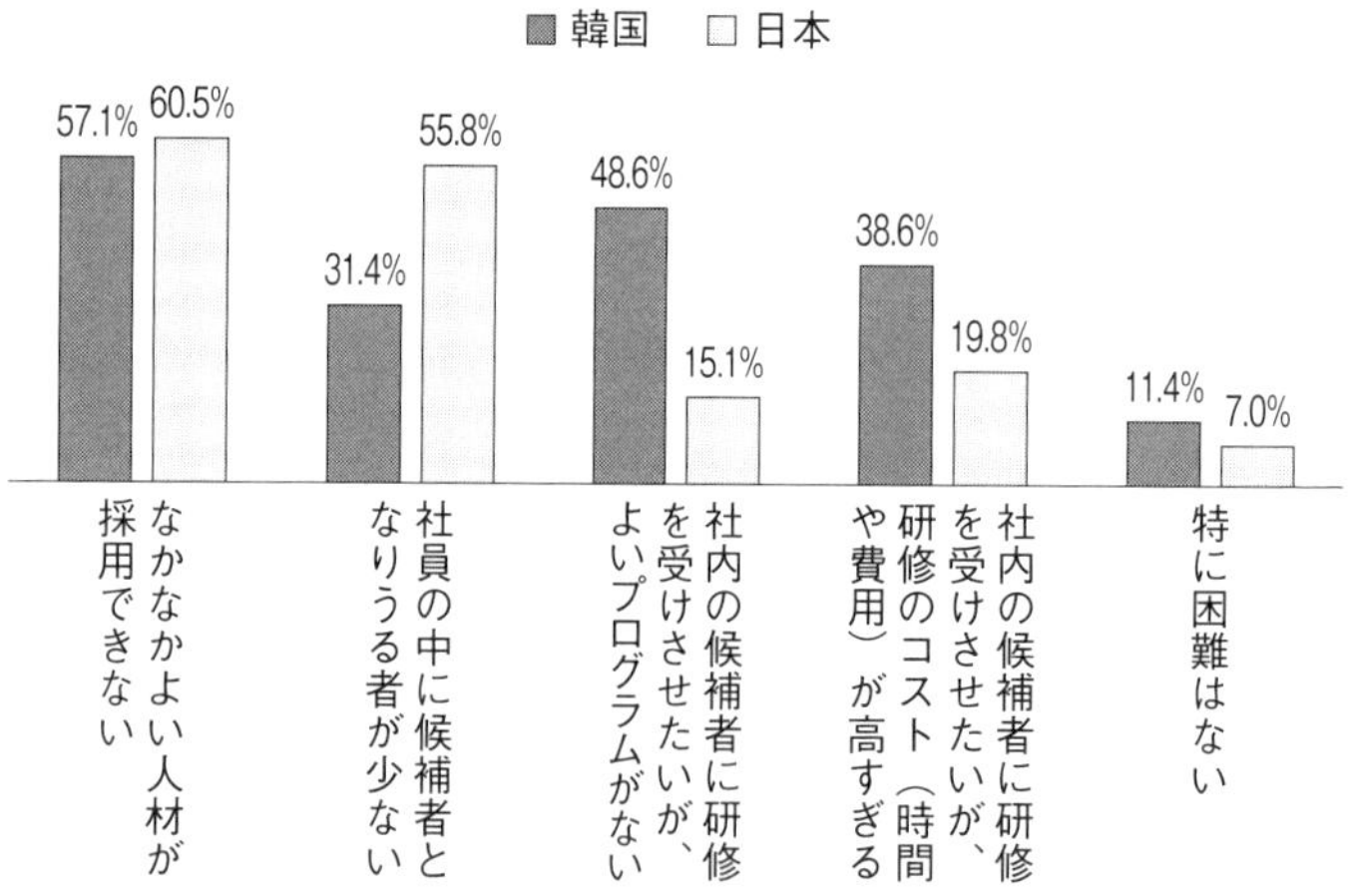

注：複数回答が可能なので，数値をすべて足し合わせると 100%を超える.
出典）「日韓多国籍企業本社調査」（2012 年）.

っている。「なかなかよい人材が採用できない」という悩みは日韓で共有されていても、韓国企業の方で、内部に候補となりうる人材が多いことが、これらの結果からうかがえる。

中国における日本企業の相対的なプレゼンスの低下と、日本本社における駐在員候補者の枯渇。こうした状況にあって、中国の現地法人で育った従業員を世界的に活用するようになるのも当然かもしれない。

4　おわりに

冒頭の問いに立ち返ってみよう。

二〇一二年の反日デモは、日本企業の中国戦略を変えるだけのインパクトがあった。一般の日本人ビジネスマンは、中国市場の重要性・潜在可能性について否定的・悲観的な見方を示すようになった。すでに進出した企業で「今後一〜二年で事業を拡大する」と回答した者の比率が低下した。実際の投資額も低下し、中国日本商会の会員数も二〇一二年をピークに、近年は微減傾向にある(9)。これらを総合的に判断する限り、少なくても一時的にではあれ、日本企業のチャイナ・リスク認識は大きく変化したといってよい。

一九八九年の六・四天安門事件によって、日本の対中投資は一時頓挫するが、これは日本企業の自発的判断というより、日本政府の対中経済制裁によるものだった。二〇一二年の反日デモも六・四天安門事件同様、大衆運動に起因した政治的リスクの発現であったとはいえ、日本企業の反応は大きく異なっている。前者では政府側が投資の抑制を求めたのに対して、企業側はその継続を考えていた。これに対して後者は、企業側の自主的な判断によるもので、日本政府の意図的な介入によるものではない。何より両者では、投資額、投資案件数で比べ物にならないほど大きな違いがあり、それだけ二〇一二年のインパクトは大きかったといえる。

もっとも、二〇一二年を境にした日本企業の投資意欲の減退が急激に起こったのかというと、そうとはいえない側面もある。

中国における愛国主義教育は一九九〇年代半ばに始まり、対日感情が悪化する素地はできていた。二〇〇〇年代から現在に至るまで、日中の政治的関係は一貫して「政冷」で、日本製品へのボイコット運動や反日デモも発生していた。特に二〇〇五年の反日デモは規模が大きく、肝を冷やした企業も少なくないはずだ。

人件費の高騰によるビジネスモデルの転換の必要性については以前から指摘されてきたし、対外投資が中国に集中することのリスクと「チャイナ・プラスワン」戦略についても、以前から話題になっていた。それ以上に、市場経済化の中で力をつけた中国企業との競争が今まで以上に苛烈になり、日本企業が素朴に「自分たちの技術やサービスの方がよいはずだ」と考えることができる時代は過ぎていた（丸川・梶谷 2015）。

その意味で、二〇一二年の反日デモの日本企業への最大の効果は、こうして徐々に変化しつつあったチャイナ・リスクの存在を本社レベルにまで、少々過激な形で伝えたことなのかもしれない。

注

(1) 中国統計年鑑によると、二〇〇八年全国裁判所が受理した労働者提訴案件数は七〇万件近くに達し、前年の約二倍になっている。

(2) 「二〇一〇年下期中に東莞市の一部で集団協議を導入する見通し」(二〇一〇年七月五日、東莞陽光網)、「広東省において団体交渉に関するガイドラインを発表」(二〇一〇年八月一一日　広東省人力資源・社会保障庁)、『健全な労使関係を』深圳市政府が意見書発表」(『深圳特区報』二〇一〇年六月二九日付)、など、広東省では「健全な労使関係」「人(労働者)重視」「労働者権利擁護」「残業や低賃金依存からの脱却」「労働者を代表しない組合は淘汰されるべき」「賃上げは企業収益伸び幅上まわるべき」といった発言が繰り返されることになった。

(3) 詳細については、「TDB景気動向調査(特別企画)——中国のカントリーリスクに対する影響調査」(https://www.tdb.co.jp/report/watching/press/keiki_w0504.html) を参照されたい。

(4) 詳細については、「二〇一〇年度　わが国製造企業の海外事業展開に関する調査報告——海外直接投資アンケート結果(「第二二回」二〇一一年九月　国際協力銀行業務企画室調査課)」(https://www.jbic.go.jp/wp-content/uploads/page/information/research/analysis.pdf) を参照されたい。

(5) 以下で紹介する二つのインタビュー事例は、園田 (2011) によるが、これらは園田の演習科目を履修した学生によって行われたインタビューの一部である。

(6) 海野素央 (2002: 166–172) は、在中国日本企業において日本人駐在員が抱える問題を取り上げる際に、中国人従業員の個人主義の強さ、日本人駐在員のあいまいさ、集団主義といった文化的要因を指摘している。

(7) そのため、この時期に日本から派遣される駐在員は、中国人従業員を育成し、現地化を進展させることができる人材、一定の権限をもつ役員クラスの人材が多く派遣されるようになった。

（8）詳細については、「言論ＮＰＯ『第一〇回日中共同世論調査』結果」（http://www.genron-npo.net/pdf/2014forum.pdf）を参照されたい。

（9）北京にある中国日本商会の五十嵐克也事務局長によると、二〇一二年には八〇〇社弱の会員があったのが、二〇一五年には七〇〇社を割ってしまったといい、これらの原因には反日デモのほか、ＰＭ２・５などの環境悪化に伴う日本人駐在員候補者の減少が関係しているという（二〇一五年九月四日の在中国日本大使館での講演）。

第7章 「関係」のポリティクスとリスク管理
——中国における日韓台企業の比較

園田茂人

1 はじめに

筆者は以前「儒教と近代化」と題した拙文で、一九九〇年代における「新しい近代化理論」の誕生を背景に、当時流行しつつあった儒教文化圏に関する研究群を吟味し、アジアNIEsの台頭という新たな状況のもとで、どのように近代化理論を彫琢しうるかを議論したことがある。同種の論文が少なかったこともあって、「グローバリゼーションの視点からNIEs台頭の問題を論じ、しかし社会学的洞察に富むような業績」(厚東 2006: 181)といった望外の評価を得られることになったが、論文の発表から二〇年以上たった現在、アジアや世界を取り巻く環境が大きく変わってしまった。

当時の議論では、アジアNIEsの台頭が射程に入れられていたものの、社会主義中国は、まだ改革・開放を始めてまもなく、一九九二年の鄧小平による南巡講話を契機に大量の外国資本が中国に入る前だった。その後、世界的な対中投資ブームが起こり、中国も急速に経済発展した。そして今や世界第二位の経済大国となり、中国の変化や現状抜きに、近代化を議論することがむずかしい状況にある。

そればかりではない。外資導入が急速な経済発展のカギとなったとされるNIEsは、その後、海外、とりわけ中国への企業進出を図り、進出企業間での激烈な競争を経験するようになった。他方で、二〇〇八年に世界を襲ったリーマンショックの影響が軽微だったこともあり、中国の世界的プレゼンスは日増しに高まり、「中国モデル」をめぐる議論が活発化するなど（潘維 2010：趙釗英・呉波 2010：唐亮 2012）、世界経済ばかりか、社会科学にも大きなインパクトを与えている。

2 中国における個別主義の復活

興味深いことに、経済発展とともに中国に復活したのが、個別主義的な人間関係を通じた取引の広がりだった。こうした人間関係は「関係《グアンシ》」（以下、カッコを付けて「関係」と表記する）と呼ばれ（園田 2001a）、中国社会を広く覆っているとされる。社会主義革命後の計画経済のもとで、個別主義的紐帯は経済の表舞台から姿を消していたのが、改革・開放後に、「封建主義の残滓」（中国ではしばしば、このように表現される）が命を吹き返したのである。

実際、中国でビジネスを行うにあたって、「関係」を有効に利用することが大切だとする指摘が、多くの研究者からなされてきた（Gold et. al. 2002; Fan 2007; Wong 2007）。中国に進出した外資系企業についても例外ではない。そればかりか、外資系企業が中国の国内市場を開拓する際、中国の政府機関との「関係」がきわめて重要だと指摘するビジネス関連書が数多く存在する（Bjorkman and Kock 1995; Hitt et. al. 2002; Standifird 2006; Langenberg 2007; Wu 2007）。

政府関係者、とりわけ多大な情報と権限を有する地方政府の役人と「関係」を構築できるかどうかが、多国籍企業にとって中国市場を制することができるかどうかのカギになっていると指摘する研究者も多い。たとえば、

> 「関係」、とりわけ中国政府とのそれは、ビジネスチャンスや政府による政策など、多国籍企業に有用な情報を与えてくれる。ビジネスチャンスに関していえば、「関係」のネットワークが強固であればあるほど、多くのチャンスを手に入れることができる……多国籍企業がこうしたビジネス目的のために、「関係」をうまく利用することができる点は、ほとんど疑いがない。それゆえ、とりわけ中国政府との良好な「関係」づくりは、多国籍企業が中国でビジネスを成功させるための必要条件となっている。

多国籍企業はまた、「関係」を利用して、資源の入手方法を獲得することもできる。必要物資や専門職が不足している現況にあって、中国でこうした資源を手に入れようとすると、組織は「関

係」に依存せざるをえなくなる。レンガや石膏、発電施設など生産物資の多くは地方政府の管轄下にある。その意味でも、管轄機関の役人とよい「関係」をもつことは、これらの物資を確実に入手するためにも重要となる。そればかりか、生産に必要な物質を確実に入手するには、強固な「関係」ネットワークをもたねばならない。(Yang 2011:164–165)

「新しい近代化理論」が重視したのが、伝統と近代の相互浸透、相互読み替えだったとすれば、改革・開放路線への転換により、遅れて近代化の隊伍に入った社会主義・中国も、アジアＮＩＥｓと似た特徴をもっていたことになる。

東アジア的特性としての「関係」重視?

中国ビジネスで「関係」構築が重要であるといっても、中国市場に参入した海外の企業が地方政府の役人と簡単に「関係」を構築できるとは限らない。Yang は以下のように述べ、多国籍企業が「関係」構築に慎重になりがちだと指摘する。

もっとも、こうした「関係」を通じて多くの便益を享受できるとしても、多国籍企業は「関係」を腐敗や収賄と見なしがちである。しかも、国際的に名が知られる企業が腐敗や収賄に関与していたとなると、企業の名声は地に落ち、多くの顧客を失うことになって、市場からの退出を余儀なくされるかもしれない。こうしたこともあって、中国のビジネス環境を熟知してない非中国系の多国籍企業は、「関係」の利用には慎重になりがちである。（Yang 2011:165）

ここでいう「非中国系の多国籍企業」は「欧米系企業」を意味しているものと思われる。というのも、（香港や台湾を含む）中華圏の企業には、しばしばその文化的親近性ゆえに、「関係」ネットワークの利用をめぐって共通した特徴が見られると指摘されているからである。再び Yang によれば、

香港や台湾のように、法体系が十分に発達している地域でも「関係」が依然として重要だと見なされているが、これは中国でビジネスを行うにあたって、「関係」がこれからも重要であり続けるであろうことを如実に示している。たとえば香港でビジネスを展開している中国系や非中国系など、さまざまな銀行のオーナーは、顧客との「関係」構築こそ香港でのビジネスのカギだと口を揃えて指摘している。また台湾でも「関係」をうまく利用することで顧客を獲得することができるという。このように、近代的で開放的な社会で、法の支配が貫徹する香港や台湾を含む、中国圏でのビジネスに、「関係」はきわめて重要な役割を果たしているのである。（Yang 2011:166）

確かに、企業規模や市場での競争の度合によって違いは見られるものの、香港企業や台湾企業は、香港や台湾でそうであったように、進出先の中国大陸でも「関係」ネットワークを利用しているとする調

査結果もある（Liou 2009; Huang and Baek 2010）。本書の第1章や第3章も、こうした点を強調している。では、しばしば東アジアとして一括りにされ、儒教文化の影響を受けてきたとされる韓国企業や日本企業、台湾企業は、「関係」が重視されるようになった中国のビジネス環境にどのように対応しており、そこにどのような違いが見られるだろうか。

本章では、二〇一〇年から一一年にかけて実施され、中国の駐在事務所や現地法人に勤務する韓国人、日本人、台湾人の駐在員を対象に実施された、第二次在中国東アジアビジネスマン調査の結果を利用し、どのような条件が地方政府の役人との「関係」構築に影響を与えているのかについて分析する。そうすることで、中国市場における個別主義的人間関係の優越への対応＝企業側の「応戦」がどのようなメカニズムによって生まれているか、理解することができるからである。

3　調査のデザインとデータの形状

調査のデザイン

第二次在中国東アジアビジネスマン調査は、筆者を中心にした調査グループによって実施された。[1] 調査グループには、日本から岸保行（新潟大学）と筆者、韓国から朴濬植（翰林大学校）と張弘根（韓国労働研究所）、台湾から張家銘（東呉大学）と鄧建邦（淡江大学）、中国から方明豪（大連理工大学）が、それぞれ参加した。

調査チームを、このように多国籍メンバーによって構成したのは、各国の多国籍企業に調査依頼を行う際に、同国の研究者がアプローチした方が格段に容易で、信頼構築をしやすいと判断してのことである。岸と方は、筆者の以前の学生であり、その他の研究者は第一次在中国東アジアビジネスマン調査に従事した経験をもつため、調査チームでの作業はスムーズに行われた（園田 2003）。こうした協力関係がなければ、本章が利用する高品質で比較可能なデータを獲得することはむずかしかっただろう。

第二次在中国東アジアビジネスマン調査では、三種類のデータを収集した。

第一に、中国市場で働く韓国人・台湾人・日本人駐在員を対象にした調査データ。後述するサンプリング方法を用い、質問票によって彼らの情報を収集した。第二に、韓国企業・台湾企業・日本企業で働く現地従業員を対象にした調査データ。現地従業員調査は、基本的に二〇〇一年に実施された第一次調査と同じ企業を対象に実施されており、時系列での比較が可能な形になっている(2)。

第三に、実際に企業を訪問し、そこで得られた組織や現地化戦略などに関するデータ。具体的には、二〇一〇年には江蘇省・蘇州市で、二〇〇一年に訪問した企業を再度訪問することを目的に、韓国企業一社、台湾企業四社、日本企業三社から話を伺った。また二〇一一年には、投資先の環境によって回答が異なることを考慮して、広東省に進出している韓国企業四社と台湾企業一社、日本企業三社を訪問し、調査を実施した。二〇一〇年の江蘇省調査では、二〇〇一年と同じ企業を訪問しようと調整したが、台湾企業の四社のうち三社が内陸部へと工場を移動させており、訪問は叶わなかった。

データの形状

本章では主に、二〇一〇年に実施された中国で勤務する韓国人、台湾人、日本人の駐在員を対象にした質問票調査の結果を用いる。上述のように、二〇〇一年の段階では江蘇省でのみ調査を実施したが、投資先の環境が企業行動に影響を与える可能性を排除できないため、特に台湾企業の投資が集中していた広東省をも調査対象とすることとした。そのため、二〇〇一年との時系列比較を行う場合には、江蘇省のみを選び出す必要がある。(3) 直接企業を訪問して得られた駐在員のサンプル数は、江蘇省で七三、広東省で四二と少ない。一般に韓国企業であれ日本企業であれ、全従業員に占める駐在員の数は五%弱であり、一社を訪問しても多くの駐在員サンプルを獲得することが期待できないからである。

そこで、サンプル数を増やすために、郵送法による調査を補助的に実施することとした。具体的には、韓国企業については『*2009/2010* 海外進出韓国企業ディレクトリー』、台湾企業については『大陸台商協会会員名録』、日本企業については『週刊東洋経済　海外進出企業要覧二〇一〇年版』をそれぞれサンプリング台帳として用い、江蘇省と広東省で、回収サンプル数が五〇となるまで調査を行った。

調査実施にあたっては方明豪が中心となり、二〇一〇年、全企業を対象に、一〇分の一の企業を系統サンプリング法で抽出し、郵送で調査協力を依頼した。当初、回収率が低かったものの、粘り強く調査協力を依頼し続けた結果、韓国企業、台湾企業、日本企業、それぞれ一五〇から二〇〇のサンプルを回収することが可能となった（表7-1参照）。

なお、第二次在中国東アジアビジネスマン調査で明らかになった日韓の違いを検証すべく、二〇一二年に、中国への進出を行っている韓国と日本の企業、約一〇〇社の本社を対象に質問票調査を行い、その人的資源管理戦略に関するデータの収集を行った。調査の実施にあたっては、韓国は朴濬植が中心となり、マーケティング会社の協力を得ることでサンプルを集めた。日本では筆者が責任者となり、日中経済協会の協力を得て、同協会の加盟企業を対象に郵送法による調査を実施した。本章では、在中国東アジアビジネスマン調査の分析結果を考察するにあたって、このデータも利用する。

4　仮説と分析結果

「関係」志向が強い中国のビジネス環境にあって、韓国企業や日本企業、台湾企業の対応に違いは見られるだろうか？　この問いに答えるには、「『関係』志向が強い中国のビジネス環境への対応」を操作的に定義し、いくつかの仮説を設定した上で、その妥当性を検討しなければならない。

本章では、中国でのビジネスを展開するにあたって貴重な資源を得るのに、地方政府の役人との「関係」をもっているかがきわめて重要であると判断し、こうした「関係」をもっていることを「『関係』志向が強い中国のビジネス環境への対応」をしたものと解釈する[4]。

表 7-1　サンプル構成：駐在員調査

		調査地点		合計
		江蘇	広東	
国	韓国	122	70	192
	台湾	99	66	165
	日本	89	59	148
合計		310	195	505

出典）第二次在中国東アジアビジネスマン調査（2010–11年）.

仮説

関連文献を吟味してみると、韓国人や日本人も、中国人同様の「関係」に対する感受性をもち合わせていると論じられているケースが少なくない（Wilson and Brennan 2001）。たとえば Jin によれば、

「関係」は中国語による表現だが、日本や韓国でも認識されている。「関」は扉、あるいは内部にいる人間が外を「遮断する」ことを意味し、「係」は繋がった鎖を意味する。そのため「関係」は、結びつきやコネクションを意味するものとされる。アジアで中国系人口が多くを占める地域では、多くの友人をもち、たくさんのコネがある人を指して「関係」が語られ、必ずしも公式的なチャネルを媒介とせずに事に処すことを示す場合が多い。このように、「関係」は社会的な存在で、人間臭い要素をもっている。（Jin 2006:105）

もっとも、言語によるコミュニケーション能力から見れば、台湾人が韓国人や日本人よりも比較優位をもつ。中国大陸に祖先をもつ「外省人」をも抱える台湾人は、韓国人や日本人よりも「関係」構築能力に一日の長があると考えるのが自然だろう。実際、本書第1章でも、台湾の中小企業は「関係」を利用して現地の困難を解決する傾向が強いとされているが、だとすれば、

H_1　韓国人駐在員や日本人駐在員に比べ、台湾人駐在員の方が地方政府に友人をもつ者の割合が多い

ビジネス環境のギャップを埋める方策の一つに言語習得がある。中国語を習得することで現地情報の獲得は格段と容易になり、現地人とのコミュニケーションがスムーズになるからである。中国語を習得することによって、中国のビジネス環境を深く知るようになり、「関係」のもつ重要性を認識する可能性が高い。だとすれば、

H_2　中国語を流暢に使える駐在員の方で、地方政府に友人をもつ者の割合は高い

ここで「中国語を流暢に使える」を、再度、操作的に定義しなければならない。われわれの調査では、中国語の能力については「中国でビジネスを行う際に、あなたはどの程度通訳を利用しますか」という質問によって測定している。「まったく利用しない」という回答を四ポイント、「いつも利用する」を一ポイントとしてスコア化することで、以下の分析を行うこととする。

言語能力同様、回答者の「関係」構築能力と関連すると思われるのが、現地での駐在期間である。多くの場合、現地で長く生活すればするほど現地でのネットワーク構築が容易になり、結果的に「関係」構築能力が高くなると予想されるからである。だとすれば、

H_3　中国での駐在年数が長い駐在員の方が、地方政府に友人をもつ者の割合が高い

もっとも、投資先の性格によって、ビジネスにどれだけ「関係」が必要となるかに違いが見られるかもしれない。同じ中国といっても、地域によってビジネス環境が異なる可能性があるからだが、実際、台湾企業の対中投資を研究してきた張家銘は、江蘇省と広東省を対比して「江蘇省の方で腐敗が少ない」ことが台湾企業に好印象を与えていると指摘している（張家銘 2006: 76）。広東省の方で、地方政府の役人との「関係」なしにはビジネスがむずかしいというわけだが、だとすれば、

H_4　同じ中国でも、江蘇省に比べて広東省の方で多くの駐在員が地方政府に友人をもっている

分析結果

以上四つの仮説を検証し、その妥当性を検討するために、以下のようなモデルを用い、ロジスティック回帰分析を行うこととした。

Y（地方政府における友人の有無：ダミー変数）＝（定数）＋X_1（台湾：ダミー変数）＋X_2（通訳の必要性）＋X_3（中国での駐在年数）＋X_4（広東：ダミー変数）

表7-2　ロジスティック回帰分析の結果 (1)
従属変数＝地方政府における友人の有無

Model	非標準化係数		標準化係数		
	B 値	標準誤差	ベータ係数	t 値	有意性
(定数)	.126	.077		1.648	.100
X_1 台湾：ダミー変数	-.177	.046	-.205	-3.878	.000
X_2 通訳の必要性	.016	.021	.041	.758	.449
X_3 中国での駐在年数	.021	.004	.262	5.655	.000
X_4 広東：ダミー変数	-.026	.037	-.031	-.690	.491

R^2＝.087 (＜.001)
出典) 第二次在中国東アジアビジネスマン調査 (2010-11年).

表7-3　ロジスティック回帰分析の結果 (2)
従属変数＝地方政府における友人の有無

Model	非標準化係数		標準化係数		
	B 値	標準誤差	ベータ係数	t 値	有意性
(Constant)	.029	.103		.282	.778
X_{11} 韓国：ダミー変数	.204	.046	.244	4.391	.000
X_{12} 日本：ダミー変数	.080	.058	.090	1.368	.172
X_2 通訳の必要性	-.006	.023	-.016	-.282	.778
X_3 中国での駐在年数	.020	.004	.257	5.589	.000
X_4 広東：ダミー変数	-.020	.037	-.024	-.544	.587

R^2＝.100 (＜.001)
出典) 第二次在中国東アジアビジネスマン調査 (2010-11年).

結果は表7－2の通り。

表7－2からもわかるように、地方政府における友人の有無を決定する要素としては、調査対象者の中国での駐在年数がもっとも説明力が高く、H_3がもっとも有力だということになる。反対に、通訳の必要性と投資先の違いは、地方政府における友人の有無に有意な影響を与えておらず、H_2とH_4は棄却されることになる。中国語能力の有無や中国国内における地域の違いは、「関係」構築には無関係というわけである。

興味深いのがH_1である。表7－2が示すように、他の三つの変数をコントロールしても、台湾人であることが地方政府における友人の有無に、有意に負の影響を与えている。では、どの国

図 7-1　在中国駐在員のもつ社会関係資本：日韓台比較

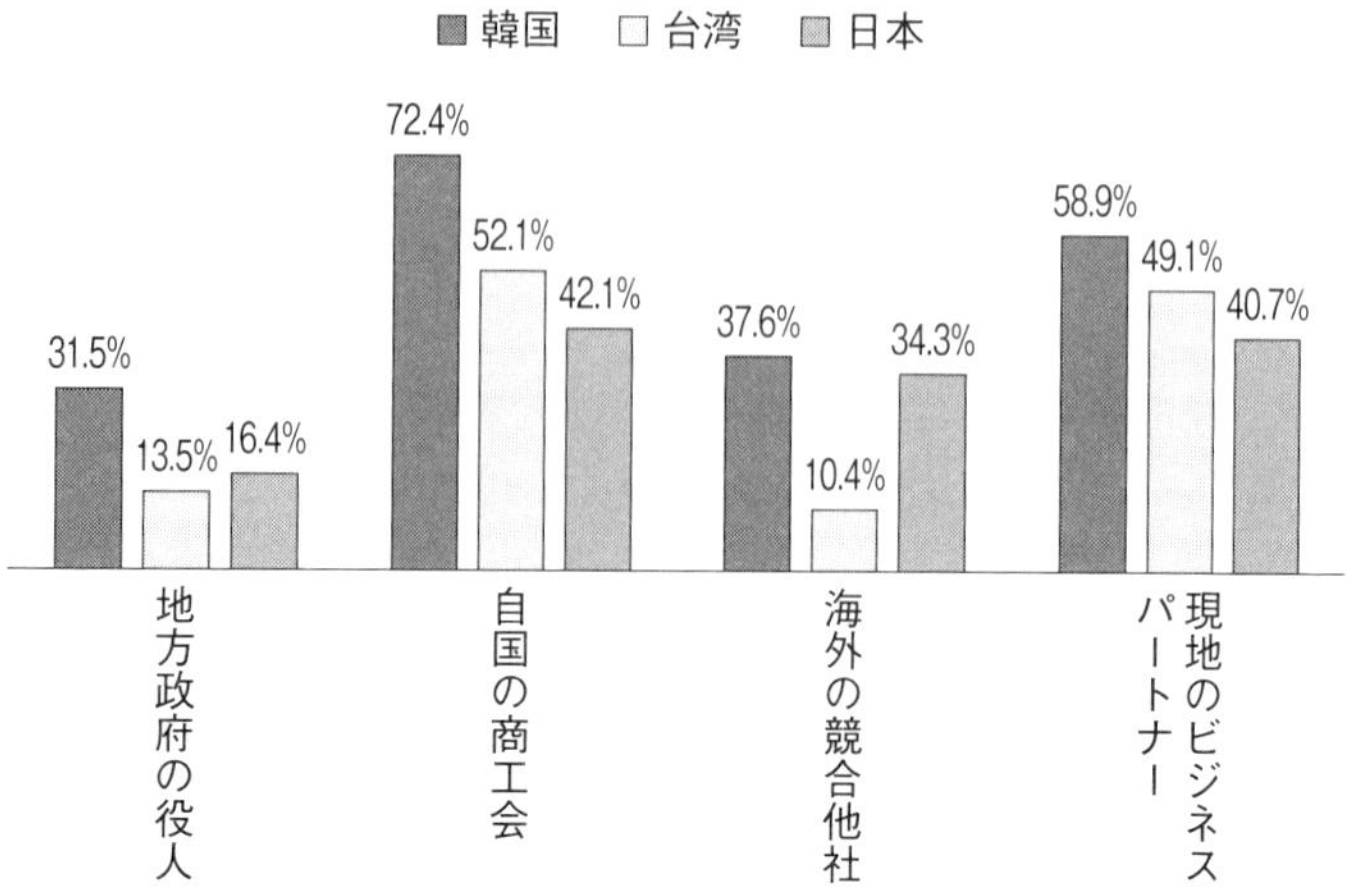

注：数値は，これらのカテゴリーに友人がいると回答した者の割合を示す．
出典）第二次在中国東アジアビジネスマン調査（2010-11 年）．

の駐在員が地方政府における友人が多いのか。X_1の代わりに、X_{11}（韓国：ダミー変数）とX_{12}（日本：ダミー変数）に置き換え、上述のモデルを再度検討した結果が、表7-3に表されているが、この結果から、韓国人駐在員の方で地方政府に友人をもっている者が有意に多いことがわかる。

実際、韓国人駐在員と日本人駐在員の進出先での社会関係資本のあり方を比べてみると、日本人や台湾人の駐在員に比べ、いずれも韓国人駐在員の方で友人をもっていると回答している割合が高くなっており、そこに韓国企業の特徴の一端を見て取ることができる（図7-1参照）[5]。

5　結果の解釈

なぜ、韓国人駐在員の方で地方政府に友人をもつ者が多いのか？　この問いに答えるのは容易ではないものの、得られた調査データから、いくつ

図7-2　通訳の必要性：日韓台比較

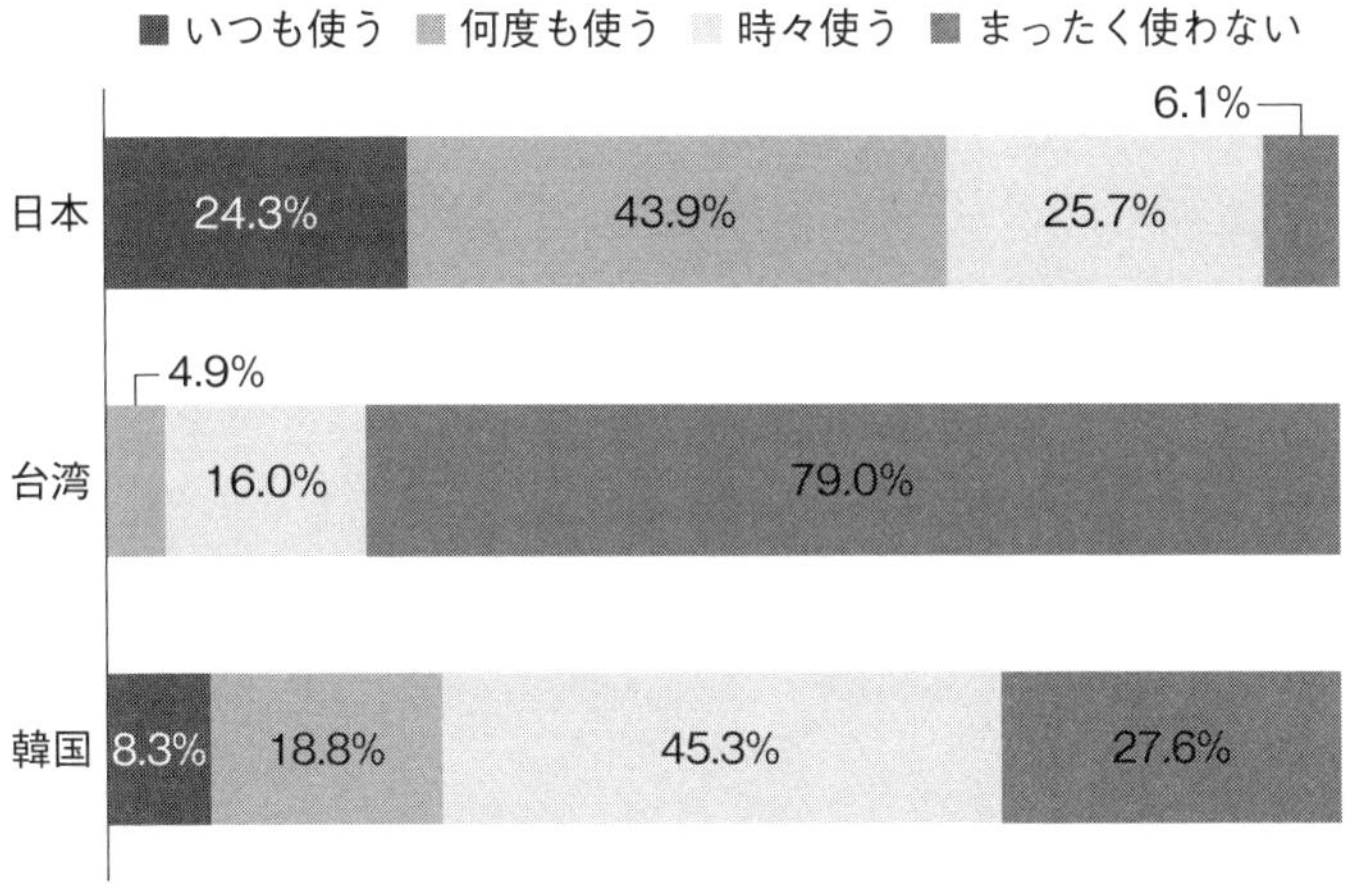

出典）第二次在中国東アジアビジネスマン調査（2010–11年）.

か推測をすることは可能である。

第一に、韓国人駐在員の方で、現地に溶け込もうとする圧力が強く作用しているから。

表7-2が示すように、中国語能力そのものは、地方政府の友人をもつかどうかに有意な影響は与えていない。ところが、図7-2が示しているように、日本人駐在員は通訳を頻繁に用いているのに対して、韓国人駐在員ではそうなっていないし、中国語能力が高い台湾人駐在員は、韓国人駐在員ほどに地方政府における友人は多くない。

日韓の多国籍企業の本社を対象にした調査結果からも、派遣前の段階で、中国語能力に関しては、日本より韓国の駐在員の方が遥かに高いという結果が得られている（韓国企業で駐在候補者が駐在前に中国語を「ほとんど理解していた」か「まあ理解していた」と回答したのが七七・一%だったのが、日本企業では二八・〇%にすぎなかった）。また、企業訪問した際も、

図 7-3 「中国でビジネスを行うにあたって中国人を理解するのが重要だ」

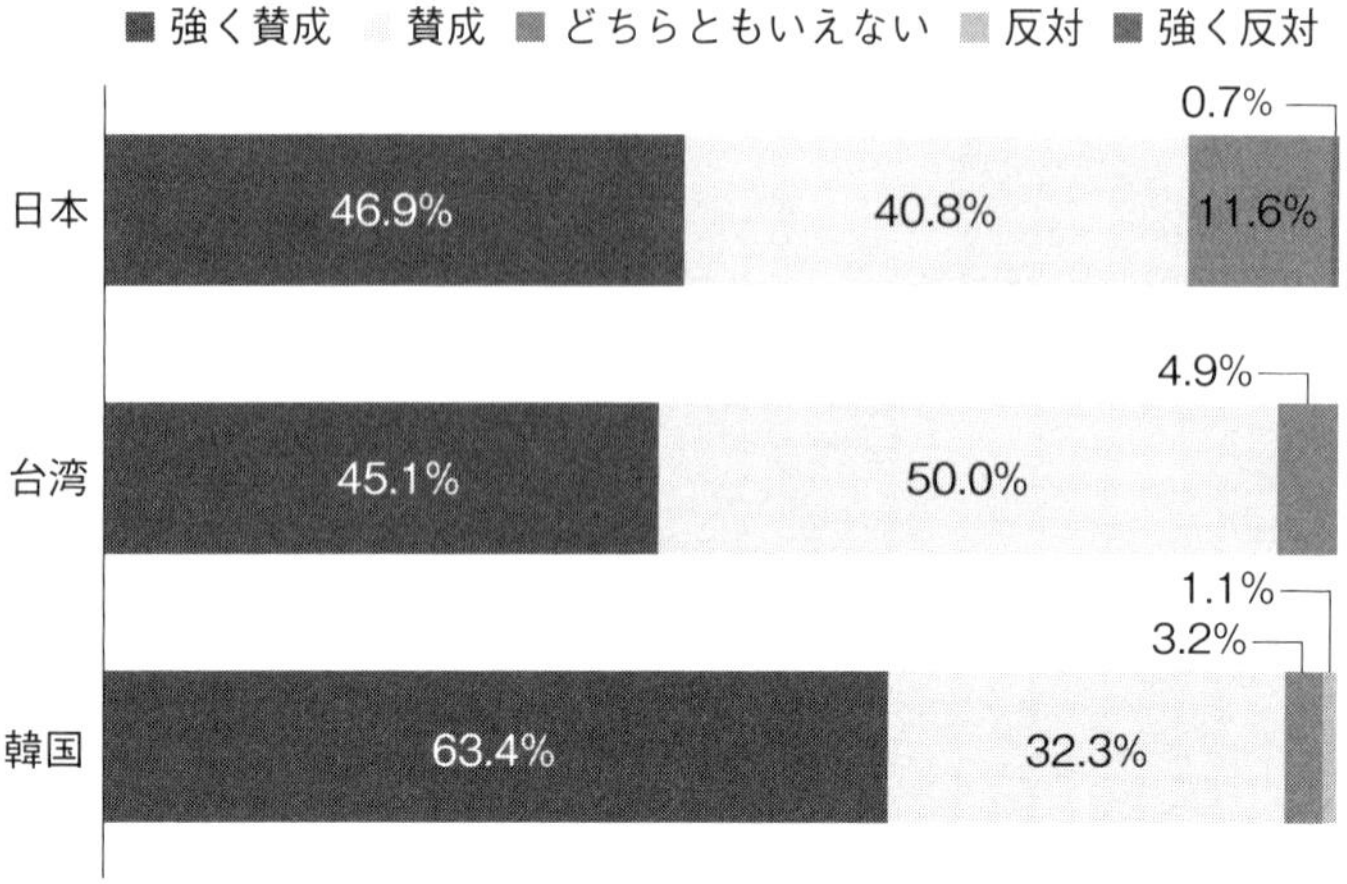

出典）第二次在中国東アジアビジネスマン調査（2010–11 年）.

日本企業では駐在員に通訳者がつけられていたのに対して、多くの韓国企業では、駐在員が中国語をうまく操り、現地法人の現況について説明を行っていた。こうした言語に対する習熟度の違いは、現地への溶け込みに対する熱意の違いを反映したものと解釈することができる。

図 7-3 にあるように、「中国でビジネスを行うにあたって中国人を理解するのが重要だ」という文言をめぐっては、日本と韓国の間で、「強く賛成」と回答した者の割合に一六・五％の違いが見られる。これからも、日本人や台湾人に比べ、韓国人駐在員で、現地へ溶け込もうとする圧力が強く作用していることがわかる。

本社による日韓の現地化戦略の違い

では、こうした違いは、単純に駐在員個人の姿勢の違いを反映したものと理解すべきだろうか。そう

図7-4　中国ビジネス拡大に対応する人的資源管理上の戦略：日韓比較

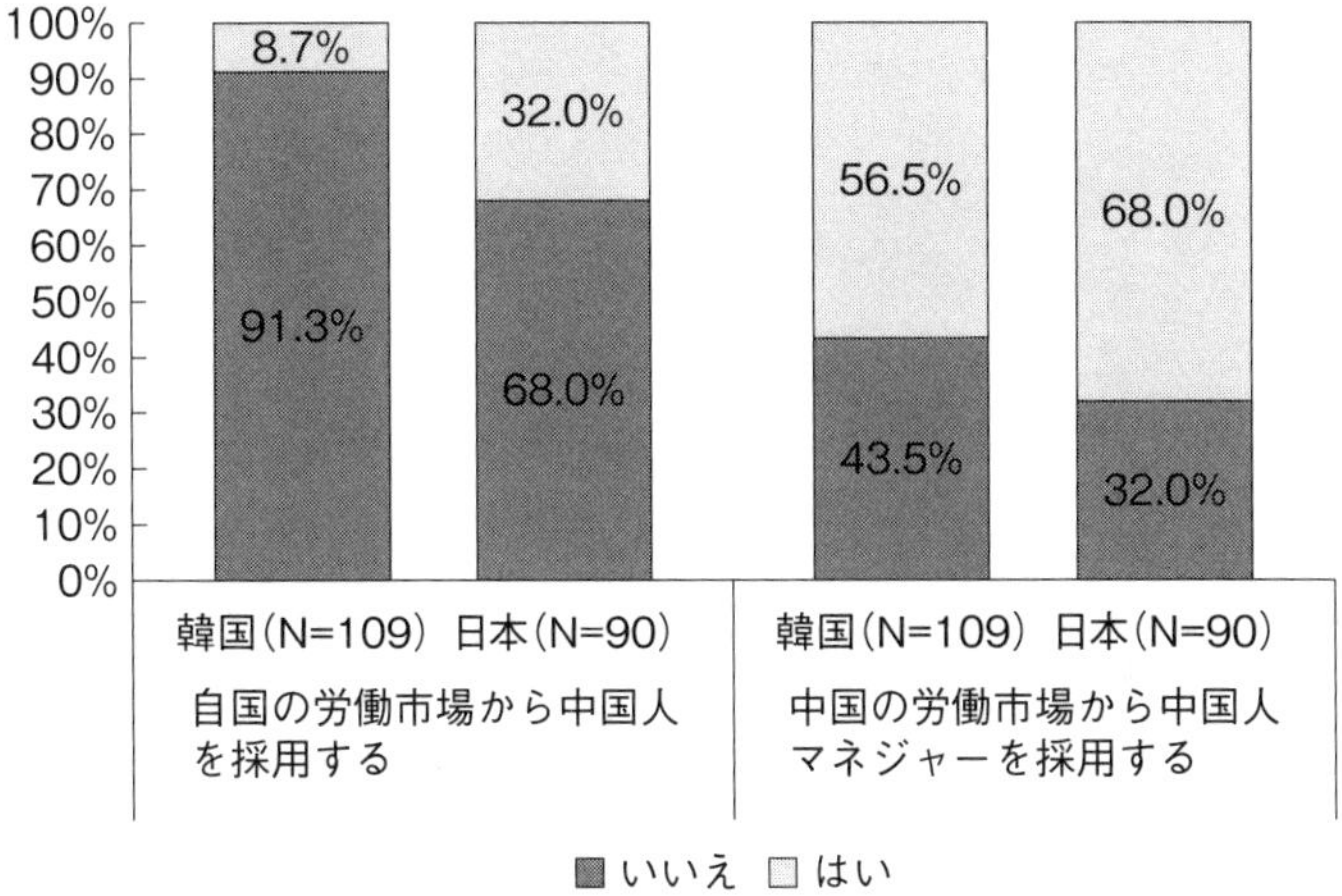

出典）日韓多国籍企業本社調査（2012年）.

ではない、というのが本章の基本スタンスである。

実際、二〇一二年に実施した本社調査の結果を見ると、日韓の間で、ずいぶんと現地化戦略に異なる特徴を見て取ることができる。

たとえば、図7-4にあるように、中国における現地法人のマネジメントをめぐっては、日本企業の方が中国系従業員を相対的に利用しようとする傾向が強い。具体的な数値を見ると、中国ビジネスが拡大する対応策として、「自国の労働市場から中国人を採用する」と回答した日本企業は三二・〇%に達したのに対して、韓国企業は八・七%にすぎない。また、「中国の労働市場から中国人マネジャーを採用する」と回答した日本企業は六八・〇%に達しているのに対して、韓国企業では五六・五%がそう回答しているにすぎない。このように、日本企業の方で、明らかに中国人従業員を利用しようとする意識が強く働いている。

図 7-5　現地経営の主な責任者をめぐる理想と現実：日韓比較

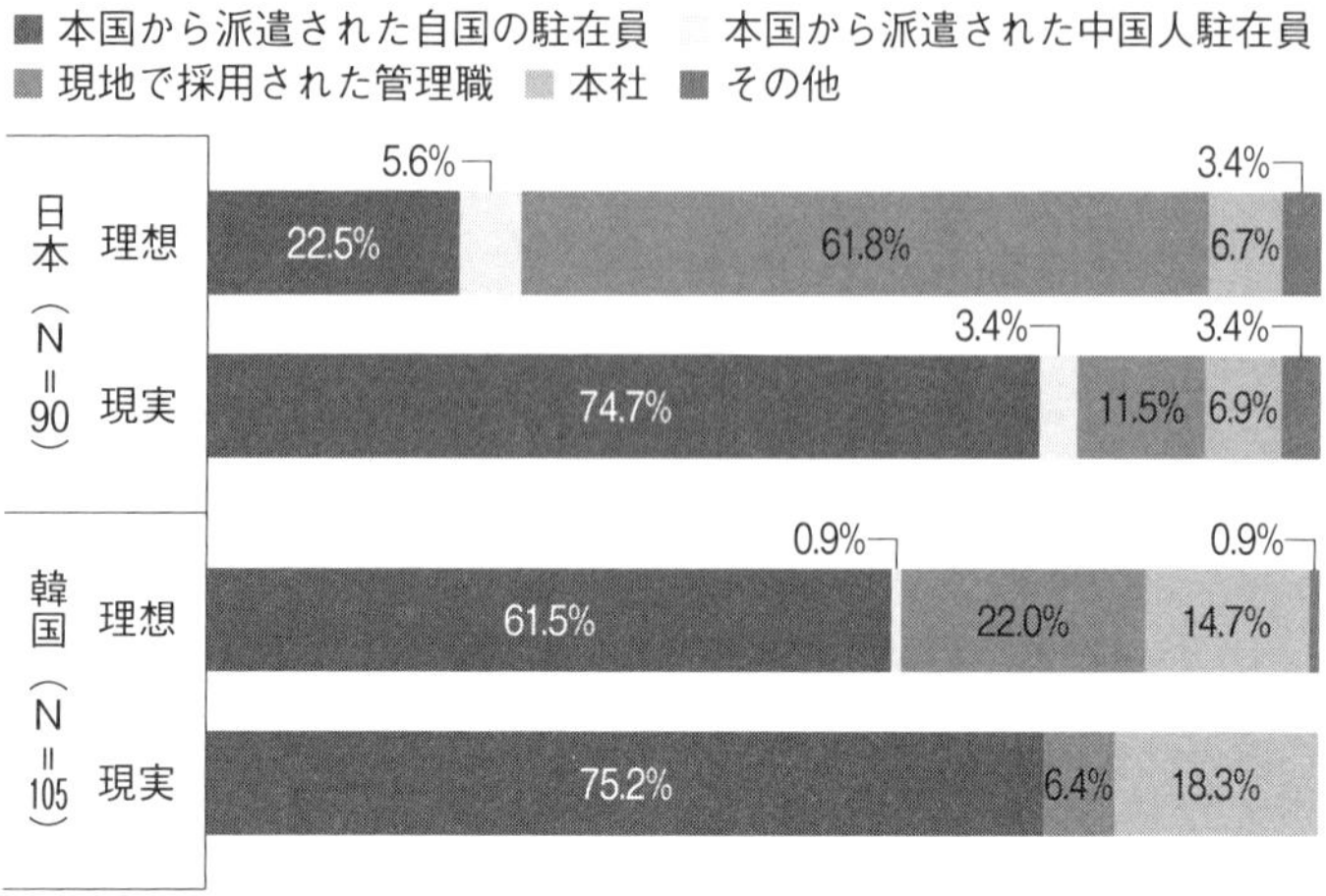

注：「現実」とある項目の数値は，「実際に中国の現地法人や事務所を管理しているのは誰か」とする質問に対する回答の分布を，「理想」とあるのは，「では将来，中国の現地法人や事務所を管理すべき主体は誰か」とする回答分布を，それぞれ示している．

出典）日韓多国籍企業本社調査（2012 年）．

こうした違いは、中国における現地経営のあるべき姿をめぐる日韓の違いとして明らかになっている。

図7-5が示しているように、おおよそ四分の三の韓国企業（七五・二％）と日本企業（七四・七％）が、中国の現地経営が実際には本国から派遣された韓国人駐在員／日本人駐在員によってマネジメントされていると回答している。ところが、その理想とするところとなると、日韓の間で異なる特徴が見られる。韓国企業の六一・五％が理想とする現地経営の主な主体として、本国から派遣された韓国人駐在員を挙げたのに対して、日本企業では二二・五％にすぎず、六一・八％の日本企業は現地で採用された管理職を中心に現地経営を行うのが望ましい

と回答している。

現地化戦略の違いを生み出す力

こうした現地化戦略の違いが、「関係」志向の強い現地のビジネス環境に対する日韓の異なる対応を生み出しているものと考えられる。すなわち、あくまで自国から派遣された駐在員を中心に、本社主導の経営を指向する韓国企業にあっては、何より駐在員が現地の環境に慣れることが求められ、駐在員は競って中国語を学ぼうとする。そして、みずから「関係」構築のために汗をかき、現地に受け入れられるよう努力する。

これに対して日本企業の場合、実際には日本人駐在員を中心に現地経営がなされるケースが多いものの、現地で採用された現地人管理職を中心に経営が行われるべきだと考えるケースが多く、現地人を経営に利用しようとする力が強い。その分、駐在員は現地語を学ぼうとする意欲は弱くなり、家族を帯同しようとしなくなる。

もともと、日本企業においては、対中進出が始まった一九八〇年代から、地方政府との「関係」構築は、厄介で面倒なものだと理解されがちで（園田 2012）、現地従業員を「文化的媒介者」として利用し、彼らに地方政府との「関係」構築を委託する傾向が強かった(6)。

一九九七年のアジア金融危機を経験した韓国企業は、二〇〇〇年代になってから中国市場をテコに世界に羽ばたこうとしている。中国市場のもつ魅力を高く評価する韓国企業は、多くの駐在員を中国へと送り込み、中国語学習熱も高まっている。

同様に、中国進出が一般的になった日本企業の場合、韓国企業に比べても、中国へ派遣する駐在員を見つけるのは容易でない。日中の間に存在するさまざまな障壁に、日本企業はたじろぎ、その解決を現地人従業員にゆだねる傾向を強化している（園田 2013）。

二〇〇八年のグローバル金融危機以降、中国経済の成長は世界でも突出したものとなり、多くの多国籍企業が中国市場をターゲットにする中で、日本企業は中国市場のシェア獲得で苦戦するケースが増えた。これは、韓国企業にとってはチャンスの到来を意味しており、これが韓国企業による中国市場への適応＝「関係」の利用を加速化させる原因となっているようである。(7)

6　おわりに

中国でビジネスを展開するにあたっては、巨大な許認可権をもつ地方政府の役人との「関係」は依然として大きな力を発揮している。とはいえ本章が見てきたように、本社から派遣された駐在員が現地語を学び、みずから地方政府の役人と「関係」を構築しようとする韓国企業のようなケースが見られる一方で、本来ならば現地人管理職が経営を行うのが望ましいと考える本社から派遣された駐在員が、「関係」構築のミッションを現地従業員にゆだねている日本企業のようなケースも見られる。

この日韓の間で見られる現地化戦略の違いは、いくつかの仮説によって説明できるかもしれない。

（1）国内労働市場における競争が韓国の方で激烈なため、こうした駐在員の利用の仕方が（日本以上に）可能になっているとする「競争圧力仮説」、（2）日本以上に韓国の方で、外国人に対する不信が強く見られるとする「排外圧力仮説」、（3）中国進出日本企業の多くが、一九七〇年代に東南アジアで日貨排斥運動を経験しているため、現地従業員を重視しなければならないことを知っているとする「歴史的経験仮説」、（4）韓国企業の方が日本企業に比べて本社によるコントロールが強く、本社主導の経営となりやすいという「組織文化仮説」、などが考えられるが、本章ではこれ以上深入りしない。

いずれにせよ、韓国人駐在員に地方政府の友人が多いのは、彼らが友人を作ろうと努力した結果であって、その背後にさまざまな力が存在していることは再度確認しておく必要がある。そして、こうした彼らの営為が、中国における「関係」優位の風土を結果的に維持・強化している現実を理解しておく必要があるだろう。

注

＊　本章は、筆者による別の論文（Sonoda 2014b）をもとに、本章用にリライトされたものである。

（1）本調査は、日本学術振興会科学研究費・基盤研究（B）「中国と向き合って——日韓台対中進出企業の現地化プロセスに関する比較社会学的研究」（課題番号：21402006）によって、財政的に支援された。言語の違いもあって、アジア間比較を行うのには大変な困難がともなうが、今回の調査を可能にしてくれた調査チームのメンバーには感謝したい。また、われわれの訪問や調査依頼を引き受けてくださった、日本、韓国、台湾の企業にも謝意を表したい。

（2）そのため、現地駐在員を対象にした時系列的分析が可能となっている。もっとも、本章では歴史的変化を主要な分析トピックとはしていないため、時系列的変化については必要最低限、言及することにとどめたい。

（3）二〇〇一年に調査を行う際に江蘇省・蘇州市を調査対象としたのは、韓国、台湾、日本の企業がすべてコンパクトな地域の中に進出していたからである。当時の状況では、韓国企業は中国の東北部、台湾企業は中国の東南部に投資が集中しており、比較可能な地域を探すのは容易ではなかった。調査の対象となった企業は、すべて電子部品関係の企業で、企業規模も大きく変わらない。その意味で、比較研究にとって最も好都合な場所が蘇州市であった（本書「はじめに」参照）。

（4）質問票の中では、「以下の集団や組織に、親友と呼べる人がいますか？」と問い、回答者が「地方政府の管轄部門」と回答したかどうかをチェックしている。本章では、この項目を選んだ者を、地方政府に友人がいる者として取り扱っている。

（5）二〇〇一年の第一次在中国東アジアビジネスマン調査でも同様の結果が得られていることから、こうした傾向には、ある程度の継続性が見られるものと考えられる。

（6）こうした現地化に対する姿勢の違いは、韓国人駐在員と日本人駐在員の家族帯同への異なる態度とも関連しているようである。第二次在中国東アジアビジネスマン調査の結果によれば、調査対象となった駐在員のうち、中国に家族を帯同させている者の割合を見ると、韓国人では六四・九％に達しているのに対して、日本人の場合、二一・六％にすぎない。企業訪問の際に行ったインタビューの結果から判断すると、韓国人駐在員の多くは中国での駐在を子供の教育にとって有益なものと捉え、子供の外国語学習にとっては重要なチャンスと理解する傾向があるのに対して、日本人駐在員の多くは、日本での子供の教育を継続することを盾に、家族から帯同を拒否されるケースが多い。両者とも「子供の教育」がキーワードとなっているものの、その方向性が異なっているところが興味深いが、ともあれ、こうした駐在員の姿勢は、日韓ビジネスマンの中国への根づき方に大きな影響を与えている。なお、台湾人ビジネスマンの場合、家族を帯同している者が三七・四％と、韓国人と日本人の中間的な値となっている。

（7） 本書第3章の筆者の一人である朴濬植によれば、韓国企業にはこうした姿勢が顕著に見られるというが、朴はこうした性向を「三国志的メンタリティー」と名付けている。

おわりに　日韓台企業にとってのチャイナ・リスク
――その比較から得られる知見

蕭　新煌・園田茂人

従来の直接投資に関する研究群にあって、政治的リスクは必ずしも真正面から取り上げられてこなかった。というのも、政治的リスクの高いところで直接投資を行うことは、明らかに比較劣位をもたらすものと考えられていたからである。しかし、政治的リスクが投資家のコスト計算の対象となっているとしたらどうだろう。投資家は、リスクを最小限に抑え、利益を最大限にしようとするだろう。

従来の直接投資に関わる研究群は、政治的リスクをコストの一つと考えることをさほどしてこなかった。政治的リスクを数量化するのがむずかしく、取引経済の専門家にとっても、これを実体化しにくかったことも一因となっているのだろうが、総じて既存のディシプリンにあって、直接投資の際の政治的リスクは真剣に検討されてこなかったといってよい。

それればかりか、政治的・軍事的に対立している国家間にあって、貿易や直接投資がどのような影響を受けるのかについて歴史的な分析を行った事例も、さほど多くない。民主的な国家から軍事独裁国家や権威主義国家への貿易や直接投資がどのように行われているか、私たちはほとんど知らない。もっともわれわれの関心は、日本や台湾、韓国といった民主国家から中国といった権威主義国家への合法的な投資にあって、ビジネスマンがどのような政治的リスクに直面しているかを知ることにある。

中国は民主主義を否定する、権威主義的共産国家であるが、この二〇年ほどの間に、市場や市民社会からの監視を受けることがほとんどない、国家主導型資本主義とでもいえる特徴を見せるようになっている。現在の中国を「赤い資本主義」、すなわち党指導下にある共産主義国家とクローニー（縁故や家族関係が重視される）資本主義の混合体質だと分析している研究者もいる（Dickson 2003; Walter and Howie 2012）。現在の中国に資本主義の「精神」が横溢しており、もはや共産主義国家ではないといった議論もなされているが、これは明らかに幻想である。なぜなら中国の党＝国家体制が市場経済への管理・監督をやめ、市場を自律的に作動させようとしたことは一度もないからである。しかも多くの「赤い資本家」たちは改革・開放と市場経済化の受益者として、党＝国家体制に深く組み込まれている（Dickson 2008; 園田 2008）。

こうした状況にあって、投資・経済環境が完全に法の支配によって運営されるものとは考えにくい。その結果、中国におけるビジネスは多くのリスクを抱えることになるのだが、それゆえ、経済学や経営学からのアプローチのみで中国ビジネスを語ることはむずかしい。本書が社会学や政治学の手法やアプローチを重視しているのも、こうした事情による。

本書では、「赤い資本主義」下にある中国でビジネスを展開している台湾、韓国、日本の企業で働くビジネスマンを対象に、彼らがどのようなリスクを認知し、これをどのように乗り越えようとしてきたのかを明らかにしようとしてきた。「おわりに」では、本書における知見を要約するとともに、いくつかの重要なポイントについて言及したい。

「国家間関係」の及ぼすインパクト

第一に言及すべきは、対外投資をめぐる投資元と投資先の「国家間関係」――具体的には投資元の韓国、台湾、日本と投資先の中国の関係――が、個別企業のチャイナ・リスク認識に甚大な影響を与えている点である。この点ではまず、台湾と韓国・日本とでは、大きな違いが見られる。

韓国と日本の企業は、規模の大小にかかわらず、対中投資は純粋に国家間投資と見なされ、自国政府の保護を受ける。しかし台湾企業の場合、中台関係が国家間関係と見なされていないため、台湾政府の法的・政治的保護を受けることができない（そのため依然としてタックス・ヘイブンを経由した迂回投資が多い）。そればかりか、中台関係は依然として緊張関係にある。こうした状況にあって、台湾企業の中国での生き残り戦略は、当然、日本企業や韓国企業と異なるものとなる。

中国ばかりか、進出したどの国においても、台湾企業は台湾政府による適切かつ効果的な支援を受けることがない。そのため、みずからの利益や安全を守るため、台商は個人的な「関係」を最大限利用し、政治的リスクがより大きな中国でのビジネスにあって、その傾向はより顕著となる。特に中小企業の場合、市や鎮といった末端レベルの政府関係者と懇意になり、その政治的な立場の弱さゆえ、個別の人間関係によってみずからの身を守ろうとする傾向がある（Hsing 1998）。

台湾人も、日本人や韓国人同様、進出先の中国で協会を結成するが、その組織としての影響力は概して弱く、日本や韓国ほどの交渉能力をもち合わせていない。地方レベルの台商協会は、中国では台湾事務弁公室の管轄下に置かれ、自律的な活動が制限されている。また現在の中台関係を反映し、概して台商協会の交渉能力は弱く、自然、個々の企業は個別防衛に走らざるをえなくなっている（第7章の分析では、韓国人ビジネスマンの方で地方政府の役人と友人関係にある者が多いとなっているが、台湾人ビジネスマンは、みずから作り上げた「関係」を互恵的な友人関係と見なしていない可能性がある点を付記しておきたい）。

他方で、第3章で強調されているように、同じ国家間関係とはいえ、日本と韓国とでは中国との関係が異なり、一般市民の対中認識ばかりか、実際に中国とビジネスをしている人びとの認識にも大きな違いが見られている。逆説的なことに、日本は一九四九年以降、中国と直接戦争をしていないものの、今でも戦争の記憶が、日中間のビジネス関係にさまざまな影を落としている。他方で韓国の場合、一九五〇年に始まる朝鮮戦争の際に中国人民志願軍（抗美援朝義勇軍）と直接戦火を交えた経験をもつものの、こうした戦争の記憶が現在の中韓のビジネス関係への大きな障害にはなっていない。「政治的リスク」プロジェクトでは、韓国人ビジネスマンのこうした「歴史的忘却」も議論の対象になったが、いずれにせよ、国家レベルでの関係の良否が企業のチャイナ・リスク認識に大きな影響を及ぼしているとする知見は重要である。それどころか、韓国企業が日中間の関係悪化をビジネスの好機と認識している可能性もあり、こうした複雑な国際関係を念頭に企業のチャイナ・リスク認識を理解する必要がある。

有する資源によって異なる企業のチャイナ・リスクへの対応

第二のポイントは、同じ台湾、韓国、日本の企業であっても、企業が有する資源のタイプや量、性質によってチャイナ・リスクへの対応の仕方が異なっている点である。

第一部で紹介されている台湾企業の場合、地方政府の法解釈や課税対象の認定に恣意性が見られる現実にあって、個別の「関係」によって対応せざるをえないが、これもこうした資源しか動員できないからである。

これに対して、第2章で提示されている大企業の場合、その台湾社会におけるプレゼンスの大きさは、統一戦線工作をもくろむ中国政府にとって恰好の「取り込み」の対象となり、大企業側も、こうした立場を巧みに利用しつつ、中国政府の保護・支援を取り付けているふしがある。こうした企業の性格を、呉介民は「政治的代理人」と定義しているが、こうした取引が可能になるのは、台湾の大企業にそれだけの価値があるからで、中国政府の保護や支援を受ける限り、中小企業ほどに強い政治的リスクは感じないだろう。

韓国企業の場合、企業規模によって、チャイナ・リスクへの対応も大きく異なっている。第3章が首尾よく説明しているように、韓国の財閥グループは中国政府と「持ちつ、持たれつ」の関係にある。特に一九九七年と二〇〇八年の、二度の経済危機は、韓国の財閥グループと中国政府の間に「蜜月」ともいえる関係を作る契機となった。こうした韓国企業との良好な関係は、中国政府の日本企業に対するバーゲニング・パワーを強くした可能性が強く、他方で韓国の大企業は、日本の大企業が中国市場で苦戦する状況を、みずからの力に変えていった可能性が高い。

同じ韓国企業でも、中小の製造業の場合、第4章が詳述しているように、さまざまな「退出」戦略を駆使しており、政策変更や経営環境の変化にともなうインパクトは、大企業と比較にならないほど大きい。こうした特徴は、韓国企業のみならず、中国に進出した中小製造業に比較的広く見られる特徴である。

日本企業が中国とのビジネスを始めた当初、日中双方が協力の必要性を感じていながらも、相互に警戒感が強い状況にあって、中国側は「友好的な」日本企業との取引を好んだ。イデオロギー的共感によって不信を克服しようとしたからである。ところが、こうしたイデオロギー的紐帯に依拠しなくてよくなった状況にあって、日本企業がもつ資金力や技術力、ブランドなどが中国側にとって大きな魅力と映るようになった。日本企業も、こうした中国側の変化を感じつつ、中国での事業化が可能だと判断し、続々と中国へと直接投資を行うようになった。

一九九〇年代以降、中国の国内市場の重要性が高まっていく中にあって、日本企業は台湾企業や韓国企業に比べても、現地で採用・育成した従業員に経営を依存するようになり、「関係」のマネジメントも現地従業員に委ねようとしてきた。これも、日本企業が韓国企業や台湾企業に比べ、企業のブランド価値や雇用の安定性など、現地従業員にとっての誘因を比較的多くもっているからであり、特に長期勤続者の割合が韓国や台湾の企業に比べて多い状況にあって、彼らをチャイナ・リスク対応として利用することが可能だったからである。本社内部で駐在員候補を探すのがむずかしくなっている事情もあって、日本側も、こうした人材に経営の現地化を委託しようとする傾向が強い。

中国の台頭という変化要因

第三の、そして最後のポイントは、どの国・地域の企業であれ、投資の受入れ先である中国がもつ特徴がチャイナ・リスクを生み出し、これが時とともに変化しているという点である。

日本企業の中国投資は、韓国や台湾に先駆けて行われたため、チャイナ・リスクの歴史的変遷を一番理解しやすい立場にあり、これが現在の日本企業のチャイナ・リスク認識を特徴づけている。

改革・開放が始まった当初、長く市場経済を敵視してきた中国には、通常の市場経済で備わっているはずの条件——監督官庁による各種規制・ルールの整備や、信賞必罰を当然と思う従業員、企業の自主権、需給バランスによって価格決定がなされる市場メカニズムなど——が欠如し、企業側が解決できる問題の範囲が圧倒的に狭かった。当時のチャイナ・リスクの多くは、市場経済としての条件を欠いている現実から派生しており、日韓台で唯一中国との国交をもっていた日本の企業でも、対中投資は時期尚早と考える傾向が強かった。

これが一九九〇年代半ばに、大きな変化を見せる。中国が市場経済へと変貌していく中で多くのビジネスチャンスが生まれ、日本ばかりか韓国、台湾の企業も直接投資に参加するようになる。そして、市場経済としての条件を満たす過程で、多くのリスクが生み出されていった。

監督官庁によるルールは整備されるようになるが、担当者によって異なる解釈・運用がなされる官僚的管理リスク。信賞必罰や市場メカニズムを受け入れるようになったため、現地従業員がみずからの労働条件に敏感になっていく労務管理リスク。企業自主権が強化され、企業間の競争が激化するがゆえに発生する知的財産の流出リスク。多くのビジネスパートナーが生まれる中で、中には資金繰りが悪い企業があったり、良きパートナーシップを構築できない企業があったりといったビジネスマッチング・リスク。人びとが物質的インセンティブに反応するようになる中で、個別権限を利用した利得行為が拡がる「関係」政治リスク。本書に登場するほとんどの企業が悩まされた経験をもつだろう、これらの多様なチャイナ・リスクは、まさに社会主義体制のもとで市場経済が成長していく過程で生まれていった。

そして二〇〇〇年代も後半以降になると、中国の世界的プレゼンスが大きくなり、中国国内の政治システムリスク（格差拡大や腐敗の深刻化、環境問題の悪化など、急成長のひずみがガバナンスのむずかしさに繋がっている政治的リスク）がクローズアップされてくるようになる。その被害が一番大きかったのが日本企業で、新たな統治イデオロギーとしてナショナリズムを利用する共産党体制下にあって、愛国主義教育の導入・定着が日中関係の悪化を生み出し、日本企業はさまざまな苦戦を強いられるようになっている。

労働者保護を謳った労働契約法の施行による労務コストの上昇や中国経済の成長鈍化は、現在、日韓台ばかりか、すべての企業に影響を与えているが、これもそれだけ中国経済が成長・発展したからである。そして、そこで語られるチャイナ・リスクは、三〇年以上も前に語られてきたチャイナ・リスクと大きく異なったものであることはいうまでもない。

このように、一口に企業のチャイナ・リスク認識といっても、一部は企業が置かれた「国家間関係」によって、また一部は企業の属性や中国自身の性格・特徴に規定されている。このように認知する側とされる側の間の、複雑な関係性の中にリスク認識は埋め込まれている。

中国の台頭と、これがもたらすインパクトについては、今後しばらく、世界的な関心の対象となるだろう。そして私たちは、これからもチャイナ・リスクに一喜一憂するに違いない。そこで語られるリスクは、いかなるものとなるのか――その時々に取り上げられるリスクを中国の事情に引きつけて客観視しがちな私たちは、「複雑な関係性の中にリスク認識が埋め込まれている」点を強く意識しておく必要があるだろう。

謝辞

本書のもととなる調査（「東アジアの越境ビジネスマン」プロジェクトと「中国と向き合って」プロジェクト）を実施するにあたって、日本学術振興会の科学研究費を利用させていただいた。また、中国の江蘇省と広東省では日本企業、韓国企業、台湾企業を訪問させていただいた。中国の駐在員を対象にした質問票調査や日韓の本社を対象にした質問票調査を実施する際にも、別途多くの企業にご協力いただいたが、こうした企業の協力なしに、本書の刊行は不可能だった。

また本書執筆の直接的な契機となった、東京大学東洋文化研究所東洋学研究情報センターの「政治的リスク」プロジェクトでは、同センターばかりか、研究会をホストしてくださった韓国・済州大学や台湾・中央研究院社会学研究所にもお世話になった。感謝したい。

日中関係史　一九七二―二〇一二〔全四巻〕

I　政治　高原明生・服部龍二編　A5判　三八〇〇円

II　経済　服部健治・丸川知雄編　A5判　三五〇〇円

III　社会・文化　園田茂人編　A5判　三五〇〇円

IV　民間　園田茂人編　A5判　三〇〇〇円

毛里和子・園田茂人編
中国問題　四六判　三〇〇〇円

高原明生・丸川知雄・伊藤亜聖編
東大塾　社会人のための現代中国講義　A5判　二八〇〇円

青山瑠妙・天児慧著
外交と国際秩序〈超大国・中国のゆくえ　2〉　四六判　二八〇〇円

丸川知雄・梶谷懐著
経済大国化の軋みとインパクト〈超大国・中国のゆくえ　4〉　四六判　三〇〇〇円

ここに表示された価格は本体価格です．御購入の際には消費税が加算されますので御了承下さい．

編者略歴
園田茂人（そのだ・しげと）
1961 年生まれ．東京大学大学院社会学研究科博士課程中退．中央大学教授，早稲田大学教授などを経て，現在，東京大学大学院情報学環・東洋文化研究所教授．
近著に『日中関係史 1972-2012 IV 民間』（編，2014 年，東京大学出版会）など

蕭　新煌（シャオ・シンホァン）
1948 年生まれ．ニューヨーク州立大学バッファロー校で博士号取得．中央研究院社会学研究所所長などを経て，現在，中央研究院社会学研究所特聘研究員．
近著に『台湾地方環境的教訓：五都四縣的大代誌』（編，2015 年，巨流図書公司）など

チャイナ・リスクといかに向きあうか
――日韓台の企業の挑戦

2016 年 3 月 8 日　初　版

［検印廃止］

編　者　園田茂人《そのだしげと》・蕭《シヤオ》　新煌《シンホヮン》

発行所　財団法人　東京大学出版会
代 表 者　古田元夫
153-0041 東京都目黒区駒場 4-5-29
http://www.utp.or.jp/
電話　03-6407-1069　Fax 03-6407-1991
振替　00160-6-59964

印刷所　株式会社理想社
製本所　牧製本印刷株式会社

© 2016 Shigeto SONODA, HSIAO Hsin-Huang Michael *et al*
ISBN 978-4-13-040275-0　Printed in Japan

JCOPY〈㈳出版者著作権管理機構 委託出版物〉
本書の無断複写は著作権法上での例外を除き禁じられています．複写される場合は，そのつど事前に，㈳出版者著作権管理機構（電話 03-3513-6969，FAX 03-3513-6979，e-mail: info@jcopy.or.jp）の許諾を得てください．

執筆者・翻訳者一覧（執筆順）［＊は編者］

＊園田茂人　東京大学大学院情報学環・東洋文化研究所教授
＊蕭　新煌　中央研究院社会学研究所特聘研究員（台湾）
陳　志柔　中央研究院社会学研究所副所長、副研究員（台湾）
呉　介民　中央研究院社会学研究所副研究員（台湾）
朴　濬植　翰林大学校社会学科教授（韓国）
李　賢鮮　東京大学東洋文化研究所准教授
金　潤泰　同徳女子大学中国語中国学科教授（韓国）
李　承恩　対外経済政策研究院専門研究員（韓国）
岸　保行　新潟大学経済学部准教授
内村幸司　マーサージャパン株式会社シニアコンサルタント

翻訳
園田茂人（第１章・第２章・第３章）
田上智宜（第２章：大阪大学大学院言語文化研究科特任助教）
岸　保行（第３章）
金　佳榮（第４章：東京大学大学院学際情報学府博士課程）

参考文献

日本語（あいうえお順：韓国語文献でも筆者表記が日本語のものは，こちらに収録されている）

青樹明子（2003）『日中ビジネス摩擦』新潮新書.
今井理之（1990）『対中投資　投資環境と合弁企業ケーススタディ』日本貿易振興会.
海野素央（2002）『異文化ビジネスハンドブック』学文社.
梶田幸雄・園田茂人（1996）『中国投資はなぜ失敗するか』亜紀書房.
加茂具樹（2012）「小泉内閣とナショナリズムの高揚」高原明生・服部龍二編『日中関係史　1972–2012　I 政治』東京大学出版会.
韓国輸出入銀行（2009）「青島地域の投資企業無断撤退現況」.
韓国輸出入銀行（2013.4.10）「輸出入銀行，開城公団投資企業に緊急金融支援」（報道資料）（http://koreaexim.go.kr/mobile/news/report/view.jsp?no=11566&bbs_code_id=1311900548729&bbs_code_tp=BBS_2&code_tp=N02_89&code_tp_up=N02&code_tp_nm=TA）［한국수출입은행, 2013.4.10,「수출입銀, 개성공단 투자기업에 긴급 금융지원」］.
KIEP 北京事務所（2008）「中国経済懸案ブリーフィング」7 月 8 日，対外経済政策研究院.［KIEP 북경사무소（2008）「중국 경제 현안 브리핑」7 월 8 일, 대외경제정책연구원］.
京畿開発研究院（2013）「中国進出企業の京畿道 U-turn 支援のための実態調査研究」（内部資料）［경기개발연구원（2013）「중국 진출 기업의 경기도내 U 턴 지원을 위한 실태조사 연구」（내부자료）］.
京畿中小企業総合支援センター（2013）「中国進出企業の京畿道への U-turn 需要分析と示唆点」『中小企業 Report』第 8 号［경기중소기업종합지원센터（2013）「중국 진출기업의 경기도 U 턴 수요 분석과 시사점」『중소기업 Report』제 8 호］.
京畿道経済団体連合会（2008）「首都圏規制による海外移転企業の実態調査および対応戦略」［경기도 경제단체연합회（2008）「수도권 규제로 인한 해외이전 기업의 실태조사 및 대응전략」］.
厚東洋輔（2006）『モダニティの社会学――ポストモダンからグローバリゼ

ーションへ』ミネルヴァ書房.
園田茂人編（1993）『日中合弁企業で働く日本人管理職の意識と行動（報告書）』.
園田茂人編（1998a）『アジアの日系企業における日本人駐在員の意識と行動――回顧的データによる「現地化」プロセスへの社会学的アプローチ　資料集（Ⅰ）（報告書）』.
園田茂人編（1998b）『証言・日中合弁』大修館書店.
園田茂人編（2000）『アジアと日本の信頼形成――日本人駐在経験者へのインタビュー調査　資料集（Ⅱ）（報告書）』.
園田茂人（2001a）『中国人の心理と行動』NHK ブックス.
園田茂人（2001b）『日本企業アジアへ』有斐閣.
園田茂人編（2003）『東アジアの越境ビジネスマン――その取引国イメージの形成に関する比較社会学的研究（平成 12 年度～平成 14 年度科学研究費補助金　基盤研究（B）（1）：研究成果報告書）』.
園田茂人（2005）「『変化する文化摩擦』という視点――在中日系企業の事例を中心に」『アジア遊学』72 号，87–93 ページ.
園田茂人（2008）『不平等国家 中国』中公新書.
園田茂人編（2011）『日本とアジアを繋ぐ――アジア駐在経験をもつ日本人ビジネスマンのライフヒストリーⅠ（報告書）』.
園田茂人（2012）「大連，吹き荒れるストライキ（2005 年）――企業内摩擦の変遷にみる相互認識の構造」園田茂人編『日中関係史 1972–2012　Ⅲ社会・文化』東京大学出版会.
園田茂人（2013）「対中ビジネス人材の戦略を問う（2）：日本人駐在員育成の理想と現実」『日中経協ジャーナル』1 月号.
園田茂人（2014）「中国の台頭はアジアに何をもたらしたか――アジア学生調査第 2 波調査・概要報告」『アジア時報』4 月号.
園田茂人・岸保行（2013）「アジア日系企業における現地従業員の『まなざし』――時系列分析による知見から」『組織科学』第 46 巻第 4 号.
園田茂人・新保敦子（2010）『教育は不平等を克服できるか』岩波書店.
高原明生・服部龍二編（2012）『日中関係史　1972–2012　Ⅰ政治』東京大学出版会.
唐亮（2012）「中国モデル――理念の普遍性と手段の有効性をどう見るか？」毛里和子・園田茂人編『中国問題――キーワードで読み解く』東京大学出版会.
統一部（2014）『統一白書 2014』［통일부（2014）『통일백서 2014』］.
西原哲也（2012）『覚醒中国――秘められた日本企業史』社会評論社.
服部健治・丸川知雄編（2012）『日中関係史　1972–2012　Ⅱ経済』東京大

学出版会.
丸川知雄・梶谷懐（2015）『超大国・中国のゆくえ 4　経済大国化の軋みとインパクト』東京大学出版会.
渡辺浩平（2003）『中国ビジネスと情報のわな』文春文庫.

中国語（ピンイン順）

耿曙・舒耕徳・林瑞華（2012）『台商研究』五南図書出版股份有限公司.
童振源・洪耀南（2012）「兩岸關係經濟化對總統大選的影響」, 2012 年 4 月 4 日付『新台灣國策智庫』（http://www.braintrust.tw/uploads/2012_03_3.pdf）.
高宜凡（2009）「海西経済規模成形瞄準中国前五大」『遠見雜誌』276 号.
林照真（2005）「誰在收買媒体？」『天下雜誌』316 号.
林倖妃（2009）「報告主任, 我們買了『中時』」『天下雜誌』416 号.
潘維（2010）『当代中華体制――中国模式的経済, 政治, 社会解析』三聯書店.
喬健（2008）「新労働法與 2008 年中国労工状況」汝信等人主編『2009 年中国社会形勢分析與預測』社会文献出版社.
田習如（2009）「『台湾人民変中国人民, 沒有降級』蔡衍明――国台弁有找人買中時, 但不是我」『財訊』325 号.
吳介民（2011）「永遠的異鄉客？公民身分差序與中國農民工階級」『台灣社會學』21 号.
吳介民（2012a）「從統獨分歧到中國因素――詮釋台灣國家認同的變遷」,「中國效應在台灣」研討會, 中央研究院社會學研究所主辦, 10 月 5 日, 台北南港.
吳介民（2012b）『第 3 種中國想像』左岸文化.
張家銘（2006）『台商在蘇州――全球化與在地化的考察』桂冠図書股份有限公司.
趙釗英・吳波主編（2010）『論中国模式（上・下）』中国社会科学出版社.
張錦華（2014）「恐怖主義 vs. 人權報導？新疆『衝突』報導框架研究」, 中華傳播学会 2014 年大会報告論文.
鄭志鵬（2014）「差序壓制型勞動體制――中國兩次勞動法在台資企業治理結果的政治經濟學分析」『台灣社會學刊』54 号.

英語（韓国語文献でも筆者表記が英語のものは，こちらに収録されている）

Bjorkman, Ingmar and Soeren Kock (1995) "Social Relationship and Business Networks: The Case of Western Companies in China," *International Business Review*, 13 (1): 519–535.

Carroll, William K. (2010) *The Making of a Transnational Capitalist Class: Corporate Power in the 21st Century*, Zed Books.

Chang, Yoon Jeong (2008)「外資系企業の中国からの撤退からみた中国進出展望」『月刊韓中』9月3日号［장윤정, 2008,「외자기업의 중국철수를 통해 바라본 중국 진출 전망」『월간한중』인천발전연구원, 08-09-03 호］.

Chen, Chih-Jou Jay (2013) "Die Zunahme von Arbeitskonflikten in China: Ein Vergleich von Arbeiter In-nenprotesten in verschiedenen Sektoren (Growing Labor Disputes in China: A Comparison of Workers' Protests in Different Sectors)," in Georg Egger, Daniel Fuchs, Thomas Immervoll, and Lydia Steinmassl, Hrsg., *Arbeitskämpfe in China: Berichte von der Werkbank der Welt*, Promedia.

Chen, Chi-Jou Jay (2014) "Taiwanese Business in China: Encountering and Coping with Risks,"『アジア研究』第60巻第3号.

Cho, Ihyun and Sangbum Son (2006) *Effective programs to support overseas Korean SMEs,* Korea Small Business Institute［조이현 손상범 (2006) "Effective programs to support overseas Korean SMEs" 중소기업연구원］.

Choi, Chang-Hee (2003) "The China Strategies of Korea's Winning Companies," *Nomura Research Institute Papers*, No. 67.

Dickson, Bruce J. (2003) *Red Capitalists in China: The Party, Private Entrepreneurs, and Prospects for Political Change*, Cambridge University Press.

Dickson, Bruce J. (2008) *Wealth into Power: The Communist Party's Embrace of China's Private Sector*, Cambridge University Press.

Fan, Ying (2007) "Guanxi, Government and Corporate Reputation in China: Lessons for International Companies," *Marketing Intelligence & Planning,* 25 (5): 499–510.

Gold, Thomas, Doug Guthrie, and David Wank, eds. (2002) *Social Connections in China*, Cambridge University Press.

Han, Byoung Sop and IIck Soo Kim (2004) "Drivers for the Divestment of Foreign Subsidiaries of Korean Manufacturing Firms in China," *Journal of International Management*, 15 (1): 107–143［한병섭 김익수 (2004)「중국투자기업의 철수 결정요인 분석」『국제경영연구』제 11 권 제 1 호, pp. 107–143］.

Higgins, Andrew (2012) "Tycoon prods Taiwan closer to China," *Washington Post*, January 21.

Hitt, Michael A, Ho-uk Lee and Emre Yucel (2002) "The Importance of Social Capital to the Management of Multinational Enterprises: Relational Networks among Asian and Western Firms," *Asia Pacific Journal of Management*, 19 (2-3): 353-372.

Hong, Ki-Joon (2012) "Path Emergence on the Korean Peninsula: From Division to Unification," *Pacific Focus*, 27 (1): 86-110.

Hsiao, Hsing-Huang Michael (2014) "Political Risks in Doing Business in China: Comparing Foreign Business from Japan, South Korea, and Taiwan" (Second Workshop Presentation on Political Risk and Human Mobility, Jeju National University, March 18-19, 2014).

Hsing, You-tien (1998) *Making Capitalism in China: The Taiwan Connection*, Oxford University Press.

Huang, Lan-ying and H. Young Baek (2010) "Key Drivers in Guanxi in China among Taiwanese Small to Medium-Sized Firms," *International Business Research*, 3 (1): 136-146.

Ito, Takatoshi and Chin Hee Hahn (2010) *The Rise of China and Structural Changes in Korea and Asia*, KDI.

Jacques, Martin (2012) *When China Rules the World*, Penguin.

Jang, Segil (2009) "The Sociocultural Impacts of Chinese Industrial Restructuring: Change and Response of Korean Manufacturing Industry in Qingdao Excluded from Competition," *Comparative Cultural Research*, 15 (1): 5-49 [장세길 (2009)「중국식 산업구조조정의 사회문화적 영향 : 경쟁에서 배제되는 청도 한국제조업의 변화와 대응」『비교문화연구』15 권 1 호, pp. 5-49].

Jensen, Nathan (2008a) "Political Risk, Democratic Institutions, and Foreign Direct Investment," *The Journal of Politics*, 70 (4): 1040-1052.

Jensen, Nathan (2008b) *Nation-states and the multinational corporation: A political economy of foreign direct investment*, Princeton University Press.

Jin, Ai (2006) "Guanxi Networks in China: Its Importance and Future Trends," *China & World Economy*, 14 (5): 105-118.

Jung, Jae-Ho (2011) *The Emergence of China and the Future of Korean Peninsula*, Seoul: SNU Press [재호 (2011)『중국의 부상과 한반도의 미래』, 서울대학교출판부].

Jung, Ji-eun, 2012.11.28,「益山市, 中国に進出したジュエリーメーカー21社の U-turn 誘導」*Money Today*.

Jung, Ok Ju, 2014.12.11, "Korea-Vietnam FTA: Electronics will Not Have a Big Advantage," *Newsis*.

KIEP (Korea Institute for International Economic Policy) (2007) *Present Status of Economic Upgrading and Company Growth of China: A Reevaluation of 'Chinese Threat'*.

KIET (Korea Institute for Industrial Economics and Trade) (2010) *Prospects of Structural Changes of China and Mid-long Term Strategic Responses of Korean Industries*.

Kim, Chang-do (2012) "Korean Companies rush to western China," *POSRI Chindia Quarterly*, Winter: 117–123.

Kim, Jeong Kon, Taekyu Lee, and Jaewon Park, 2014.5.6, "Korean Investors Less Frequently Move to the Third Country. No Actual Profit," *Hankook Ilbo* (http://economy.hankooki.com/lpage/economy/201405/e2014050618102470070.htm).

Kim, Jiyoon and Karl Friedoff (2014) "One Bed, Two Dreams?: Assessing Xi Jinping's Visit to Seoul," *The Asian Institute for Policy Studies,* July 16.

Kim, Kwon Yong, 2014.11.13, "Samsung Electronics Make Investment in Vietnam of 30 billion USD," *Yonhap News*.

Kobrin, Stephen J. (1979) "Political Risk: A Review and Reconsideration," *Journal of International Business Studies*, 10 (1): 67–80.

Korea Chamber of Commerce (2012) *Twenty Years of Statistics between Korea and China Since Normalization* [대한상공회의소 (2012)『통계로 본 한・중 수교 20 년』].

KOTRA (2007) *Survey on Korean Investors with Changes of China's Labor Environment,* KOTRA.

KOTRA (2010a)「2010 海外進出企業の実態調査報告書——中国, ベトナム, インドネシア Grand Survey」KOTRA [KOTRA (2010a)「2010 해외진출 기업실태조사보고서—중국, 베트남, 인도네시아 Grand Survey」, KOTRA].

KOTRA (2010b) *The 10 Hot Issues of Chinese Economy selected by KOTRA,* KOTRA [KOTRA (2010b)「KOTRA 가 선정한 2010 년 중국경제 10 대 핫이슈」, KOTRA].

KOTRA (2013) *Comparison of Emerging Countries for Investment of 2013,* KOTRA.

Kwon, K. J., 2013.9.16, "North and South Korea reopen Kaesong Industrial Complex" *CNN* (http://edition.cnn.com/2013/09/15/world/asia/kaesong-korea-complex-reopens/).

Langenberg, Eike, A. (2007) *Guanxi and Business Strategy: Theory and Implications for Multinational Companies in China*, Physica-Verlag.

Lee, Changhoon (2009) *The China Grand Survey in 2009: Korean Investors' Accomplishment and Prospects,* KOTRA [이창훈 (2009) 「2009 중국 Grand Survey—중국 진출기업의 성과와 전망」, KOTRA].

Lee, Hojun, 2013.9.8, "Gyeonggi SME Support Center, Korean Investors in China Choose U-turns to Gyeonggi," *Kyeonggi Ilbo*.

Lee, Kwang-Jae (2012) *Asking on China*, Seoul: Hakkoje [이광재 외 (2012) 『중국에게 묻다』, 학고재].

Lee, Su-Haeng (2009) "Background and Implications for Divestment of Korean Companies in China," *Policy Brief*, No.3. February [이수행 (2009) 「중국 진출 한국기업의 무단철수 배경 및 시사점」『Policy Brief』No.3, 2월].

Lim, Hyun-Jin and Hae-Ran Lim (2013) *East Asian Cooperation and Community*, Nanam [임현진・임혜란 (2013) 『동아시아 협력과 공동체』, 나남].

Lim, Min-Kyung and Jina Yeo (2013) *Reshoring Pattern Analysis of China Based Korean Firms and Its Policy Implications*, KIEP [임 민 경・여 지 나 (2013) 「중국 진출 한국기업의 유턴 유형화 및 유턴정책 개선방안」, 대외경제정책연구원].

Lim, Seong Young, 2014.11.13, "BSB Park Jinsu said, 'We will make the Second Peak'," *E-daily* (http://www.edaily.co.kr/news/NewsRead.edy?SCD=JB11&newsid=02013926606285392&DCD=A10101&OutLnkChk=Y).

Liou, Dian-yan (2009) "Globalization with *Guanxi* for Taiwanese High-Tech Industry to China: Panacea or Pandora's Box?," *PICMET 2009 Proceedings*, 2268–2273.

Moon, Jung-In (2010) *Asking the Future of China*, Seoul: SERI [문정인 (2010) 『중국의 내일을 묻다』, 삼성경제연구소].

Nazemroaya, M. Darius (2012) *The Globalization of NATO*, Clarity Press.

Ng, Tze-wei (2007) "Shanxi Miners Act to Fight Layoffs," *South China Morning Post*, November, 13, A6.

Park, Joon-shik and Hyun-sun Lee (2014) "Perceptions of Korean Big Business on the Emergence of China,"『アジア研究』第 60 巻第 3 号.

Robinson, William I. (2004) *A Theory of Global Capitalism: Production, Class, and State in a Transnational World,* John Hopkins University Press.

Robock, Stefan H. and Simmonds, Kenneth (1983) *International Business and Multinational Enterprise,* Irwin, Inc.

Rothkopf, David (2008) *Super Class: The Global Power Elite and the World*

They are Making, Farrar, Straus, and Giroux.

Schiller, Nina Glich, Linda G.Basch, and Cristina Szanton Blanc（1992）*Towards a Transnational Perspective on Migration,* New York Academy of Sciences.

Schiller, Nina Glich, Linda G.Basch, and Cristina Szanton Blanc（1995）“From Immigrant to Transmigrant: Theorizing Transnational Migration,” *Anthropological Quarterly*, 68: 48–63.

Scott, P.Dale（2010）*American War Machine, Deep Politics, the CIA Global Drug Connection, and the Road to Afghanistan,* Rowman & Littlefield Publishers.

Seo, Bongkyo, Yuntae Kim, and Jun Hyung Hong（2010）*Changes in Institutional Environment of China and Implications on Korean Companies since Global Financial Crisis: Focused on Financial Industry, Cultural Industry, and Labor Environment*, National Research Council for Economics, Humanities and Social Sciences［서봉교・김윤태・홍준형（2010）「글로벌 금융위기 이후 중국의 제도환경 변화와 한국기업에 대한 시사점—금융산업, 문화산업, 노동환경을 중심으로」, 경제인문사회연구회］.

SERI（Samsung Economic Research Institute）（2004）*Chinization and the Future of Korean Economy*.

Shambaugh, David（2013）*China Goes Global: The Partial Power*, Oxford University Press.

Sklair, Leslie（2001）*The Transnational Capitalist Class*, Blackwell.

Sklair, Leslie（2002）“Democracy and the Transnational Capitalist Class,” *The Annals of the American Academy AAPSS*,（581）:144–157.

Song, Lili and Oh-gie We（2012）“A Study on Foreign Direct Divestment by Korean Firms from China,” *Management Consulting Review*, 3（1）: 49–83［송리리・위오기（2012）「한국 기업의 대중국 해외직접투자 철수요인에 관한 연구」『경영컨설팅리뷰』제 3 권제 1 호, pp. 49–83］.

Sonoda, Shigeto（2014a）“Chronology of 30 Years of Japanese Multinationals in China,”『アジア研究』第 60 巻第 3 号.

Sonoda, Shigeto（2014b）“Establishing *guanxi* in Chinese Market: Comparative Analysis of Japanese, Korean, and Taiwanese expatriates in mainland China,” Jenn-hwan Wang ed., *Boarder Crossing in Greater China: Production, community and identity,* Routledge.

Sonoda, Shigeto, Jang Hong-Keun, and Park Joon-Shik（2014）“A Comparative Fieldwork Study on the Korean, Japanese, and Taiwanese Multinational Managers as a Significant Factor of Global Corporate Competition in

China," *Korean Regional Sociology,* 15 (3): 155–195.

Standifird, S. Stephan (2006) "Using Guanxi to Establish Corporate Reputation in China," *Corporate Reputation Review,* 9 (3): 171–178.

Studwell, Joe (2014) *How Asia Works: Success and Failure in the World's Most Dynamic Region*, Grove Press.

Tanimoto, Masayuki (2014) "JBIC Survey: China is No Longer the Most Promising Destination for Japanese FDI" (http://osis.org/publication/japan-ohair-platform-jbic-survey-china-no-longer-most-promising-destination-japanese-fdi.)

The Federation of Korean Industries, 2014.4.24, "Result of Survey on Korean Investors in China," *Electronic Times.*

Tung, Chen-yuan and Chia-ko Hung (2012) "The Estimation of Aggregate Statistics of Taiwan-invested Enterprises in China: 1988–2008," *China: An International Journal*, 10 (3): 119–132.

Useem, Michael (1984) *The Inner Circle: Large Corporations and the Rise of Business Political Activity in the U. S. and U. K.*, Oxford University Press.

Vernon, Raymond (1971) *Sovereignty at Bay*, Basic Books.

Vogel, Ezra (2011) *Deng Xiaoping and the Transformation of China*, Harvard University Press.

Walter, Carl E. and Fraser J. T. Howie (2012) *Red Capitalism: The Fragile Financial Foundation of China's Extraordinary Rise*, Wiley and Sons Singapore Pte.Ltd.

Wilson, Jonathan and Ross Brennan (2001) "Managing Chinese/Western Joint Ventures: A Comparative Analysis of the 'Interaction and Networks' and 'Chinese Management' Literature" (http://www.impgroup.org/uploads/papers/279.pdf).

Wong, Meiling (2007) "Guanxi and Its Role in Business," *Chinese Management Studies*, 1 (4): 257–276.

Wu, Jianlian (2007) "An Analysis of Business Challenges Faced by Foreign Multinationals Operating the Chinese Market," *International Journal of Business and Management*, 3 (12): 169–174.

Yang, Fang (2011) "The Importance of Guanxi to Multinational Companies in China," *Asian Social Science*, 7 (7): 163–168.

Yang, Pyeong Seob (2004) *Korean Companies Entering in China: The Change of Strategies and Case Studies,* Institute for International Trade [양평섭 (2004)「우리기업의 중국진출전략 변화와 사례 분석」무역연구소 지역연구팀].

Yang, Pyeong Seob et al.（2013）「中国圏域別・省別内需市場の特性と進出戦略」対外経済政策研究院［양평섭 외（2013）「중국 권역별성별 내수시장 특성과 진출전략」대외경제정책연구원］.